Wolfgang Korruhn
Dann hab ich's einfach gemacht

Wolfgang Korruhn

Dann hab ich's einfach gemacht

Was Mörder mir erzählten

ECON

Die Deutsche Bibliothek – CIP-Einheitsaufnahme

Korruhn, Wolfgang:
Dann hab ich's einfach gemacht: Was Mörder mir erzählten /
Wolfgang Korruhn. – Düsseldorf: ECON, 1995
ISBN 3-430-15618-1

Copyright © 1995 by ECON Verlag GmbH, Düsseldorf
Alle Rechte der Verbreitung, auch durch Film, Funk und Fernsehen, fotome-
chanische Wiedergabe, Tonträger jeder Art, auszugsweisen Nachdruck oder
Einspeicherung und Rückgewinnung in Datenverarbeitungsanlagen aller Art,
sind vorbehalten.
Lektorat: Krista Maria Schädlich
Fotos von Peter von Saghy
Titel der Zeichnung »Knastanatomie eines Menschen« von Foo Chee Seng
Gesetzt aus der Sabon, Linotype
Satz: Heinrich Fanslau GmbH, Düsseldorf
Papier: Papierfabrik Schleipen GmbH, Bad Dürkheim
Druck und Bindearbeiten: Mohndruck, Gütersloh
Printed in Germany
ISBN 3-430-15618-1

Inhalt

Der Befreiungs-schlag

Ich habe mit zehn Frauen und Männern gesprochen, die getötet haben. Sie alle sitzen noch im Gefängnis.

Vier davon habe ich in diesem Buch beschrieben. Die Gespräche, auf Tonband aufgenommen, dauerten viele Stunden, manchmal Tage.

Jeder Fall ist anders, doch alle haben eines gemeinsam: Eine lange Vorgeschichte. Auch wenn die Tat spontan erscheint, dahinter verbergen sich Lebensgeschichten und Familiendramen. Bis zum Mord ist immer ein langer Weg.

Aber es sind nicht nur Biographien von sozial Abgestürzten. Mörderische Gewalt herrscht auch in Familien, die nach außen ganz normal und intakt erscheinen. Das Selbstwertgefühl der Kinder wird auch da allzuoft verletzt.

Und noch etwas: Wer mordet, der tut das auch aus Angst. Hinter jeder Aggression steht auch Angst, die man nicht mehr ertragen kann. Töten kann auch der Versuch sein, sich mit Gewalt zu befreien. Die erste Geschichte des Buches heißt nicht ohne Grund: *Der Befreiungsschlag*.

Jede Art von Kommentar oder moralischer Bewertung habe ich vermieden. Ich wollte zuhören, verstehen und nicht urteilen.

Das letzte Wort werden Sie haben.

MORD AUS HABGIER – 83jährige erschlagen – 26jährige
gesteht brutale Bluttat«, titelt eine Kasseler Zeitung.
»Selbst erfahrene Kripobeamte«, heißt es weiter, »waren
erschrocken über die Brutalität der jungen Frau, die die Tat
genau geplant und zum festeren Zuschlagen zwei Hämmer
zusammengebunden hatte. Am Dienstag gegen 22 Uhr nahm
die Kripo die Täterin fest, die gestand, die 83jährige erschlagen
und um 400 Mark beraubt zu haben.« Das Blatt lobt die Poli-
zeibehörden, die nur wenige Stunden brauchten, um die »brutale Mörderin« festzunehmen. Sie gesteht sofort.

FRANKFURT-PREUNGESHEIM. FRAUENGEFÄNGNIS. BETON-
WÄNDE, so hoch wie dreistöckige Wohnhäuser. Natodraht,
ein Wachturm. Hinter schußsicherem Glas drei Justizvoll-
zugsbeamte. Demonstrativ aufgestellt, eine Heckler & Koch-
Maschinenpistole. Auf dem Tisch hinter dem fast undurch-
sichtigen Glas neben Monitoren und Leuchttafel eine Flasche
Cola, halbvoll, ein angebissenes Wurstbrot. Einer der Uniformierten drückt innen einen Knopf. Ich höre, wie er über
Lautsprecher sagt:»Ausweis!« Die Stahlkonsole unter dem
Sichtfenster öffnet sich, ein wohlbeleibter Uniformierter
bedeutet mir, wo ich das Dokument reinzuschieben habe.
Warten. Eine Stahltür schiebt sich lautlos zur Seite. Ich werde
mit einem Metalldetektor untersucht. Meinen Kassettenre-
corder darf ich mit reinnehmen. Wieder warten. Schließlich
kommt sie, hereingeführt von einer Beamtin. Klein, zierlich,
schwarze Lederweste, Pullover mit tiefem Ausschnitt. Unter

dem schwarzen Wuschelkopf ein dezent geschminktes Gesicht.
Sie lächelt.
So sieht, denke ich, die Mörderin also aus: Andrea Schub,
29 Jahre alt. Einer der Beamten weist uns einen kleinen Raum zu, eigentlich
bestimmt für Vernehmungen oder Anwaltsgespräche. Ein
Tisch, vier Stühle. Knallhelles Neonlicht.
»Wie lange«, fragt der Beamte, »wollen Sie das Gespräch führen?«
»Drei Stunden«, antworte ich.
»Gut! Wenn irgendwas ist, drücken Sie diesen roten Knopf an
der Wand. Hier neben dem Türrahmen.«
Dann fällt die Stahltür wieder ins Schloß. Und die Schritte des
Beamten entfernen sich im halligen Gang. Ich bin mit der Mörderin allein. Drei Stunden lang.

Wie lange sitzen Sie schon hier?«
»Seit zweieinhalb Jahren.«
»Und wie lange müssen Sie abbüßen?«
»Ich bin wegen Mord verurteilt worden«, sagt sie so leise, daß
ich sie kaum verstehen kann. Und dann fast unhörbar:
»Lebenslänglich.«
»Und wie lange ist lebenslänglich?«
»Ich würde sagen, wahrscheinlich fünfzehn Jahre.«
Sie reißt die Zigarettenschachtel auf, die ich im Vorraum am
Automaten habe ziehen dürfen.
»Also, ich habe gute Aussichten, vielleicht nach zehn Jahren in
den offenen Vollzug zu kommen. Das heißt, da gibt's vorher ein
Gutachten, 'ne Sozialprognose. Erst dann krieg ich Freigang.
Und darf draußen arbeiten.«
»Was tun Sie den ganzen Tag hier?«
»Ich arbeite in der Wäscherei. Aber wir waschen nicht nur für
die Frauen hier, sondern betreuen auch noch andere Gefängnisse. Und ich nähe auch. Eigentlich 'ne schöne Arbeit. Jeden Tag
kommen Transporte mit Bergen von Wäsche.«
»Sie machen keine Lehre?«

»Nee«, sagt sie,»soweit bin ich noch nicht. Im Herbst fang ich
an und lerne meinen Traumberuf: Köchin. Wir haben hier 'ne
große Lehrküche in der Anstalt.«
»Was werden Sie tun, wenn Sie hier rauskommen? Haben Sie
schon Pläne?«
»Klar«, lacht sie,»als gelernte Köchin auswandern. Irgendwo
ganz, ganz neu anfangen. Mit so 'nem Beruf kann ich doch
überall hin. Deutschland ist kein Land zum Altwerden.« Ich
rücke das Mikrofon zurecht, und sie sagt leise:»Vielleicht 'n
Kind haben.«

Sie macht eine Pause, zündet sehr langsam eine Filterzigaret-
te an.
»Bis dahin darf ich mich mit diesem Kaugummi ›lebensläng-
lich‹ befassen, ja.« Ich nicke. Sie nimmt ihr rechtes Bein hoch,
stellt den Fuß selbstbewußt auf den Stuhl neben sich.
»Ich bin so hart bestraft worden, weil die Frau Jeschke, die
durch mich gestorben ist, so alt war. Und ich so jung.«
Sie zieht den Aschenbecher zu sich.
»Diese Sache ist eigentlich so irrsinnig, daß ich mich immer fra-
ge: Wer ist das eigentlich, der da gestorben ist? Dein damaliger
Partner, oder wer? War der das, den ich eigentlich töten wollte?
Nach über zwei Jahren Haft frag ich mich: Wem hast du da
eigentlich gegenübergestanden? Ich denke manchmal, es ging
gar nicht um die alte Frau. Schon gar nicht um's Geld.«
Sie versucht zu lachen. Es mißlingt.
»Zum Schluß ging's um was ganz anderes.«
»Aber um was? Um wen?«
Und dann erzählt sie, wie alles angefangen hat. Mit einer fast
alltäglichen Begegnung.

Kassel, Hauptfriedhof, ein heißer Tag im August 1992.
Andrea Schub hastet scheinbar ziellos über Wege, zwischen
Gräbern hindurch, sieht sich um, als suche sie jemanden, dann
läuft sie weiter. Dort, wo die frisch ausgehobenen Gruben sind,
sieht sie, was sie gesucht hat. Eine alte Dame sitzt auf einer

Bank, Anna Jeschke. Neben sich eine ordentlich zusammengefaltete leichte Sommerjacke. Und eine kleine, schwarze Handtasche. Die will sie sich näher ansehen. Andrea setzt sich also, als wolle sie sich einen Moment ausruhen. Die beiden kommen ins Gespräch, erst übers Wetter, dann erzählt die alte Dame von sich, ihrem verstorbenen Mann, von ihrer gemütlichen Wohnung.
Die greise Anna Jeschke sagt:

»Wissen Sie, ich kann zufrieden sein. Mir ist's in meinem Leben nie so gutgegangen wie heute. Ich bekomme eine gute Rente, habe eine schöne Wohnung und genug Geld. Mir fehlt nichts. Außer meinem Mann eigentlich nichts.«
Andrea Schub geht es schlecht, sehr schlecht. Die Miete für August ist noch nicht bezahlt, das E-Werk hat gedroht, Strom und Gas abzustellen. Heute morgen hat ihr Freund Michael sie aus der Wohnung geschickt: »Wenn du diesmal kein Geld bringst, ist's aus mit uns. Fünfhundert Mark mindestens.«
Während sie da sitzt neben der alten Frau, die erzählt, wie gut es ihr doch geht, hat sie nur noch Augen für die Handtasche.

10

Da steht die Rentnerin auf, nimmt die Gießkanne, um Wasser zu holen. Die Tasche läßt sie stehen. »Der Farn braucht viel Wasser bei dieser Temperatur«, sagt sie. Es sind nur ein paar Meter bis zur Wasserleitung. Als die junge Frau sieht, daß die Greisin sich umständlich am Wasserhahn zu schaffen macht, um die grüne Gießkanne zu füllen und ihr den Rücken zukehrt, greift sie zur Tasche, nimmt sie, ohne den Blick von der alten Frau abzuwenden. Sie springt auf, rennt weg, die Tasche unter dem Arm. Eine Viertelstunde rennt sie über den Friedhof, bevor sie das Beutestück hinter einer Hecke öffnet. Niemand ist ihr gefolgt, niemand hat sie beobachtet. Sie durchkramt die Tasche, findet ein Portemonnaie. Drei blaue Scheine, ein paar kleine. Vierhundert Mark insgesamt. Außerdem Schlüsselbund und Barschecks. Tasche und Schlüssel wirft sie in einen Papierkorb neben dem Trauerhaus.

Mit der Straßenbahn fährt sie zurück ins Zentrum, holt sich bei McDonald's erst mal einen Big Mac und einen Kaffee. Raucht eine Zigarette.

In aller Ruhe studiert sie die Schecks, von denen sie nur einen behält, die anderen drei zerreißt sie, übergibt sie einem großen Aschenbecher. Dann schließt sie sich in der Toilette ein.

Es dauert nur ein paar Minuten, bis sie die Unterschrift *Anna Jeschke* nachmachen kann. Andrea schrieb schon als Kind in einer engen, nach links gerichteten Schrift, was immer ein Ärgernis für die Lehrer war, da die Buchstaben so eng aneinanderklebten, daß sie kaum jemand entziffern konnte. So ähnlich sieht auch die Schrift der alten Frau aus.

Nach einem Dutzend Schreibproben auf der Rückseite eines Reklamezettels hat sie den krakeligen Schriftzug imitiert. *Kein Problem*, denkt sie, *das werde ich auch am Bankschalter hinkriegen.*

In der Tasche hatte sie auch einen Briefumschlag mit der Adresse der alten Frau gefunden, also jetzt weiß sie, wo Frau Jeschke wohnt. Nun muß sie nur noch eine Sparkassenfiliale ausfindig machen, die möglichst weit von diesem Wohnort entfernt ist. Damit will sie das Risiko ausschalten, daß die rechtmäßige Besitzerin des Schecks dort persönlich bekannt ist.

Aus dem Telefonbuch wählt sie eine in Bettenhausen aus. Als sie schließlich am Schalter steht, fühlt sie sich ganz ruhig, denn sie hatte ein paar »Stangyl« genommen. Diese Tabletten, die man in der Szene überall bekommen konnte. *Zur Behandlung von depressiven Zuständen und Angst,* wie auf dem Beipackzettel steht.

Nein, sie trägt nicht die mögliche Höchstsumme ein, sondern nur *zweihundertfünfzig.* Sie weiß selbst nicht genau warum, vielleicht, weil sie nicht auffallen will, vielleicht, weil sie ein ungutes Gefühl hat, die ganze Sache nicht aus freien Stücken getan zu haben.

Alles klappt, die Angestellte hinter dem schußsicheren Glas des Bankschalters blättert die Scheine hin, ohne die junge Frau auch nur eines Blickes zu würdigen. Sie ist immer noch erstaunlich ruhig und ohne Angst.

Wovor sie aber wirklich Angst hat, sind Michaels Hände. Seine schlagenden Hände. Wenn er getrunken hat, wird er immer aggressiv. Zuerst schreit er, und dann schlägt er zu. Nur mit Geld kann sie ihn beruhigen. Und indem sie sich auszieht. Im Bett ist er noch nie gewalttätig geworden, es ist eigentlich immer ein Akt der Versöhnung.

W AS HAT MICHAEL gesagt, als Sie nach Hause gekommen sind? Mit soviel Geld?« frage ich Andrea Schub. Sie lacht spöttisch.

»Er lag auf dem Bett. Ohne mich anzugucken, fragte er nur: *Und?* Da hab ich ihm das Geld aufs Bett geworfen und gesagt: *Hier!*«

Sie macht eine kurze Pause: »Tatsächlich. Aufs Bett hab ich das Geld geworfen. Ist schon bezeichnend, nicht? Er hat's genommen, ganz langsam in seine Jeans gesteckt und ist weggegangen. Alleine.«

»War das Ihre Idee, auf dem Friedhof eine Handtasche zu rauben?«

»Michael hat mich immer unter Druck gesetzt. Als ich in einer Friedhofsgärtnerei gejobbt hatte, kam mal eine Frau, die furchtbar gejammert hat. Der hatte irgend jemand ihre Handtasche auf dem Friedhof geklaut. Unglücklicherweise hab ich das Michael erzählt, und da war die Idee natürlich geboren. *Alte Frauen tragen ihr Geld immer in der Handtasche rum, besonders auf dem Friedhof,* hat er gesagt. *Also da kommst du am besten dran.* Und dann hab ich's einfach gemacht, ohne groß nachzudenken. Obgleich ich irgendwie ein schlechtes Gefühl dabei hatte.«

Es vergingen zwei Monate. Sie hatten wieder Gas und Strom, doch der Mietrückstand war bedrohlich gestiegen, so daß der Hauswirt bereits die zweite Kündigung per Einschreiben angedroht hatte. Andrea ging zwar zweimal die Woche in die Gärtnerei zur Aushilfe und griff auch schon mal in die Kasse, kleine Summen, die nie aufgefallen waren, trotzdem, es herrschte eine aggressive Stimmung, weil kein Geld da war. Eines Abends saßen die beiden, wie sooft, in der Küche, grübelten, *wie kommen wir an Kohle.* Daß das nur illegal möglich wäre, war beiden klar.

»Da fiel Michael der Handtaschenraub wieder ein«, erzählt Andrea, »und sagte zu mir, *du hast doch damals erzählt, daß die Frau Jeschke immer am Dienstag zu so 'nem Altentreffen geht. Der ideale Tag für 'nen Einbruch.* Da hab ich ihm geantwortet: *Na, dann mach mal. Das ist dein Ding.*«

Sie schlägt mit der flachen Hand auf die Tischplatte. »*Ich hab genug Streß wegen dir.* Aber er hat nicht nachgelassen und sich richtig verbiestert in diese Idee. *Guck doch mal,* hat er gesagt, *als Frau kriegst du viel besser Kontakt zu älteren Leuten. Und gewinnst schneller Vertrauen.* Der wollte, daß ich da hingehen sollte und rauskriegen, wann sie die Wohnung verläßt, und dann, wenn sie weg ist, die Wohnung aufknacke. Und bei der Gelegenheit, wenn ich schon mal bei ihr bin und mit ihr rede, daß ich mich dann in der Wohnung umgucke. Also, am Anfang hab ich gesagt: *Nee, nee, das mach ich nicht. Das ist mir zu heiß.*

Aber dann kam das Wochenende, da gab's dann 'ne unheimliche Auseinandersetzung zwischen uns, und dann, na ja«, sie zieht hastig an der Zigarette, »hab ich *ja* gesagt, weil ich so richtig Schläge gekriegt hab.«

Sie sollte sich als Altenhelferin vorstellen und versuchen, mit diesem Trick in die Wohnung zu kommen, um auszuspionieren, was da zu holen ist.

»Also, ich sollte mit der alten Frau reden, mich informieren, aber dann wieder gehen. Und erst zurückkommen, wenn Frau Jeschke zu ihrem Altentreffen weg ist. Danach erst den Einbruch machen. *So alte Türen sind 'n Kinderspiel zu knacken,* hat Michael gesagt. *Du mußt hinten an den Scharnieren ansetzen, das dünne Holz, das BKS-Schloß, ich meine, dafür brauchst du keine Hämmer. Kein Problem, ganz klar, macht keinen Krach.«*

»Und wozu die Hämmer?«

»Für 'ne Kommode oder so, hat Michael mir gesagt. *Wenn du Schubladen aufknacken willst, brauchst du die. Damit einmal richtig zuschlagen, und dann hat sich's. Verstehst du, nicht da minutenlang rumpickeln. Einmal einen Rums machen. Das fällt keinem auf im Haus.«*

Am 6. Oktober, es war ein Dienstag, fuhr sie gegen zehn Uhr vormittags mit der Straßenbahn in die Burgstraße.

»Ich hab geklingelt. Aber keiner hat aufgemacht. Erst nach dem dritten Mal kam 'ne Frauenstimme über die Sprechanlage: *Ja, was ist?* Ich hab nur gesagt: *Ich wollte Sie fragen wegen 'ner Altenpflege.* Sie hat sofort aufgedrückt. Aber als ich im Hausflur war, hab ich gesehen: Moment mal, die wohnt ja im dritten Stock. Das wird ja immer irrwitziger.«

»Warum war das plötzlich ein Problem?«

Sie lacht amüsiert über meine naive Frage:

»Einsteigen sollte man in Wohnungen eigentlich nur im Erdgeschoß. Und dann am besten in der Mittagszeit, wenn die Leute arbeiten. Ich bin zwar kein richtiger Einbrecher, aber ist doch relativ logisch, oder? In der Tür hab ich ihr dann erzählt, daß ich

für die Altenfürsorge arbeite, Essen organisiere und Gänge mache auf Behörden, den Friedhof und so. Sie hat mich reingelassen, und wir sind dann richtig ins Gespräch gekommen. Aber ich stellte schnell fest, daß sie eigentlich niemand braucht.«
»Hat die alte Frau Sie nicht wiedererkannt?«
»Also, diese ganze Geschichte zog sich über fast zwei Stunden hin. Ich weiß nicht, entweder hat sie mich sofort wiedererkannt und wollte mich festnageln, oder . . .«
»Sie meinen, sie wollte Sie in der Wohnung festhalten, um dann, wenn Sie vielleicht aufs Klo gehen, die Polizei rufen?«
»Weiß ich nicht, vielleicht war sie ganz froh, mal Gesellschaft zu haben. Auf jeden Fall hat sie erzählt und erzählt. Ohne Ende. Dann wollte sie mir noch Bilder zeigen aus dem Familienalbum. Und es ging dann gar nicht mehr darum, warum ich eigentlich gekommen bin, sondern sie erzählte nur von sich. Sie hatte mir noch Kaffee angeboten und was zu essen. Und ich bin auch drauf eingegangen, hab 'n Wurstbrot genommen und gedacht: Was bist du für 'n Einbrecher, du hinterläßt ja jetzt schon Spuren ohne Ende.«
»Warum sind Sie so lange geblieben und nicht nach ein paar Minuten gegangen?«
»Hatte ich ja vor und hab's auch zweimal versucht, aber die Frau hat mich durch ihr endloses Erzählen festgehalten.«
»Weiß Gott, Sie sind keine Profi-Einbrecherin.«
»Nee, wirklich nicht«, lacht sie und wird sofort wieder ernst, »aber als ich dann doch gehen und meine Jacke vom Haken nehmen wollte, da sagte sie, ich wäre ja wohl dieses Früchtchen, das ihr die Handtasche auf dem Friedhof geklaut hätte. Und stellte sich mir in den Weg. Wir standen da im Türrahmen vor ihrem Wohnzimmer, und sie fuchtelte mit 'nem Küchenmesser vor mir rum. Auf engstem Raum, und die Situation spitzte sich zu. Ich dachte nur, *wie komm ich hier weg?* Und da hab ich ganz vorsichtig in meine Umhängetasche gegriffen, also die mit dem Werkzeug drin, ganz vorsichtig, und da waren zufällig diese beiden Hämmer, die ich mit 'nem Klebeband zusammengebunden hatte, und dann hab ich zugeschlagen.«

IHRE STIMME WIRD höher und schneller, sie, die sonst so klar und deutlich redet, verschluckt plötzlich Wörter, daß ich sie kaum verstehen kann.

»Also langsam«, sage ich, beuge mich über den Tisch und blicke sie ruhig an, »Sie waren mit Frau Jeschke im Gespräch. Worüber haben Sie mit ihr gesprochen?«

Andrea zieht den hohen stählernen Aschenbecher noch dichter heran, klopft die Asche ihrer Zigarette ab, nimmt einen tiefen Zug.

»Von ihrer Familie hat sie erzählt«, sie beruhigt sich, »daß sie so stolz ist auf ihren Enkelsohn. Von ihrem Altentreffen, wo sie immer hingeht jeden Dienstag und sich freut, daß sie mal rauskommt aus ihren vier Wänden. Und von ihrem Gärtchen.«

»Hat sie auch vom Krieg erzählt?«

»Daß sie gesehen hat, wie die Martinskirche in hellen Flammen gestanden hat. Und wie sie aus dem Luftschutzkeller rausgeklettert ist und sie die Stadt vor lauter Trümmern nicht wiedererkannt hat. Und dann nach dem Krieg wieder von Null anfangen mußte, Steine klopfen und so was.«

»Sie war fünfunddreißig, als der Krieg vorbei war. Acht Jahre älter als Sie an dem verhängnisvollen 6. Oktober 1992. Hatten Sie den Eindruck, da sitzt Ihnen eine einsame, alte Frau gegenüber?«

Andrea überlegt lange.

»Könnt ich mir schon vorstellen, ja. Aber immerhin haben ihre Verwandten die Frau Jeschke nicht ins Altersheim abgeschoben. Das ist ja schon erstaunlich menschlich heutzutage.«

»Sie hatten sich Reichtum in der Wohnung erhofft. Haben Sie den vorgefunden?«

»Überhaupt nicht. Sie hatte 'ne Zweizimmerwohnung, ganz bieder und normal. Da war 'n Sofa, was bei älteren Leuten so rumsteht, davor 'n niedriger Couchtisch. Der übliche Wohnzimmerschrank. Alles so stinknormal, wie man sich's nur vorstellen kann. Wie so 'ne Neue-Heimat-Wohnung halt aussieht.«

»Warum hat Ihnen Frau Jeschke Reichtum vorgeflunkert?«

»Ich weiß nicht«, sie sagt es mit geschürztem Mund, zieht die Schultern hoch, »aber ich kann mir schon vorstellen, wenn man alt ist und keiner interessiert sich mehr für einen, dann muß man halt aus 'ner kleinen Forelle 'nen dicken Hecht machen.« Ich gucke wohl wie jemand, der nicht richtig verstanden hat, so daß sie erklärt: »Sie hat mir den Traum von einem Leben erzählt, das sie nicht gehabt hatte. Sie hat ja seit dem Tod ihres Mannes, also seit den siebziger Jahren, allein gelebt.« Schweigen. »Ich weiß, wie ätzend das ist, wenn man einsam ist. Wie das weh tut. Und welchen Mist hab ich gemacht, um ja nicht alleine sein zu müssen. Meine Beziehung zu Michael zum Beispiel war so was, die hat mein ganzes Leben kaputtgemacht.«

Andrea ist jetzt neunundzwanzig. Als sie zweiundzwanzig war, lernte sie Michael kennen. Sein leiblicher Vater war wahrscheinlich ein amerikanischer GI, aber er hat ihn nie kennengelernt. Schon vor der unehelichen Geburt setzte er sich in die USA ab. Erst Jahre später gelang es der Mutter, einen Kasseler Handwerker zu heiraten. Gemeinsam baute das Ehepaar eine erfolgreiche Installationsfirma auf. Da blieb für das dunkelhäutige Kind kaum Zeit.
Immer wieder bekam der Junge vom Stiefvater zu spüren: *Wenn ich dich schon hier dulde, obgleich du nicht mein Sohn bist, dann, bitteschön, will ich Leistung sehen von dir.* Michael wurde in ein Internat nach dem anderen gesteckt, aber nirgends fühlte er sich heimisch. Das Abitur hat er nicht geschafft. Er fühlte sich als Versager.
Die Ehe brach bald auseinander, und Michael wuchs allein mit der Mutter auf. Und da der Stiefvater sich den finanziellen Verpflichtungen entziehen konnte, herrschte Armut zu Hause. Nie konnte die Mutter ihrem Sohn verzeihen, daß die – zumindest geschäftlich gut funktionierende – Ehe seinetwegen zerbrochen war.

WARUM HATTE SICH Andrea ausgerechnet in diesen Mann verliebt? Als ich sie frage, legt sie nachdenklich ihre hohe Stirn in Falten.

»Da sind zwei Biographien zusammengekommen«, beginnt sie, »wir hatten gewisse Ähnlichkeiten, ja. Waren beide ungeliebte Kinder, ohne daß wir das jemals ausgesprochen hätten. Darüber haben wir nie geredet, mußten's auch nicht. So was riecht man schon auf hundert Meter. Genauso wie ein Junkie in jeder Stadt auf der ganzen Welt die Szene finden wird. Man braucht ihm da keinen Wegweiser hinzustellen. Er riecht das. Und genauso ist's auch bei den Beziehungen.«

»Sie hatten Angst vor ihm?«

»Ja«, antwortet sie sofort, »mein Motto war: *Hab mich lieb um jeden Preis!* Ich hab alles mögliche über mich ergehen lassen, bloß damit ich nicht allein sein muß. Das ist ein wirklich unheimlicher Knackpunkt in mir.«

Sie preßt beide Hände zusammen, schüttelt den Kopf.

»Das ist das Schlimmste, Liebe nur gegen Leistung zu kriegen. 'ne Leistung, die der andere vorschreibt. Egal, was er will, und wenn's das ist, daß ich Schläge aushalte. Das war bei uns zu Hause so und hat sich dann in allen Partnerschaften fortgesetzt.«

Jetzt preßt sie auch noch die Lippen zusammen, guckt an mir vorbei auf die weiß gestrichene Wand.

»Klar, das war bei Michael auch so. Wobei aber da noch was anderes war. Bei ihm hat's auch was mit Sexualität zu tun gehabt, klar.«

Sie beißt sich auf die Unterlippe:

»Ganz klar, daß da so 'ne, auch so 'ne sexuelle Abhängigkeit war. Das ist ein fürchterlicher Begriff, aber es hat damit zu tun gehabt.«

»Das war der Grund, warum Sie nicht von ihm loskommen konnten?«

Kurze Pause.

»Ich hab nicht gesehen, daß ich andere Möglichkeiten gehabt hätte, damals. Ich sag nicht, daß ich keine Chance gehabt hätte,

18

aber ich konnte sie nicht wahrnehmen. Ich hab sie mir selbst versperrt. Mal hat ein Freund versucht, mich da rauszuholen. Aber der hat's nicht geschafft, und ich auch nicht.«
»Sie machen aber einen sehr energischen und selbstbewußten Eindruck.«
»Klar«, lacht sie, »bin ich auch, und wenn ich Druck bekomme, halt ich dagegen. Das ist bei mir 'ne ganz normale Reaktion. Kommst du mir mit Druck, kriegst du's zurück. Aber was die Unterwerfung in Partnerschaften betrifft, ja, das ist 'n ganz anderes Ding. Ich hab mir immer Partner ausgesucht, unbewußt natürlich, die zu Gewalttätigkeiten geneigt haben. Aber die mir vom Kopf her unterlegen waren. Was natürlich wunderbar zusammenpaßt.«
»Diese Kombination war von Anfang an klar?«
»Nee, nee. Ich hab diese gewalttätigen Reaktionen heraufbeschworen.«
»Bewußt?«
»Wenn ich jemandem mein Köpfchen zeige und ihn dadurch, wie sagt man, in den Schuh stelle und sag: *Wer bist du denn schon?*«, die schlanke Frau, nicht größer als einen Meter fünfundsechzig, beginnt zu grinsen, »dann ist doch ganz klar, was dann passiert.«

Sexuelle Leidenschaft steckt dahinter. Aber welche?«
Sie kichert verlegen: »Vielleicht Symbolik.«
»Symbolik, was meinen Sie damit?«
»Gewalttätigkeit ist gleichzeitig ein Symbol für die Sexualität eines Mannes.«
»Für Potenz?«
»Ja, genau«, sagt sie erleichtert, daß dieses Wort endlich gefallen ist, »kann man wirklich sagen. Ich hab solche Beziehungen immer instinktiv eingefädelt. Das Merkwürdige aber ist, daß meine Partner am Anfang alle unheimlich nett und lieb waren. Erst nach 'ner gewissen Zeit haben die losgepowert.«
»Sie haben diese Brutalität richtig herausgelockt aus den Männern?«

»Ja, verbal ja. Ich hatte einen Standardspruch drauf«, sie lacht, wirft den Kopf zurück, daß ihre schwarzen Locken fliegen, »*jede syphilitische Kanalratte hat mehr Charakter als du, Michael!* Oder ich hab ihm *du geistiger Tiefflieger* nachgeschrien.«

»Phantasievoll.«

»Ja, ja«, sie lacht, so daß man ihr anmerken kann, wie sie es genießt, jemanden mit ihrem Mundwerk fertig zu machen, »ich hab dann immer gesagt, *ein Toaster hat einen IQ von zwei. Und wieviel hast du?* Das waren natürlich klare Provokationen. Und ich wußte eigentlich auch immer, was danach kommt.«

Richtig aufgekratzt wirkt sie jetzt.

»Es war auch immer sehr schön, wenn wir in 'ner Reihe von Freunden gesessen haben, und ich dann sticheln konnte, *weißt du, einer mit deiner Intelligenz kann Salto unterm Teppich schlagen oder da 'n Trapez aufhängen.* Die Freunde haben mir dann regelmäßig zugeflüstert, *Mensch, paß bloß auf, du bist noch nicht zu Hause, dann kriegst du aber was ab.* Der Michael hat das natürlich in Gesellschaft nicht an mir abgelassen, aber wehe, wenn die Tür zu war.«

20

Sie spielte leidenschaftlich mit dem Feuer, obwohl sie wußte, daß sie sich verbrennt. Doch, wenn sie heute zurückblickt, dann hat sie erst viel zu spät begriffen, daß Michael mit ihrer lustvollen Unterwerfung nicht umgehen konnte. Das war das eigentlich Zerstörerische. Er lebte an ihr seine rohe Gewalt aus, die sie immer als Beweis seiner Liebe mißverstanden hat.

»Haben Sie das damals als ganz normal empfunden?«

»Nee, als pervers. Aber das sagen mir viele Frauen, die sich irgendwie als vergewaltigt betrachten. Ich rede ja hier auch im Knast immer wieder mit solchen Frauen. Man steht da und duscht sich stundenlang, schrubbt sich ab, um den Dreck vom Mann wegzukriegen, weil man sich besudelt fühlt. Vom eigenen Partner. Aber letzten Endes macht man doch so weiter.«

»Das haben Sie so erlebt?«

»Ja, sicher. Man versucht das äußerlich abzuschrubben, aber dieses Gefühl von Ekel verfolgt einen Tag und Nacht. Und dann, das ist wirklich paradox, ist auch wieder diese Sehnsucht nach dem Partner da. Denn man weiß, der kann ja auch ganz anders sein. Das ist schon ganz schön pervers, sowas überhaupt auszuhalten.«

»Angst, Lust und Ekel konnten Sie kaum noch trennen?« frage ich.

»Die tödliche Gefahr hab ich nicht gesehen. Damals. Vielleicht hätt er mich irgendwann derart zusammengeschlagen, daß ich's nicht überlebt hätte. Ein Satz, den er mal gesagt hat, verfolgt mich immer noch: *Und irgendwann bleibst du liegen.*«

»In welcher Situation hat er das gesagt?«

»Als er«, sie lacht wieder, aber das ist kein echtes Lachen, eher der unterdrückte Schrei eines Kindes, »als er, man glaubt's kaum, auf mir gekniet hat und mir ins Gesicht geschlagen hat.«

Ich blicke sie an, erschrocken.

»Oder auch schon mal mit 'nem Küchenmesser an meiner Kehle auf mir gehockt hat.«

»Mit 'nem Küchenmesser an Ihrer Kehle?«

»Ja, mit 'nem Küchenmesser.«

»Sie haben sich wehren können?«

»Nee, eigentlich nicht. Ich hab's ausgehalten. Bis es vorbei war.«

»Frau Jeschke hat Sie auch mit einem Küchenmesser bedroht.«

Sie guckt verdutzt.

»Da gibt's 'n Zusammenhang, hab ich noch gar nicht bedacht, ja, stimmt.«

Wir schweigen beide eine ganze Weile und hören, wie es anfängt zu regnen. Die Tropfen prasseln immer schneller und härter auf das Oberlichtfenster. Andrea blickt nach oben, beobachtet das kleine Naturschauspiel, wie es wahrscheinlich nur jemand kann, der eingesperrt ist.

»Ich will nicht für ihn Partei ergreifen«, fährt sie jetzt fort, »aber ich hab ihn mit Sicherheit immer wieder verletzt. Das hört sich jetzt wahrscheinlich verrückt an, aber er war mir in keiner Weise gewachsen. Und so wie er's getan hat, konnte er mir überhaupt nicht entgegentreten. Selbst wenn er geschlagen hat, war er unterlegen.«

»Er war Ihnen im Kopf unterlegen.«

»Klar. Aber nicht nur das, ich hab doch, wie soll ich sagen, als Frau meine Erniedrigung eingesetzt. Und dadurch den Mann zum Reagieren gezwungen.«

»Sie meinen, eigentlich haben Sie Regie geführt in einem gefährlichen Spiel?«

»So ungefähr.«

»Aber für welchen Preis!«

»Vielleicht hätt ich selber irgendwann Schluß gemacht mit meinem Leben. Weil, ich hab ja damals überhaupt nicht kapiert, was ich da treibe. Erst jetzt denk ich langsam drüber nach.«

»Dann war der Mord an der alten Frau Jeschke ein Teil dieses Spiels.«

»Nee, nee«, wehrt sie sofort ab, »vielleicht der Einbruch, aber die Tat war ganz was anderes. Das war meine Befreiung aus diesem Sumpf, ja.«

BEIDE WURDEN IM Lauf der Jahre in einer Weise voneinander abhängig, die sie nicht mehr einschätzen oder regulieren konnten. Langsam geriet Andrea, ohne es richtig zu bemerken, aus dem anfänglichen Spiel in eine Fessel, die nicht mehr zu sprengen war. Es war, als würde jede Bewegung die Ketten enger zusammenziehen und die Luft abschnüren. Sie konnte nicht mehr von ihm weg und wollte es auch nicht mehr. Sie wollte nicht mehr wollen. Vor allem ihre Abhängigkeit wurde zum Ritual des Alltags. Sie tat, was er anordnete.

Wenn seine Intelligenz auch weit unter der ihren lag, war sie doch ausreichend, um seine Freundin zu benutzen. Ihre größte Angst war, ihn zu verlieren und allein gelassen zu werden. Also griff sie für ihren Michael in die Kasse, fälschte Schecks und brach für ihn ein. Ganz zum Schluß wurde sie sogar zur Mörderin.

»Daß man was sucht, wovor man ein Leben lang Angst gehabt hat«, sagt sie sehr ernst und streicht ein Krümelchen Asche von der Hose, »konnte ich damals überhaupt nicht verstehen. Aber ich hab ja hier hinter den Mauern Zeit zum Nachdenken.«

UND WIE KOMMEN Sie mit Ihrer Sexualität hier im Gefängnis klar, gibt's überhaupt eine?« möchte ich von Andrea wissen.

Die Frage überrascht sie nicht, sie antwortet sofort in ihrer schnellen, offenen Art: »Anders als die Männer, also nicht so aggressiv. Es ist natürlich schlimm, weil es 'ne doppelte Bestrafung ist, die wirkliche Nähe von zwei Menschen wird nicht zugelassen. Außer ich verlagere mich darauf, 'ne lesbische Beziehung anzuknüpfen. Aber mir ist klar, das ist nur eine Notlösung. Bei mir ist das nicht so problematisch, weil ich, so glaub ich, bisexuell bin, ich hatte mit neunzehn mal 'ne Beziehung mit 'nem Mädel. Ganz kurz. Das ist zwar nicht meine Welt, aber ich steh hier dazu, muß dazu stehen, denn ich muß hier aus der Not 'ne Tugend machen. Das ist also ganz klar, es gibt nur Frauenbeziehungen, aber eigentlich wird Sexualität nach außen hin totgeschwiegen.«

»Reden Sie untereinander über Ihre sexuellen Phantasien?«

»Einmal die Woche haben wir Gruppenarbeit, wir reden da über alles. Letzte Woche wurde ich darauf angesprochen, daß ich in meinen Briefen nach draußen meiner Phantasie absolut freien Lauf lasse. Nicht nur im Text, auch in meinen Zeichnungen.«

»Sie zeichnen?«

»Ja, auch für unsere Knastzeitung. Ich kann meine Sexualität nicht leugnen. Will ich auch nicht. Und wer das macht, wer immer das Blümchen Rührmichnichtan spielt, ist doch die erste, die abends, wenn die Zellentür zugemacht wird, die Finger unter der Bettdecke hat. Das ist 'ne fürchterlich bigotte Moral. Aber die Frauen sind dazu gezwungen, weil sie's nicht ausleben dürfen.«

»Sie haben eine Beziehung zu einer Frau?«

»Ich hatte eine, ja. War 'ne ziemlich traurige Geschichte, wir haben's beide abgebrochen. Sie behandelte mich wie ein ganz mieser Liebhaber nach der einen Nacht. Ich hab ihr gesagt: *Weißte was, wenn du mit mir nur in die Kiste wolltest, dann hättest es sagen dürfen, hättst nicht auf Liebe machen müssen, ja. Nur damit du das eher erreichst, mußt du mir nicht wie 'n x-beliebiger Typ in der Kneipe das Ohr ankauen vor Verliebtsein und doch eigentlich nur das eine willst.*«

Sie lacht spitz, ein wenig amüsiert, ein wenig verbittert.

»Ist mir draußen ja auch immer wieder passiert. Warum könnt ihr denn nicht mal ehrlich sein, ihr verdammten Kerle. Das ist ja furchtbar, *dir steht es so in den Augen, warum sagst du das nicht?* Diese Heuchelei.«

»In Gefängnissen, wo Männer einsitzen, werden Präservative verteilt, da wird also offen über Sex geredet.«

»Als ich hier rein kam, hab ich auch die Pille verlangt. Weil ich sonst Beschwerden gekriegt hätte. Unser Frauenarzt gibt mir die Pille und lacht, guckt mich doppeldeutig an, und ich sag, *man weiß doch nie, Herr Doktor, oder?*«

»Ist denn dieses *man weiß doch nie* mal passiert?«

Sie lacht schallend und zeigt auf das laufende Tonbandgerät.

Ich verstehe, lache und schalte das Band für ein paar Minuten ab.

JETZT GIBT SIE sich einen Ruck, richtet sich in ihrem Stuhl auf und sagt: »Aber wir wollten ja drüber reden, wie die Tat vor sich gegangen ist, nicht?«

»Ja«, sage ich, »wir sind mitten in der Vorgeschichte zum Mord. Aber gut. Sie saßen also bei Frau Jeschke auf dem Sessel und haben sich ihre Lebensgeschichte anhören müssen. Wieso hatte die alte Frau plötzlich ein Küchenmesser in der Hand?«

»Da muß ich vorher noch was berichten. Auf 'nem anderen Sessel lag 'ne Handtasche, zugedeckt mit 'nem Kissen. Hab ich sofort bemerkt, denn ein Bügel guckte raus. Aber ich bin nicht drangegangen, selbst dann nicht, als sie in die Küche gegangen ist, um Wurstbrote zu machen.«

»Wäre doch ein leichtes gewesen, Tasche schnappen und abhauen. Sie müßten nicht fünfzehn Jahre hier sitzen.«

»Absolut. Ich hätte die Tasche ganz gemütlich aufmachen, Geld und Schecks oder was auch immer einstecken können. Die Frau Jeschke hätte das erst gemerkt, als ich wieder weggewesen wäre. Ganz klare Sache.«

Irgendwann während dieses langen Gesprächs im Wohnzimmer muß wohl die alte Frau die Diebin vom Friedhof doch erkannt haben. Obgleich sie sich zunächst nichts hatte anmerken lassen.

SIE WAR«, SAGT Andrea, »sehr ruhig und beherrscht und hat mir regelrecht Theater vorgespielt. Glaube ich. Aber dann kam sie aus der Küche zurück und stand ganz dicht neben mir im Türrahmen. Mit dem Küchenmesser in der Hand, mal auf meinen Bauch gerichtet, mal auf mein Gesicht und hat gesagt: *Sie sind doch das Früchtchen, das mir auf dem Friedhof die Tasche geklaut hat! Hier kommen Sie nicht mehr raus! Sie werden schon Ihre gerechte Strafe kriegen! Sie Miststück!«*

Andrea drückt die Zigarette aus, entflammt sofort eine neue.

»Ich konnt es als Bedrohung sehen, aber auch als 'ne schrecklich komische Situation. Ich bin ja nicht sicher, ob sie mich ernsthaft hätte verletzen können. Vielleicht schon, wenn ich 'ne unbedachte Bewegung gemacht hätte. Schwer zu sagen. Aber als sie *Miststück* geschrien hat, *du wirst deine Strafe schon kriegen,* hab ich doch Angst gekriegt, es könnt was Schlimmes passieren.«

»Was denn?«

»Daß ich richtig eine geschmiert kriege. *Mußt du jetzt lachen,* hab ich mich gefragt, oder mußt du's ernst nehmen? *Was macht das Omchen da?* dachte ich. Auf der anderen Seite hatte sie so einen Blick, der hat mir gesagt: Jetzt wird's ernst. Wissen Sie, wenn man sich lange so dicht gegenübersteht, und es gibt keine Entwicklung, keinen Ausweg, es passiert einfach nichts, dann kann so 'ne Situation explodieren.«

ANGST HABEN SIE gehabt. Aber vor einer Dreiundachtzigjährigen?«

»Ja, ich glaub, bis zu dem Moment, wo ich auf sie eingeschlagen hab, da war es dieser Blick, der mir angst gemacht hat. Ganz tief in meinem Innern. Dieser Augenblick hat alles entschieden, im wahrsten Sinn des Wortes dieser Augen-Blick. Ich hab gefühlt: Jetzt mußt du dich wehren. Jetzt in diesem Moment mußt du dich wehren. Und dann hab ich zugeschlagen.«

»Können Sie diesen Blick beschreiben?«

»Fixierend.« Pause. »Wie 'n Raubtier, das seine Beute nicht mehr losläßt.«

»Bitte erinnern Sie sich: Hat Sie in Ihrem Leben jemals ein Mensch mit so einem Blick angeguckt?«

Sie schweigt lange, sehr lange. Von draußen hört man wieder das metallische Rasseln von Schlüsseln und Schritte, die sich entfernen. Es fällt eine Tür krachend ins Schloß, dann ist es wieder still. So still, daß ich das motorische Laufen des Tonbandes registriere.

»Hm.« Sie zögert. »Mein Partner. Der hat diesen Blick auch gehabt, ja.«

»Michael?«

»Der konnte, der konnte tödlich blicken. Da guckte der ganze Haß aus den Augen.«

Eɪɴ Voʟʟᴢᴜɢsʙᴇᴀᴍᴛᴇʀ ᴋᴏᴍᴍᴛ in die Stille herein.
»Es ist schon zehn Minuten über der Zeit.«
Sofort verändert sich das Gesicht der jungen Frau. Sie nimmt
den Fuß vom Stuhl und die Hände von der Tischplatte.
»Sie wollen Feierabend machen?« frage ich den Beamten.
»Nee, das nich«, meint er, »aber Sie haben heute mittag gesagt,
Sie brauchen drei Stunden. Und die sind um. Sogar schon zehn
Minuten drüber.«
So trennen wir uns, Andrea Schub und ich. Sie erhebt sich, wird
aus dem Raum geführt, ohne sich noch mal umzudrehen.
Irgendwie habe ich das Gefühl, jetzt ist sie eine andere Person.
Obgleich sie keine Anstaltskleidung trägt, erscheint sie mir nun
wie eine Gefangene, die hier in einer fremden Welt lebt. Und ich
bin ein Eindringling, ein neugieriger Besucher, der hinter den
Mauern eigentlich nichts zu suchen hat.
Doch wir werden uns wiedersehen, denn es gibt noch viele Fra-
gen.

Fʀᴇɪᴛᴀɢ ᴅᴇʀ ꜰᴏʟɢᴇɴᴅᴇɴ Woche. Dasselbe Ritual wie beim
ersten Mal. Nur diesmal halten andere Beamte Wache im
schußsicheren Glaskäfig. Und eine freundliche Beamtin durch-
sucht mich, sagt mit besorgtem Blick: »Lassen Sie nichts liegen,
und machen Sie besser Ihre Tasche zu.«
»Sie meinen«, frage ich, »hier wird geklaut?«
Sie legt das Suchgerät beiseite, schließt die erste der Stahltüren
auf und sagt beiläufig: »Na, das hat schon Gründe, daß die
Frauen hier einsitzen.«
Ich warte zehn Minuten, bis Frau Schub von der Station E 2
nach unten geführt wird. Das ist der Trakt, in dem die Mörde-
rinnen ihre lebenslängliche Strafe abbüßen.

Wɪᴇᴅᴇʀ ʟᴀᴄʜᴇʟᴛ sɪᴇ selbstbewußt, gibt mir die Hand. Wieder kommt sie sofort zur Sache.
»Ich glaube«, erinnert sie sich sehr genau, »das letzte Mal
waren wir stehengeblieben, als ich von Michael erzählt habe,
oder?«

»Ja«, sage ich, »aber am liebsten würde ich Sie fragen, was ich beim letzten Mal nicht gefragt hab. Sie haben gesagt, als die alte Frau Jeschke Sie als *Miststück* beschimpft hat, sind Sie richtig ausgerastet. Warum ausgerechnet bei diesem Wort?«

Da sie nicht gleich antwortet, habe ich Zeit, die Zigaretten, die ich mitbringen durfte, auszupacken und ihr Feuer zu geben. Sie bedankt sich mit einem kurzen, wortlosen Nicken.

»Hm. Weiß nicht. Muß ich nachdenken.«

»Ich hatte den Eindruck, da ist eine Erinnerung in Ihnen ausgelöst worden. Kann das sein?«

»Glaub ich eigentlich nicht. Das ist halt so 'n ganz gemeines Schimpfwort, irgendwie.« Pause. Und dann: »Kann ich überhaupt nicht ab ... *Miststück,* nee.«

Sie zupft an ihrer Weste und ihrem Ausschnitt, fährt sich mit beiden Händen durch die schwarzen Haare.

»Doch«, beginnt sie sich zu erinnern, »ich glaube, meine Mutter hat das mal zu mir gesagt. Da war ich siebzehn.«

Sie wendet den Kopf zur Seite, verschränkt die Arme vor der Brust.

»Ja, stimmt, da war ich knapp siebzehn.«

Sie preßt die Lippen aufeinander, zieht die Mundwinkel dabei hoch, so daß es beinahe so aussieht, als würde sie lächeln.

»Ach, das war, hi, sehr witzig. Das war nach 'ner Geschichte, da hat man nicht drüber gesprochen. Wo meine Eltern wegen Kindesmißhandlung verurteilt wurden.«

Sie lacht, schüttelt den Kopf, so daß ihr Haar wie im Wind fliegt.

»Das war damals, als meine Eltern mir endgültig verboten hatten, Alkohol zu trinken. Ich hatt's ja auch wirklich übertrieben. Gut, sie haben mir eingeschärft: *kein Alkohol mehr.* Hab ich aber nicht gepackt.«

Eines Tages, es war im Februar 1983, da war sie zusammen mit den Eltern zu einer Faschingsfeier eingeladen. Sie hatte mit einer Freundin den Ausschank an der Theke übernommen, sich aber geschworen: »Keinen Tropfen Alkohol, sonst drehst du wieder durch und kriegst den Moralischen. Und fängst wieder an, bei allen möglichen Leuten über deine Eltern zu schimpfen. «

Doch um ein Uhr nachts konnte sie nicht mehr stehen, kaum noch reden, so betrunken war sie. So schleppte sie sich zu ihrem Vater, der gereizt reagierte: *Du hast uns den ganzen Abend versaut. Jetzt müssen wir dich auch noch mit 'nem Taxi nach Hause fahren.* Als der Wagen vor der Haustür hielt, versuchte sie auszusteigen, stolperte aber, rutschte auf dem schneeglatten Trottoir aus und schlug lang hin. Aufs Gesicht.

Das war so komisch, weil der Zahnarzt mir zwei Wochen vorher vier Zähne gezogen hatte. Weil die Wurzeln kaputt waren. Und ich hatt ja nur 'n Provisorium drin. Also, ich hab mir die Zähne ausgeschlagen und die Klammern steckten mir jetzt im Hals. «

Sie zeigt mit dem rechten Finger in ihren geöffneten Mund.

»Es hat mir das ganze Provisorium wirklich in den Mund reingehauen. Als ich am Boden gelegen hab und Blut floß, hab ich wie verrückt geschrien. Aber meine Eltern haben nur gesagt: *Hör auf mit dem Quatsch. Du machst bloß wieder Theater!* Dann 'n bißchen Schnee genommen und mir die Backe abgerieben. Hab ich natürlich noch mehr gebrüllt und meine Eltern wie wild beschimpft. Es hat verdammt weh getan, aber ich hab wirklich nicht erklären können, warum. Nun hatten meine Eltern auch schon ziemlich was im Tee und den Durchblick verloren. Irgendwie ist das dann eskaliert, so daß meine Mutter mir eine geknallt hat. Ich hab dann zurückgeschlagen. Und sie hat mich mit dem Kopf gegen die Wand geschlagen. Ich dann meine Mutter die zwei Stufen runterschubsen, war eins. Sie flog in den Rhododendron. «

»Sie können sich so genau erinnern, obwohl Sie damals betrunken waren?«

»Das nicht. Aber die Nachbarn, die's beobachtet haben, die haben das später bei der Polizei ausgesagt. Und die haben auch durchs Küchenfenster beobachtet, wie mein Vater wie wild auf mich eingeschlagen hat. Mit 'nem Ledergürtel. Und die Messingschnalle immer ins Gesicht. Meine Mutter hat mir in die Rippen getreten. Tatsache. Haben die Nachbarn auch ausgesagt. Und pausenlos hat sie geschrien: *Schlag sie tot, das Miststück! Schlag das kleine Miststück tot! Das Miststück!* Ihre Stimme hab ich heute noch im Ohr.«

Mit beiden Händen umfaßt sie ihren Kopf. Ihre Hände zittern leicht.

»Das hat sie wohl auch geschrien, weil ich sie vorher als Schlampe und Nutte beschimpft hab. Na ja. Schließlich sind zwei Polizisten irgendwann aufgetaucht. Nachbarn hatten die angerufen. Die haben die Tür eingetreten, meine Eltern erst mal auseinanderdividiert.«

»War das nötig?«

»Ja, sicher doch. Die haben sich auch noch geprügelt wegen mir. Nicht zu fassen. 'ne richtig nette Familie, oder?«

Sie feixt kurz und spitz. Ich blicke sie regungslos an.

»Die Polizisten haben mich sofort beiseite genommen und ins Krankenhaus gefahren. Ich sah ja aus, als wär ich unter 'n Panzer gekommen. Der Arzt hat 'nen fürchterlichen Schreck gekriegt, weil ich vorne keine Zähne mehr hatte. In der gleichen Nacht bin ich ins Jugendheim verfrachtet worden. Meine Eltern mußten aufs Revier, und ich war erst mal weg von zu Hause.«

Das Jugendamt schaltete sich ein und der Kinderschutzbund. Ein paar Wochen später gab es eine Gerichtsverhandlung, in der die Eltern verurteilt wurden. Zu einer Geldstrafe. Andrea wurde nicht als Zeugin gehört, weil die Richterin sicher war, sie würde gegen Vater und Mutter aussagen. Eine schlechte Voraussetzung für die Fortführung eines »normalen Familienlebens«, das die Eltern nun hoch und heilig versprachen.

Nervös versucht sie, eine Zigarette aus der Packung zu ziehen.

»Ich hab die Welt nicht mehr verstanden, daß meine Mutter zu meinem Vater gesagt hat: *Schlag sie tot.* Und mein Vater: *Laß*

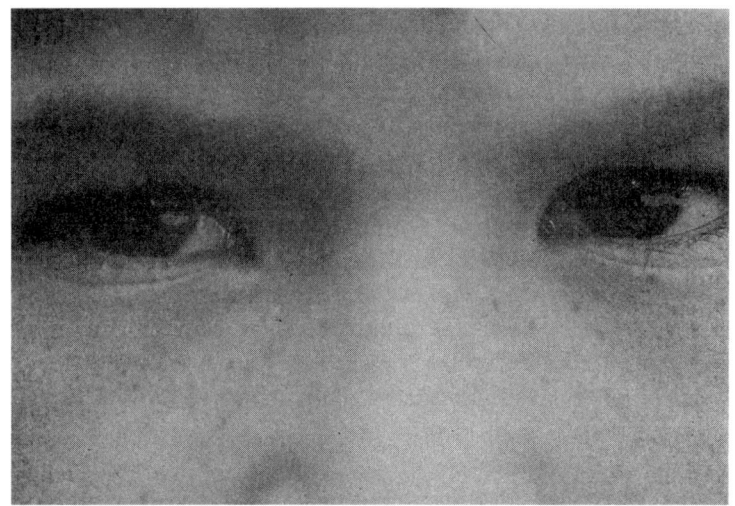

sie doch verrecken. Im Prozeß haben die sich dann auch noch beide belastet und sich gegenseitig die Schuld in die Schuhe geschoben.«

Mit ihren dunkelblauen Augen schaut sie mich an.

»Ich war hin und her gerissen zwischen Haß und Zuneigung. Weil, es waren doch meine Eltern. Und die darf man doch nicht hassen. Das ist ein, ein verbotenes Gefühl.«

Andrea kehrte nach Hause zurück, aber sie schwor Rache.

»Nachdem ich aus dem Heim entlassen wurde, hab ich nur noch gedacht: *Ich werd mich an euch rächen für das, was ihr mir angetan habt.*«

»Dieses Erlebnis fällt Ihnen also bei dem Wort *Miststück* ein«, sage ich.

»Ja, seitdem hab ich meine Eltern gehaßt. Besonders meine Mutter.«

Sie wurde ein »schwieriges«, aggressives Kind, in der Schule bei den Lehrern verhaßt, von den Mitschülern aber bewundert wegen ihrer Frechheit. Die Clique, die sich am Friedrichsplatz mit Bier und Hasch herumtrieb, wurde nun ihre Familie.

31

In der Schule rutschte sie ab, wurde nicht versetzt, kam eines Tages mit blutenden Händen nach Hause, weil sie vor Wut eine Fensterscheibe eingeschlagen hatte.

Ich versteh gar nicht, was das Kind hat, pflegte die Mutter sich zu beklagen.

Hatte andrea noch als Kind die schönen Kleider der Mutter zerschnitten, ihre Hosen unten zusammengenäht, ihre Pelze mit dem Feuerzeug versengt oder ihr Spinnen ins Bett gelegt, versuchte sie von jetzt an, die Mutter tiefer und härter zu treffen.

»Ich hab sie furchtbar gehaßt«, flüstert sie, »aber ich hätte ihr nie was getan.«

»Haben Sie je daran gedacht?«

»Nein, nie. Wirklich nie«, beteuert sie, fügt aber zögernd hinzu, »ich hab erst daran gedacht, als meine Mutter mit 'nem Liebhaber durchgebrannt ist. Da hab ich gedacht: *Ich bring dich um.*«

»Ihre Eltern haben sich getrennt?«

»Noch nicht. Erst als meine Mutter mit ihrem Liebhaber frech zu Hause aufgekreuzt ist, wurd' es kritisch. Wenn mein Vater in 'ner anderen Stadt gearbeitet hat, tauchte der bei uns zu Hause auf. Dann hatte meine Mutter natürlich 'n unheimlich schlechtes Gewissen, und ich durfte plötzlich alles, bis abends um elf wegbleiben, mich mit Freunden rumtreiben und so. Aber eines Tages hab ich dann doch meinen Vater angerufen und ihm gesagt: *Paß auf, die Mutti betrügt dich.* Und er hat nur gelacht am Telefon und gesagt: *Nach dir nichts draus, ich betrüge deine Mutter auch. Ich weiß, daß sie 'nen Freund hat.* Da hab ich ihm geantwortet: *Na, da seid ihr ja quitt, aber muß dieser Mann deinen Bademantel tragen und abends um zehn aus eurem Schlafzimmer kommen?*«

Eines Tages kam sie zu früh nach Hause, weil in der Disko nichts los war. Die Tür zum Schlafzimmer war nur angelehnt, und so konnte sie beobachten, was drinnen passierte. Sie machte sich lautstark im Flur zu schaffen, so daß die beiden erschraken und sich unter der Decke versteckten. Aber es kam nie zu einem erklärenden Gespräch, sondern die Mutter versuchte, wie Andrea erzählt, sie mundtot zu machen.

»Das war wirklich peinlich für meine Mutter. Na ja, danach fühlte sie sich gezwungen, mich mit Geld zuzukleben. Das ging dann immer weiter so. Schließlich ist sie ganz von zu Hause abgehauen. Mit 'nem anderen Liebhaber, 'nem Arbeitskollegen, der viel jünger war. Das war damals die Zeit, da ist offenbar der zweite Frühling bei ihr ausgebrochen.«

Andreas Mutter hielt es bei ihrem Liebhaber auf Dauer nicht aus und kam immer öfter in die Wohnung zurück. Und immer öfter angetrunken. Die kleine Tochter empfing sie dann mit zynischen Bemerkungen wie: *Ach, du bist also wieder unzufrieden mit deinem Lover, oder was? Bringt er im Bett nix mehr?*

Als die Mutter ihre Sachen endgültig packte und ganz auszog, holte der Vater seine Geliebte ins Haus, und Andrea wurde als Störenfried abgedrängt. Die neue Frau verlangte das. Es wurde also eine kleine Wohnung für sie angemietet, in der sie sich mit allerlei Jobs über Wasser halten konnte. In der Oberschule war sie zwar gescheitert und mußte auf die Hauptschule zurück, aber sie fühlte sich »irgendwie freier, wenn auch gedemütigt«.

Miete und Strom bezahlte der Vater, so daß sie zurechtkam.

»Wow, dachte ich, so schnell bist du noch nie von zu Hause weggekommen. Mein Kater und ich saßen in der Wohnung, guckten uns an und konnten's nicht fassen, daß wir auf einmal alleine waren. War am Anfang auch ganz schön, bis dann mein Vater von Kassel wegzog und ich kein Geld mehr hatte.«

Die junge Andrea tauchte immer tiefer in die Kasseler und dann in die Frankfurter Drogenszene ein. Zusammen mit Mädchen und Jungen, zwischen fünfzehn und siebzehn Jahre alt, trieb sie sich tagelang herum, trank Unmengen Bier, rauchte Haschisch, nahm gelegentlich Koks, wenn sie genug Geld hatte.

»Wie sahen Sie damals aus?« möchte ich wissen.

»O wei«, sie ist amüsiert bei der Erinnerung, »knallenge Jeans, Wildlederboots, übergroße Unterhemden, diese dicken mit langen Ärmeln, Arabertuch, lange Haare. Die Augen fett und schwarz umrandet. Ansonsten blaß und dünn, furchtbar dünn.«

»Was ist aus Ihren damaligen Freunden geworden?«

»Damals waren wir so ungefähr fünfzehn Leute. Fünf, sechs leben noch. Der Großteil ist draufgegangen. Ein Mädchen, das noch lebt, ist heroinabhängig, ein Junge Dauergast im Knast, 'n anderer inzwischen im Polamidonprogramm. Aber das waren nicht nur Kinder von sozial Schwachen. Die Eltern waren Lehrer, Psychologen, Beamte, alleinerziehende Hausfrauen. 'ne richtige klassenlose Gesellschaft.«

Wenn sie sich's auch vorgenommen hatte, rächen konnte sie sich weder an ihrem Vater noch an ihrer Mutter, wenn sie der auch eines Tages ihren Liebhaber ausspannte.

»Meine Mutter beschrieb mal einen jungen Mann, Christian, den sie kennengelernt hatte und den sie ganz toll fand. Sie sagte mir sogar, wie er heißt und wo er wohnt. Da hab ich ihn einfach angerufen und gesagt, *hör mal, meine Mutter ist immerhin noch verheiratet. Laß ja die Finger von ihr.* Na, da haben wir uns verabredet, und daraus wurde dann 'ne ziemlich lange Geschichte. Obgleich er zehn Jahre älter war als ich. Ich war siebzehn und er siebenundzwanzig. Welten lagen zwischen uns, aber es hat funktioniert.«

Sie beugt sich zurück, verschränkt die Arme hinter dem Kopf, zeigt ein breites Grinsen.

»Für mich war's natürlich ein Gefühl von Triumph, daß ich meine Mutter ausgestochen habe. Aber nach drei Jahren war dann alles aus, und Michael trat auf den Plan.«

»Sie haben ihr damit zeigen wollen: *Ich bin kein Kind mehr, sondern eine Frau, die dir sogar überlegen ist?*«

Sie nickt: »Klar.«

Als Christian mitbekam, daß Andrea sich von ihm trennen wollte, wurde er zum ersten Mal in der Beziehung aggressiv.

»Er schnappte mich, drehte mir den Arm um. Es machte knack und tat furchtbar weh. Das war alles, was ich bemerkt hab, aber mein Arm war kaputt. Gebrochen. Ich lag auf dem Fußboden, und er rannte ins Badezimmer, um 'nen Verband zu holen. *Steh endlich auf,* hat er immer wieder gesagt. Aber ich konnte nicht. Als ich halbwegs zu mir kam, hab ich gesehen, der gebrochene Knochen guckte aus der Haut raus.«

Im Krankenhaus flehte sie der Freund an, *sag ja nicht, wie's passiert ist, sonst bin ich meinen Job los.* Er arbeitete als EDV-Fachmann in einer Kasseler Firma und war wohl der einzige ihrer Freunde, der einer regelmäßigen Tätigkeit nachging. Nach vierzehn Tagen wurde sie entlassen mit einer Stahlschraube in den Knochen. Es war aus mit der Lehre als Köchin, weil sie Töpfe und Pfannen nicht mehr heben konnte. Und es war aus mit der Beziehung. »Haben Sie Christian angezeigt?« will ich wissen.

»Hätt' ich nie gemacht«, sagt sie sehr überzeugt, »warum? Er hat's ja nicht absichtlich getan.«

»Haben Sie auf Christians Gewalt irgendwie reagiert?«

»Körperlich?«

»Zum Beispiel.«

»Nein. Aber meiner Mutter hab ich mal gesagt, als ich noch im Krankenhaus lag, *den Christian, das Arschloch, möcht ich am liebsten umbringen.*«

Wirkliche Gefühle hat sie nie ausdrücken dürfen und später auch nicht mehr ausdrücken können. Das war als Kind schon so. Sie erzählt:

»Von klein auf hab ich das Traurigsein weggesteckt. Ich war das Kind, das nicht weinen konnte, selbst wenn ich Prügel bekommen hab. Nur einmal hab ich wirklich tief traurig sein können. Als meine Urgroßmutter gestorben ist. Da war ich vier. Auf dem Friedhof wollte ich unbedingt noch mal zu ihr hin, wollte sie noch mal anfassen, bevor sie in die Erde versenkt wird. Aber mein Vater hat mich auf dem Arm gehabt und festgehalten. Ich hab wie verrückt geschrien, wollte mich losreißen und zu ihr hin. Meine Eltern hatten mir gesagt, *die Oma ist tot und ganz kalt, du darfst sie nicht mehr anfassen. Sie hat uns verlassen und kommt nie wieder.*«

DAS KIND HATTE das langsame Sterben der alten Frau nicht so richtig mitbekommen. Magenkrebs haben ihr die Eltern gesagt, aber sie hat nicht verstanden, was das ist. Und was der Tod ist, hat ihr niemand erklären können. Als die zum Sterben verurteilte, abgemagerte Frau ins Krankenhaus kam, durfte Andrea sie nicht mehr sehen. Sie war eines Tages nicht mehr da, nur das konnte das Kind begreifen. Etwas, das die Erwachsenen Tod nannten, hatte ihre Uroma weggenommen. Irgendwohin. Wohin wußten sie ja selbst nicht. So wurde über die Beerdigung geredet und die Auflösung der Wohnung. Darüber, daß die AOK und die Bundesversicherungsanstalt angeschrieben werden müßten.

Und als Andrea weinte, sagte jemand: »Weine nicht, sie war doch schon so alt. Irgendwann kommen wir alle mal dran.«

»Ja«, erregt sich Andrea Schub, »so war das, alles sollte schön bleiben. Fürs Kind. Nur, das Kind wollte das nicht, es hat, verdammt noch mal, ein Recht zu kapieren, was da passiert ist. Und zumindest Abschied zu nehmen. Ich hab geschrien und getobt, und schließlich meinem Vater in den Daumen gebissen, daß er mich loslassen mußte. Und dann bin ich losgerannt, und die sind über den Friedhof hinter mir her, zwischen den Gräbern. Kurz vor der Trauerhalle haben die mich schließlich abgefangen, mich wieder fest in den Griff gekriegt. Und wie Eltern das so machen, wenn sie 'n schlechtes Gewissen haben gegenüber ihrem Kind, stopfen sie's mit Kuchen voll.«

Sie grinst abfällig und verzieht den Mund, so als empfinde sie den Ekel noch heute: »Im Café Lange, wo wir nach der Beerdigung dann waren, hab ich den Kuchen nur so durch die Gegend geschmissen. Ich war so außer mir, daß ich nur pausenlos geschrien hab: Ich will zu meiner Oma! Ich will zu meiner Oma!«

36

Sie bricht abrupt ab, sagt ganz leise: »Das hat absolut zerstörerisch gewirkt auf mich. Ja. Absolut zerstörerisch.«
»Wie denn?« frage ich.
»Ich weiß es nicht«, antwortet sie ein wenig abwesend, »aber ich denke mal, das Kind, das ich damals war, hat, wie soll ich sagen, hat es der Uroma nie verziehen, daß sie von mir weggegangen ist. Daß sie mich alleingelassen hat mit diesen Eltern. Diesen fürchterlichen Eltern.«
Und dann flüstert sie:
»Wenn ich daran denke, daß die Frau Jeschke so alt war wie meine Uroma. Ich kann's nicht fassen.«
Sie schweigt, und ich sage auch nichts. Von draußen hört man, wie jemand mit rasselnden Schlüsseln hantiert.
»Ich weiß nicht«, beginnt sie wieder, »wie ich das sagen kann, aber irgendwie ist da ein, ein Riß geblieben zwischen mir und dem einzigen Menschen, der mich wirklich geliebt hat in meinem Leben. Ich war ja noch so klein.«
»Vielleicht empfanden Sie ganz tief in sich selbst Wut oder sogar Haß auf die geliebte alte Frau, von der Sie glaubten, sie hat Sie im Stich gelassen?«
»Meine größte Angst war immer, alleine gelassen zu werden, ja. Auch wenn ein Partner mich hat sitzenlassen, war das so.«
»Wie haben Sie dann reagiert?«
»Ich hätt ihn umbringen können.«

Umbringen. Dieses Wort höre ich von ihr immer wieder, das geisterte offenbar jahrelang durch ihre Phantasie. Doch tätlich angegriffen hatte sie bis zu diesem Zeitpunkt noch niemanden. *Ich bring ihn um,* das war Ausdruck ihrer angestauten Aggressionen, die sie niemals an Menschen, die sie quälten, wirklich hatte auslassen können. Ein tief verdrängter, unheimlicher Wunsch, der nicht in ihrem Bewußtsein war. Der sich nur hin und wieder indirekt Luft machte in zynischen und frechen Bemerkungen. Oder in kleinen Prügeleien, wenn sie betrunken war.

Das änderte sich auf furchtbare Weise an jenem Vormittag des 6. Oktober 1992. Es war gegen halb zwölf, sie stand der dreiundachtzigjährigen Anna Jeschke gegenüber, fast hautnah. Sie fühlte, wie die Situation sich zuspitzte, ein Messer auf sie gerichtet war und kein Entkommen mehr möglich schien.

So schnell, dass ich ihrer Stimme kaum folgen kann, schildert sie, wie sie die entscheidenden Minuten erlebt hat.

»Das zog sich über 'n paar Minuten hin, bis ich gemerkt habe, hier geht nichts mehr. Die alte Frau war erregt, kam mit dem Messer immer näher und sagte: *Hier kommen Sie nicht mehr weg.* Und da blieb mir eigentlich keine Reaktion mehr, ich hab ganz vorsichtig in meine Umhängetasche gegriffen und hab das erstbeste gepackt, was ich zu packen kriegte. Und das waren zwei Hämmer, zusammengebunden mit Klebeband. Damit hab ich auf sie eingeschlagen. Ich muß völlig außer mir gewesen sein, ich hab, hinterher stellte sich das dann raus durch die Gerichtsmedizin, daß ich«, sie preßt beide Hände auf die Stirn, »neunzehnmal auf sie eingeschlagen hab. Angeblich. So richtig zu mir gekommen bin ich erst, als jemand an die Tür hämmerte, an die Wohnungstür. Zwei Nachbarn waren das, die gehört hatten, wie Frau Jeschke umgefallen ist. Da hab ich erst gemerkt, *oh, was hast du gemacht.* Hab nur gesehen, da, da lag die Frau und röchelte. Ich, Blut an den Händen, aber nirgendwo sonst. Überall hab ich Blut gesehen und gedacht: *Das muß verschwinden, mein Gott, was ist jetzt mit der Frau?* Bin dann ins Badezimmer gerannt und wie, wie manisch mir die Hände gewaschen. *Blut muß weg, muß weg,* hab ich nur gedacht. Ich weiß noch, ich hab ihr dann 'n Sofakissen auf den Kopf gepackt.«

Sie lacht verlegen, wie sie immer lacht, wenn sie versucht, ihre Gefühle zu verstecken, »und hab 'n Handtuch an die Stelle gelegt, wo das Blut dauernd rauslief.«

»Auf den Kopf haben Sie das Kissen gelegt. Und nicht unter den Kopf?«

»So wurde sie jedenfalls aufgefunden. Also war's so. Ich kann mich aber nicht erinnern.«

ANDREA ZAPPELT AUF ihrem Stuhl hin und her, blickt auf den Fußboden.

»Und dann, ich konnte die Frau einfach nicht mehr sehen, wie sie da lag, hab 'nen Mantel vom Haken gerissen und über sie gelegt. *Zudecken*, dachte ich, *nicht mehr sehen, was du gemacht hast*. Ja und dann die Hämmer in die Tasche gepackt, die Hämmer waren abgegangen vom Holzstiel, und das Messer hab ich auch eingepackt, das hatte sie fallengelassen, als sie hingestürzt ist. Ich hab wohl die ganzen Sachen noch in Zeitungen eingewickelt, die im Flur rumlagen. Und dann nur noch eins: *Du mußt irgendwie raus.*«

»Die Hämmer hatten sich vom Holz gelöst? So brutal haben Sie also zugeschlagen. Und das neunzehnmal.«

Sie nickt nur: »Hat die Gerichtsmedizin später festgestellt. Hab ich selber gar nicht so richtig mitgekriegt.«

ICH BETRACHTE DIE kleine Frau, ihre Hände und bemerke erst jetzt, sie sind selbst für dieses Persönchen viel zu klein.

»Ich hab dann ihre Handtasche genommen, also noch mal das gleiche gemacht wie im Sommer auf dem Friedhof. Hab alles über den Balkon geschmissen, bin selber hinterhergesprungen, aber einen Stock tiefer in zehn Meter Höhe am Balkongeländer hängengeblieben und hab um Hilfe geschrien. Ich kann mich gut erinnern, wie ich gedacht hab, *nein, du läßt dich nicht einfach fallen, du hängst, verdammt noch mal, an deinem bißchen Leben*. In der Zwischenzeit sind die Nachbarn in die Wohnung eingedrungen und haben den Notarzt gerufen. Irgendwie hab ich's geschafft, auf den anderen Balkon zu kommen, bin runtergesprungen, hab dabei das Geländer durchschlagen und bin schließlich durch's Treppenhaus abgehauen.«

Auf dem Hof sammelte sie die verstreuten Sachen ein, rannte, so gut sie konnte, in die nächste Telefonzelle, um irgend jemanden anzurufen. Und um den Notarzt oder die Feuerwehr zu alarmieren. Doch da hörte sie schon das Martinshorn, sah das blitzende Blaulicht, denn die Nachbarn hatten längst Hilfe geholt. Sie wollte ihre Mutter anrufen, aber die Groschen fielen ihr aus der Hand, sie war nicht mehr fähig, sie festzuhalten und in den Automaten einzuwerfen. So stürzte sie wieder hinaus, nahm die Straßenbahn in Richtung Innenstadt. Während sie sich setzen wollte, fielen ihr die blutigen Hämmer aus der Tasche. Auch das Portemonnaie. Münzen lagen am Boden. Keiner der Fahrgäste bemerkte, was da geschah.

»Sie wollten Ihre Mutter anrufen? Warum?«

»Weiß nicht. Mit ihr einfach reden.«

»Mit Ihrer Mutter haben Sie doch nie offen reden können.«

»Stimmt, ja. Trotzdem wollte ich ihre Stimme hören, keine Ahnung warum.«

»Wollten Sie ihr gestehen, was Sie gerade getan hatten?«

»Nee, auf gar keinen Fall. Ich wollte, glaub ich, mit ihr reden, so als wär nichts passiert.«

»Einfach ein Kind sein, das mit der Mama redet?«

Sie kichert und nickt:

»So ungefähr. Wahrscheinlich 'n Instinkt, wenn man seelisch ganz unten ist, will man wieder auf den Schoß der Mutter.«

»Aber Sie waren ja nie ein geliebtes Kind.«

»Ja, ja«, sagt sie versonnen, »die Berührungen, die ich gekriegt habe, waren Schläge. Ich hätt mir schon andere Berührungen gewünscht.«

Vielleicht, denke ich, werden wir über die Mutter später noch reden müssen, aber frage nicht weiter, lasse sie in ihrem Redefluß.

J EDER, DACHTE ICH«, erzählt sie weiter, schnell und leise, »jeder müßte mir doch ansehen, was ich gemacht habe. Auch wenn meine Hände hundertprozentig sauber waren. Dabei hab ich zu dem Zeitpunkt ja noch nicht gewußt, daß ich eine Mörderin war. Ich bin dann bis zum Rathaus gefahren, ausgestiegen, bin an den Zahlschalter wie 'n Roboter und hab die Stromrechnung bezahlt. *Es ist nichts passiert, alles ist normal wie immer,* hab ich mir eingeredet. Aber der Beamte bei den Stadtwerken hat sofort gemerkt, daß mit mir was nicht stimmt und gesagt: *Frau Schub, was ist denn heute mit Ihnen los?* Und

ich: *Nichts, gar nichts, alles normal.* Dann, direkt gegenüber dem Rathaus, hab ich die Hämmer und das Portemonnaie in 'ne Mülltonne geworfen. Keine hundert Meter vom Polizeirevier entfernt. Einfach irrwitzig.«
»Wieviel Geld haben Sie in der Tasche gefunden?«
»Wieder so um die vierhundert Mark.«
»Und davon haben Sie sofort Gas und Strom bezahlt?«
»Ja, zum Schluß sind ungefähr hundertzwanzig Mark übriggeblieben.«
Sie blickt mich an, bemerkt mein Erstaunen und erklärt:
»Ich wollte diese paar Minuten aus meinem Leben zum Verschwinden bringen. So machen's doch Kinder auch. Die halten sich die Hände vor's Gesicht und sagen, *Mami, such mich!*« Sie macht es vor.
»Gab es einen Moment, in dem Ihnen klar war, *ich hab was Grauenhaftes gemacht?*«
Lange Pause. Sie versucht, sich zu erinnern.
»Als sie da am Boden lag, und ich das Blut gesehen hab. Überall. Auf ihrem Gesicht, den Händen, dem Teppich. Es war ja alles voll Blut. *Da, mein Gott, was ist das? Was hast du gemacht?* Aber die Realität sehen, das ging nicht. Nee. Richtig klar ist mir das erst geworden, als ich in der Gerichtsverhandlung gesessen hab. Selbst in der U-Haft hab ich immer gedacht, *du hast das gemacht, das ist richtig.* Aber ich konnte mir auf der anderen Seite nicht vorstellen, daß ich zu so 'ner Tat fähig bin. Mir das einzugestehen, das war ein Ding der Unmöglichkeit.«
»Haben Sie früher in Ihrem Leben schon mal Blut gesehen?«
»Ja, an mir selber. Es war...«
Andrea unterbricht, fragt nach etwas zu trinken. Ich gehe also in den abgeschotteten Warteraum, ziehe eine Dose Cola, die donnernd in das Schubfach des Automaten fällt. Erst jetzt bemerke ich, wie still es hier in diesem Trakt ist.
»Ja, es war Blut«, beginnt sie von neuem, als ich zurück bin, »ein ekelhaftes Gefühl. Bei meinem Suizidversuch roch es so, daß ich hinterher noch das Gefühl hatte, es riecht alles immer

noch nach Blut. Ich hatte mir den Arm im Badezimmer aufge-schnitten, das war nach 'ner Auseinandersetzung mit Michael. Irgendwie war's ein warmes Gefühl, dieses Auslaufen. Hat zwar wahnsinnig weh getan, aber richtig mitbekommen hab ich's nicht. Am schlimmsten aber ist der Geruch, so wie Rost riecht oder wie Eisen. Ein ganz widerlicher Geruch. Blut.«

»Hat es bei Frau Jeschke auch so gerochen?«

Eine hilflose Gebärde mit den Armen zeigt, sie kann sich nicht recht erinnern. »Da hab ich nichts gerochen. Erst als mir in der Straßenbahn die Tasche hingefallen ist, wo die Hämmer drin waren, da war's wieder, dieser Geruch. An den Hämmern kleb-te ja Blut. Und Haare. Die waren auch klebrig von Blut.«

WIE IST DAS eigentlich, fällt im Moment des Tötens die Wahr-nehmung aus?« will ich wissen.

»Grundsätzlich sieht man, was ist, aber da oben«, sie klopft mit beiden Fäusten auf ihre Stirn, »ist einer drin, der schmeißt die Klappe. Weil, das zu sehen, was ich tue, ist zuviel für meinen Kopf. Zuviel für mich und meine kleine Seele. Denn ich würde ja sonst mit einer Realität konfrontiert, die ich nicht aushalten kann. Das ist vielleicht 'n Schutz, so wie bei dem Soldaten, der sieht nicht mehr die Menschen, auf die er schießt, sondern nur noch die Ziele. Wenn überhaupt noch irgendwas.«

»Da sind wir bei einem wichtigen Thema. Was denken Sie, warum können zum Beispiel KZ-Mörder, die Grauenvolles gemacht haben, sich nicht mehr erinnern? Oder sind das Schutzbehauptungen?«

»Man kann es soweit treiben, daß man so was völlig aus sich löschen kann. Ich hab das bei Frauen erlebt, die hier einsitzen wegen Mord, die glauben steif und fest dran, daß sie unschul-dig sind. Wirklich.«

»Also keine Schutzbehauptungen.«

»Es liegt doch in unserer Natur, Dinge zu verdrängen, die uns und unserer Seele Schaden zufügen. Es sei denn, man will's aus-halten. Will's aushalten, bis es weh tut. Und es tut richtig weh. Ich weiß das.«

42

»Und warum verdrängen Sie nicht?«

Sie flüstert: »Ich weiß es nicht.«

»Meine Bitte um dieses Gespräch, das wir beide jetzt führen, hätten Sie ablehnen können.«

»Ich bin nicht der Mensch, der in 'ner Seifenblase leben will. Ich bin hoffentlich lang, lang davon weg, mich selbst zu belügen. Auch wenn's schmerzt. Und«, sie lächelt zum ersten Mal wirklich, »Schmerzen kann ich ja gut aushalten, wie Sie wissen.«

Ich nicke und verstehe.

»Jeder, der seine Biographie erzählt mit so einem Tötungsdelikt im Hintergrund, der weiß doch, es ist wichtig zu reden. Für ihn selber, aber auch für andere, die dann vielleicht kapieren, daß sich durch das Leben eines Täters 'n roter Faden zieht. 'ne lange Lebensgeschichte, die auf die Tat hinsteuert. Da ist keine Lebensversicherung im Hintergrund oder 'n fremdes Bankkonto, oder was weiß ich. Klar, es gibt die klassischen Mörder, die jemanden umbringen, weil sie die Kohle haben wollen. Aber dadurch, daß sie an die Kohle ran wollen, so krank das auch ist, kompensieren sie irgendwas. Oder wollen's kompensieren. Das ist so, auch wenn sie's nicht wissen.«

In den Gerichtsakten hatte ich gelesen, wie die Staatsanwaltschaft den Tathergang rekonstruiert hatte:

»Vornüber gebeugt schlug die Angeklagte mit erheblicher Wucht und mit der stumpfen Seite der Hämmer auf den Kopf der Anna Jeschke ein, um sie zu töten. Anfangs war Frau Jeschke noch in der Lage, schützend ihre Hände auf den Kopf zu legen. Die Angeklagte ließ sich dadurch nicht von weiteren Hammerschlägen abhalten, so daß mehrere Schläge den Handrücken der rechten und linken Hand von Frau Jeschke trafen und Muskelverletzungen bis zum Knochengewebe bewirkten. Weitere Kopftreffer hatten mittlerweile bei ihr tiefe Bewußtlosigkeit bewirkt. Insgesamt schlug die Angeklagte noch fünfzehnmal auf ihr wehrloses, am Boden liegendes und wimmerndes Opfer ein.«

DIE FRAU, DIE das getan hat, sitzt mir gegenüber, hübsch, freundlich, offen. »Sie haben«, frage ich, »der alten Frau auf den Kopf geschlagen, stimmt das?«

»Ja, seltsamerweise habe ich in diesen Bereich geschlagen.«

»Wie hat sie gelegen?«

»Auf dem Bauch. Mit dem Gesicht nach unten.«

»Sie hätten der alten Frau einfach vor's Schienbein treten und weglaufen können.Warum haben Sie das nicht getan, sondern wie wild eingeschlagen?«

»Das hab ich mir später auch gesagt. Aber ich hab in dem Moment für mich keine andere Möglichkeit gesehen, als sie selber auch zu fixieren und die Situation irgendwie stabil zu halten. Um an meine Umhängetasche ranzukommen und irgendwas zu greifen. Und sie außer Gefecht zu setzen, daß sie keine Chance hat für 'ne überschnelle Reaktion.«

»Das haben Sie sich überlegt?«

»Nee, nee, das hab ich viel später für mich so rekonstruiert, in meinem Köpfchen.«

»Als Frau Jeschke hingestürzt ist, hätten Sie aufhören können zu schlagen.«

»Ja«, bestätigt sie mich, nickt, preßt wieder den Mund zu einem Strich zusammen, »darüber hab ich natürlich unendlich gegrübelt.«

NOCH BEVOR ANDREA mit der Straßenbahn nach Hause fährt, macht sie bei einem alten Kumpel einen Besuch, um Haschisch zu kaufen. Immer wenn sie sich schlecht fühlt oder sich beruhigen will, braucht sie einen Joint. Werner bemerkt wohl, daß seine langjährige Kundin heute besonders blaß und unkonzentriert wirkt, doch sie kann ihn mit ein paar Worten beruhigen: *Alles okay, ich hab nur 'n paar Wege erledigt.* Sie hat nur eines im Sinn, nämlich ganz wie immer zu erscheinen, nicht nur, um zu verhindern, das Furchtbare auszuplaudern. *Alles ist ganz normal,* suggeriert sie sich. Andrea kauft also wie gewöhnlich ein paar Gramm und nimmt noch in der Wohnung des Dealers ein paar kräftige Züge.

Eine halbe Stunde später trifft sie zu Hause ein, und Michael, den sie nicht *Freund* nennen mag, sondern *Partner,* stand in der Tür. Er sieht ihr offenbar nicht an, daß etwas Grauenvolles passiert ist, fragt nur: *Hat's geklappt?* Sie erzählt ihm alles, aber nicht, daß sie Frau Jeschke ermordet hat, denn das weiß sie selbst noch nicht. Immer noch geht sie davon aus, daß die alte Frau lediglich schwer verletzt ist. Michael rät ihr das, was sie bereits andauernd tut: *Mach, als wenn nichts wär. Du bringst jetzt erst mal die Sachen, die du anhast, zu meiner Mutter zum Waschen. Dann gehn wir einkaufen. Wie immer.* Und so geschieht es. Im Supermarkt kaufen sie Rotwein, Margarine, Brot, Seife, Klopapier. Andrea dreht einen Joint nach dem anderen. Im Lauf des Nachmittags meint Michael wie beiläufig: *Ich geh noch mal kurz zu meiner Mutter.* Sie kann nicht ahnen, daß er nicht wiederkommen wird. Vielleicht wollte er sich absetzen, denkt sie, vielleicht aber ist er verhaftet worden. Und so war es auch.

Für die Polizei war es ein leichtes, ihn zu identifizieren, denn Andrea hatte in ihrer Umhängetasche versehentlich seine Lohnsteuerkarte mitgenommen. Irgendwie war die da reingeraten. Und beim Sprung vom Balkon rausgefallen und liegengeblieben. In den frühen Abendstunden war Michael in der Wohnung der Mutter festgenommen worden, nachdem er versucht hatte, über das Dach des angrenzenden Hauses zu flüchten. Doch von alldem weiß Andrea nichts, sie sitzt, Haschisch qualmend, in der kleinen Wohnung und wartet. Wartet auf Michael. Sie dimmt das Licht im Wohnzimmer herunter, läuft hin und her, schiebt die Gardinen zur Seite, blickt auf die Straße. Sie ahnt, daß sie geholt wird, hofft es vielleicht sogar. Gegen zehn Uhr sieht sie vier Autos mit acht Polizisten vor dem Haus. *Jetzt ist es soweit,* denkt sie. Aber dann geschieht ganz lange nichts. Die Polizisten sind nicht mehr zu sehen. Es ist totenstill. Das kalte, bläuliche Licht der Straßenlaterne malt lange Schatten auf die Zimmerwand. Andrea hockt wie fixiert auf dem Sofa. Plötzlich bellt ihr Hund. Und sie weiß, *jetzt sind sie da.* Sie schleicht sich in den Flur, da geht mit einemmal das Licht an und acht Polizisten mit gezogenen Pistolen umringen sie. Drehen ihr die Hände auf den Rücken. Alles geht sehr schnell. Ihr wird schlecht. *Darf ich aufs Klo,* fragt sie. Sie darf. Die Uniformierten sind erstaunt, sicher auch erleichtert, keine Riesin, sondern nur ein kleines, verschüchtertes Persönchen vor sich zu haben.

»Mir wurde so schlecht«, erzählt sie, »und ich mußte mich übergeben. Und gleichzeitig hab ich in die Hose gemacht wie 'n Baby. Alles kam raus mit einem Schlag. Dann haben die mich ins Wohnzimmer abgedrängt und los ging's: *Womit haben Sie zugeschlagen?* Das wollten die zuerst wissen. Und ich hatte ja keine Ahnung, daß Frau Jeschke tot war. Mit keinem Wort haben die das angedeutet. Dann wurde die ganze Wohnung auf den Kopf gestellt. Der helle Wahnsinn. Gut, O.K., hab ich gesagt, *ich bring Sie dahin, wo ich das ganze Zeug hinge-schmissen hab.* Und die: *aber keine Mätzchen, also erst mal ab aufs Revier.*«

»Was für ein Gefühl hatten Sie?«

»Erleichterung. Im Polizeiwagen saß ein Beamter von der Spurensicherung neben mir. Und ich hab ihm gesagt, *ich bin froh, daß Sie gekommen sind.* Darauf der, *Sie glauben gar nicht, wie oft ich das zu hören kriege.* Das war ein ganz, ganz ruhiger Polizist und sehr nett. Ganz im Gegensatz zu denen, die mich dann vernommen haben.«

Sie gibt sofort alles zu, was sie getan hat. Selbst als sie erfährt, daß die alte Frau an ihren Verletzungen im Krankenhaus gestorben ist, gesteht sie weiter. Sie offenbart sich den vernehmenden Beamten, als ginge es nicht um sie, sondern um eine Fremde, die gemordet hat. Immer noch kann sie nicht verstehen, daß sie es war, die eine alte Frau erschlagen und in ihrem Blut hat liegenlassen.

W ARUM DIESER HASS gegen eine Frau, mit der Sie eigentlich nichts zu tun hatten?« frage ich Andrea Schub, die mir gegen-übersitzt.

»Ich glaube«, sie zögert, »ich glaube, in dem Moment war die Frau Jeschke nicht die Frau Jeschke, sondern sie hat den Michael verkörpert für mich. Mit diesen ganzen Bedrohungen in all den Jahren. Ich hab nicht mehr die Frau vor mir gesehen. Sondern Michael.«

»Sie haben tatsächlich den Michael gesehen?«

»Also, richtig gesehen hab ich gar nichts.«

»Sie haben etwas gefühlt. Was war es?«

»Angst«, sagt sie sofort, »und Haß.«

»Und der hatte sich angestaut seit Ihrer Kindheit.«

»Das ist allerdings wahr. Ich bin erst hier im Knast drauf gekommen: Es mußte so etwas passieren.«

»Ein innerer Zwang?«

»Wahrscheinlich.«

In ihrem Gesicht arbeitet etwas, ich sehe ein leichtes Zucken der Muskeln um die Augen herum. Sie sagt lange nichts und dann:

»Im nachhinein könnt ich's vielleicht erklären, wenn ich sage...«

Wieder schweigt sie, beginnt den Satz von neuem:

»...wenn ich sage, ich hätte nicht früher aufhören können zuzuschlagen. Weil sich da alles, was sich in mir aufgestaut hatte, mit einemmal entladen hat. Da ging's dann nicht mehr darum, daß ich da wegkomme, um ihrer Bedrohung zu entkommen. Sondern da war's tasächlich so, daß ich mit einem so radikalen *Befreiungsschlag* all das aus mir rausschlage, also diesen ganzen Haß, die Trauer und diese Verletzungen all der Jahre. Mich zum ersten Mal richtig wehre gegen das, was sich da angesammelt, angesammelt, angesammelt hat. Aber es hat diese alte Frau getroffen, die mir nichts getan hat. Mit der ich nichts zu tun hatte...«

»Befreiungsschlag?«

»Befreiungsschlag, ja. Das Wort hat mir mal 'n Psychologe hier in der Anstalt gesagt. Und ich finde, das trifft's genau. Was kann einem Menschen schlimmeres passieren, hab ich immer gedacht, als 'nem anderen das Leben zu nehmen. Aber was wäre passiert, wenn ich das nicht getan hätte? Vielleicht hätte der Michael mich totgeschlagen. Das hat er ja auch mal angedroht, *eines Tages bleibst du liegen*. Oder es wär nicht bei meinem Suizidversuch geblieben. Auf jeden Fall wär ich heute nicht mehr am Leben.«

Hat Frau Jeschke noch irgendwas gesagt?«
Sie flüstert, fast unhörbar: »Nichts mehr.«
Jetzt lauter, deutlicher:
»Nur im ersten Moment, so bei dem ersten Schlag, ein kurzer Aufschrei. Und dann nichts mehr. Kein einziger Satz.«
»Hat sie sich noch bewegt?«
»Ich weiß das nur aus dem gerichtsmedizinischen Gutachten. Nach dem vierten, fünften Schlag ist Bewußtlosigkeit eingetreten. Höchstens den dritten, vielleicht noch den vierten Schlag hat sie mitgekriegt. Dann war sie bewußtlos. Aber da war noch 'ne Körperreaktion. Ja, ehm«, sie stottert, verhaspelt sich, »das war so, also dieses, sie hat eigentlich nur so geröchelt. Das war so eins der Geräusche, die ich nie wieder hören möchte.«
»Wie haben Sie's in Erinnerung?«
»So'n Gurgeln. Das ist, das kann man nicht beschreiben.«
Schweigen und dann:
»Wie so'n Absaugschlauch beim Zahnarzt, wenn er den Speichel aufsaugt, also, das ist schlimmer als im Horrorfilm. Es war schrecklich.«
»Eigentlich haben Sie Michael mit den Hammerschlägen gemeint«, sage ich, »das leuchtet mir ein. Aber dieser Ausbruch von Haß, hat er vielleicht eine Wurzel, die noch viel tiefer liegt?«
»Sicher. Aber welche?«
»Hatte Frau Jeschke irgendeine Ähnlichkeit mit Ihrer Mutter?«
»Nein, nein, nein. Überhaupt nicht. Auf keinen Fall.«
»Die Stimme zum Beispiel.«
»Die war ganz anders. Das einzige, was mich verrückt macht an der Stimme meiner Mutter ist, wenn sie was getrunken hat,

dann hat sie diese weinerliche Tonlage drauf. Die macht mich so aggressiv, daß ich gegen die Wand springen könnte. Aber Frau Jeschke hab ich betrunken ja nie erlebt.«

»Sie haben vom haßerfüllten, bösen Blick der Frau Jeschke gesprochen, den Sie bei Michael auch erlebt haben. Gibt es einen früheren Moment, wo Sie von solch einem Blick getroffen wurden?«

»Glaub ich nicht«, wehrt sie ab. Doch dann erinnert sie sich: »Könnte doch vielleicht sein«, sie streicht über ihre hohe, runde Stirn, »meine Mutter hatte manchmal diesen Medusa-Blick drauf. Stechend und Giftschlangen im Haar.«

Wieder dieses kurze, abgehackte Lachen:

»Da gibt's so'n Bild von Egon Schiele, das ich zum ersten Mal als Kind in 'nem Buch gesehen hab, *die Hexe* heißt das. Augen wie Messerstiche, absolut tödlich. Genauso hat sie geguckt. Ich hab richtig Angst gekriegt, wenn ich das Bild später hin und wieder gesehen hab.«

Doch es fällt ihr noch ein Erlebnis aus Kindertagen ein:

»Als ich noch klein war, und meine Eltern sich dauernd in der Wolle hatten, hat meine Mutter eines Tages 'n Selbstmordversuch gemacht. Ich weiß nur noch, sie stand im Schlafzimmer, mit dem Rücken zum Schrank und hat sich 'n Messer an den Hals gedrückt. Ich hab in der Tür gestanden und hatte so 'ne Angst, daß ich nicht mal schreien konnte.«

»Da hatte sie auch wieder diesen Blick drauf?«

»Das ist schon so lange her. Aber bei mir war's 'ne Mischung aus Angst, daß sie sich umbringt und Haß, daß sie mich alleine lassen will.«

»Wie hat sich das Verhältnis zu Ihrer Mutter heute verändert?«

»Sie ist 'n ganz anderer Mensch geworden. Sie hat durch die Tat auch ein neues Leben angefangen, hat 'nen Freund und kann zuhören. Wir können über alles reden, also fast über alles. Sie besucht mich, hat mir viel geschrieben. Wenn sie damals so gewesen wäre, dann, dann würde ich hier jetzt nicht sitzen.«

»Sie haben Mitgefühl mit ihr?«

»Absolut. Sie ist ja auch, genau wie ich, reingerutscht in so'n verdammtes Leben, das sie nicht gewollt hat. Den falschen Mann geheiratet, total überfordert in ihrer Rolle als Geliebte, als Ehefrau und Repräsentantin meines Vaters, der Schlosser war, aber zum Betriebsleiter aufgestiegen ist. Also sich hochgedient hat, klar, auch auf dem Rücken meiner Mutter.«

»Sie waren ein ungewolltes Kind?« frage ich.

»Ich war 'n Unfall. Ich bin absolut ungeplant gewesen. Ich bin ein Jahr nach der Hochzeit meiner Eltern passiert. In Italien. Meine Mutter war dreiundzwanzig, mein Vater vierundzwanzig. Die hatten beide überhaupt keine Erfahrung. Weder im Beruf, noch im Leben. Und als ich auf die Welt kam, hat meine Mutter natürlich ihren Beruf als Industriekauffrau aufgegeben. Wie das immer so ist, die Frau muß zu Hause bleiben. Und ich, das Einzelkind«, sie sagt das nicht ohne Spott, »war dann eben ihr Beruf.«

»Sie haben dadurch, daß Sie geboren wurden und nun auf der Welt waren, Ihrer Mutter die Karriere verdorben. Könnte man das so sagen?«

»Klar, ich war der Störenfried.«

»Den sie nicht losgeworden ist.«

»Ich war das *Miststück,* von dem sie mal gewünscht hat, daß mein Vater es totschlagen soll.«

»Und Ihr Vater?«

»Mein Vater ist zur Abendschule gegangen und wollte die Karriereleiter rauf, auf dem zweiten Bildungsweg. Da, ich glaube, da war schon der erste Knackpunkt, wo man einhaken muß. Meine Mutter hat zu mir immer gesagt, *ich hab alles für deinen Vater aufgegeben. Aber auch für dich.* Als ich dann zur Schule ging, hat sie wieder angefangen zu arbeiten, erst halbtags und dann ganztags. Und ich war mir überlassen. Ein Schlüsselkind mit Currywurst und Pommes. Von der Kantine meines Vaters über Wasser gehalten.«

FRAGEN SIE SICH manchmal, *warum das alles? Und warum mußte das ausgerechnet mir passieren?«*

»Ich weiß, was ich getan habe. Ich weiß nur noch nicht warum. Aber ich will auch nicht mehr fragen warum, warum, warum? Ich frage, wozu ist es passiert? Wozu?«

»Haben Sie eine Antwort gefunden?«

»Ich glaube, es hat jemand sein Leben gelassen, damit ein anderes Leben weitergehen kann. Das hört sich zwar furchtbar verdreht an, aber es ist so.«

Sie schaut mich an, als würde sie fürchten, mißverstanden zu werden.

»Bitte, diese alte Frau von dreiundachtzig hatte ihr langes Leben hinter sich. Aber ich, ich war gezwungen, ein neues Leben anzufangen. Ich mußte, sozusagen, erst zur Welt kommen. Verstehen Sie, was ich damit meine?«

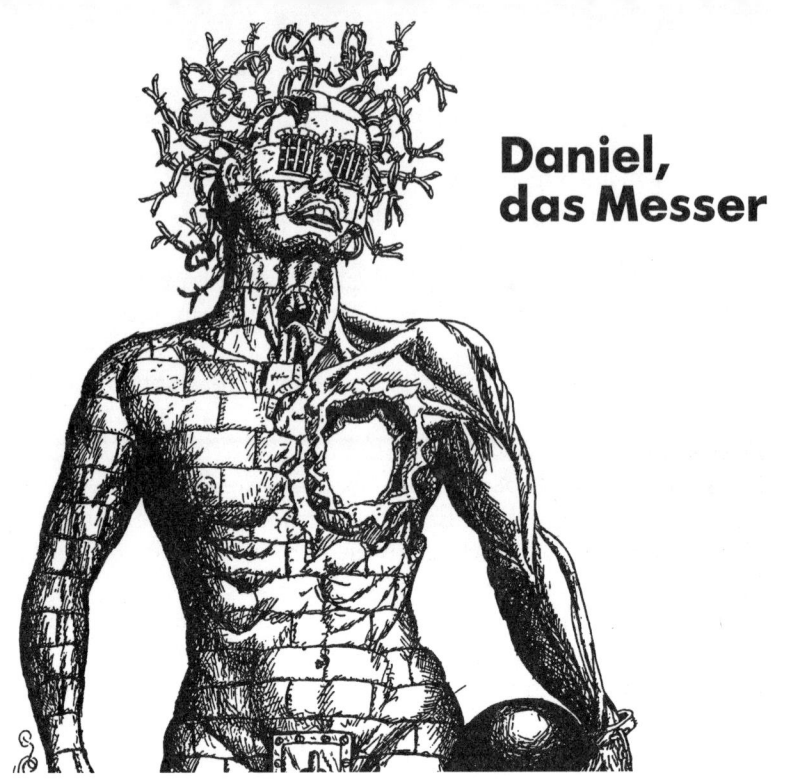

**Daniel,
das Messer**

Mörder« hatte irgendwer auf die Hauswand gesprüht. Groß und rot stand es viele Wochen an der weißen Wand der Jugendstilvilla.
»Ich hab das nich wegmachen lassen«, sagte die resolute Frau R., die das Haus im vornehmen Vorort von Köln gekauft hat, »hätt ich das übermalen lassen, hätt ich ja mit diesem Idioten, der das gesprüht hat, 'nen Dialog geführt. Verstehen Sie?«
Wir sitzen im gemütlichen Wohnzimmer und blicken in den Garten. Ein leichter Sommerwind spielt mit dem großen, gelben Sonnenschirm. Eine breite Liege und Sessel laden zu einem Mittagsschläfchen ein. Dort unter dem Boden ist eine der beiden Leichen gefunden worden. Damals.
Frau R. erzählt mir, daß sie alles hat umbauen müssen.
»Sie können sich nicht vorstellen, wie düster das hier gewesen ist.«
Sie zeigt mir stolz das Badezimmer. Weiß gekachelt blitzt es wie aus der Ausstellung eines Einrichtungshauses.
Hier, denke ich, muß die Badewanne gestanden haben, in der Daniels Mutter gefunden worden ist. Beerdigt in der emaillierten Wanne.
»Haben Sie Alpträume hier?« frage ich.
»Warum«, fragt die freundliche Metzgerstochter zurück, »ich hab noch in keinem Haus so gut geschlafen. Nicht, Mutter?«
Die alte Frau sitzt am Tisch und nickt. Mit sichtlichem Vergnügen verzehrt sie frischen Spargel mit Kartoffeln.
»Also«, sagt die alte Frau, »ich bin vierundneunzig, aber hier schlaf ich so tief, dat gibt's gar nich.«

53

»Darf ich mich mal im Treppenhaus umsehen?« frage ich.
»Aber sicher das, ich mach inzwischen 'nen Kaffee.«
Ich gehe die sieben Stufen nach oben bis zum Treppenabsatz.
Alles ist frisch gestrichen. Der hellgraue Teppichboden ist auch
neu.
Bis nach oben zur Tür von Daniels Zimmer sind es zwölf Stufen. Sieben bis zum Treppenabsatz und dann noch fünf bis ganz
nach oben. Aufpassen, nur nicht stolpern. Von oben blicke ich
hinab in das schmale, steile Treppenhaus. Hier geschah es. Es
war der 12. Juli 1993.
Daniel stand seinem Stiefvater gegenüber, ein Fahrtenmesser in
der Hand. Beide schrien sich an, bis der Junge ihn die Treppe
hinunterstieß. Der stolperte rückwärts, riß im Fall eine provisorisch festgemachte Tür mit sich. Sie fiel auf ihn, und Daniel
sprang ihm wie besessen nach und stach mit dem Messer auf
ihn ein. Die Mutter hatte die Schreie vom Bad aus gehört. Sie
lief die sieben Stufen nach oben. Als sie auf dem Treppenabsatz
angelangt war, versuchte sie, die beiden, in wildem Kampf ver-
strickt, zu trennen, dabei stolperte sie, fiel zu Boden. Auch sie
trafen die Messerstiche ihres Sohnes. So wurde die Tat in den
Zeitungen geschildert.
Der Kaffee ist stark und schwarz.
»Sehen Sie's doch mal so«, beginnt Frau R., »wie viele Menschen sind umgekommen in der Menschheitsgeschichte. Mil-
liarden. Da gibt's doch nicht einen Quadratmeter Boden auf
der ganzen Erde, unter dem kein Toter liegt. Oder?«
Die alte Frau nickt und stimmt ihrer Tochter zu.
»Nee, nee«, sagt sie, »nich mal in unser Villa in der Stadt hab
ich besser geschlafen als hier.«
»Ich liebe das Haus«, lacht Frau R. und gießt noch Kaffee
nach, »mit den Toten haben wir nix zu tun. Das ist aus und vorbei, nicht, Mutter?«

BILD, AM 17. JULI 1993 in fetten Buchstaben auf Seite eins:
*Gruselmord in Köln. Schöne Millionärin in Badewanne begra-
ben.*

54

Und dann auf Seite drei, wesentlich kleiner, direkt unter einem Artikel über den Krieg in Somalia die Fortsetzung von Seite eins: *Den Beamten der Mordkommission stockte der Atem: Die Tote in der Badewanne war mit zwei Kubikmetern Sand überschüttet. Nur der Haaransatz und der linke Fuß schauten noch heraus. Wer ist die Tote? Wie wurde sie umgebracht? Haben sie die Sandmassen in der Badewanne erstickt? Wer ist der Täter? Ein Gruselmord voller Rätsel.*

Der Kölner EXPRESS fragte: *War es ihr Sohn (17)?*

Und zwei Tage später heißt es: *Ist in dem Wohnmobil, in dem der Sohn der ermordeten Millionärin mit zwei Freunden floh, eine zweite Leiche versteckt?*

Im Innenteil des Blattes dann Fotos von jungen Männern, die als tatverdächtig gelten. *Daniel B. (17), Gregor V. (19) und Toni G. (18) sind weiter mit einem Mercedes-Wohnmobil auf der Flucht.*

Und BILD schreibt:

Dramatische Wende im Gruselmord. Gestern mittag durchsuchte ein Polizist erneut den Garten der Villa. Er machte eine grausige Entdeckung. Unter einem Reisighaufen fand er eine

Männerleiche. Die Untersuchung ergab: Der Tote ist das vermißte Computergenie Igor Kalaschnirow (55). Die Polizei glaubt, Stiefsohn Daniel und seine beiden Freunde verscharrten ihn im Garten.

Am folgenden Mittwoch wissen die BILD-Leser: *Mörder gefaßt. Polizeifalle schnappte in Spanien an der Costa Brava zu. Ihre Flucht führte die drei bis in Salvador Dalís Geburtsstadt Figueras.*

Und der Kölner EXPRESS titelte, nachdem die drei jungen Männer nach Deutschland ausgeliefert worden waren: *Sie sehen aus wie Kinder.*

Dazu Fotos von der Grube im Garten, die Leiche des Stiefvaters wurde dort gefunden, Fotos von der blutverschmierten Badewanne, vom Mercedes-Wohnwagen und immer wieder die Konterfeis der mutmaßlichen Täter, deren Schuld noch nicht feststand. Nach dem Gesetz waren sie noch unschuldig, für die Zeitungen waren sie bereits *Mörder* eines *Gruselmordes.*

Der Haupttäter Daniel Berg wurde zu sieben Jahren Haft wegen Totschlags verurteilt, Gregor V. zu drei Jahren und Toni G. zu achtzehn Monaten. Die Jugendstrafkammer bescheinigte Daniel eine »tiefgreifende Bewußtseinsstörung im Sinne des § 21 StGB« im Augenblick der Tat. Aber er wurde für schuldfähig und keineswegs für geistig gestört gehalten, im Gegenteil, sein Intelligenzquotient liegt weit über dem Durchschnitt. Seitdem sitzt er in der Jugendstrafanstalt Iserlohn ein.

ISERLOHN, EINE KLEINSTADT im Sauerland. Zur Jugendstrafanstalt kommt man nur mit dem Auto, so weit liegt sie außerhalb der Stadt, verborgen hinter einem Wäldchen. Der Bus fährt selten.

Ich frage eine alte Dame nach dem Weg, doch sie wendet sich entrüstet ab:

»Um Gottes willen, damit hab ich nichts zu tun.«

Ein Taxifahrer erzählt mir, da seien zwei junge Männer ausgebrochen, und die hätten einen Mann in das Wäldchen verschleppt und dort ermordet.

»Natürlich Freigänger«, sagt er mit diesem gewissen Unterton.

Wie lange das her sei, will ich wissen.

»Zehn Jahre mindestens«, ist die Antwort.

»Ja«, sage ich, »das Schreckliche bleibt am längsten in Erinnerung. Den normalen Alltag nimmt man kaum wahr.« Auf dem Parkplatz vor den Mauern zwei junge Männer, siebzehn oder achtzehn. Gerade eben entlassen, jeder einen kleinen Seesack auf der Schulter. Sie warten seit einer Stunde, daß sie von Verwandten abgeholt werden. Doch es kommt niemand.

Der Eintritt durch das große Eisentor geht schnell und unbürokratisch, ich hinterlege meinen Ausweis, und es genügt, daß ich versichere, in meiner Tasche sei nur ein Tonband und ein halbes Dutzend Bänder. Die Genehmigung vom Justizministerium liegt dem Beamten vor, daß ich zu einem Gespräch eingelassen werden darf.

Der Innenhof der Anstalt, grün bepflanzt und geräumig, gesichert durch eine hohe, graue Betonmauer, die an einigen Stellen bunt bemalt ist.

Einer der Vollzugsbeamten, ein agiler Mann von Mitte Vierzig, ruht nicht, bis er mir Teile der Anstalt gezeigt hat, die Turnhalle, die Kirche, die auch als Veranstaltungsraum für gelegentliche Rockkonzerte und Shows benutzt wird. Sein Büro, nicht geräumiger als eine Einzelzelle, an den Wänden Starpostkarten, Rudi Carrell, Herbert Feuerstein, Peter Maffay, Margarethe Schreinemakers. Einige von ihnen sind hier aufgetreten, haben vor den jugendlichen Gefangenen gespielt, andere Stars hat er mit ausgewählten Freigängern im Fernsehstudio besucht.

»Gibt es viele Fluchtversuche?« frage ich ihn.

»Die Mauer«, sagt er, »reizt doch sehr zum rüberklettern, seitdem sie steht, versuchen mehr Jungen auszubrechen als vorher, als wir nur 'nen Zaun hatten. Den ganzen Tag auf 'ne Betonwand gucken, macht neugierig, wie die Freiheit dahinter aussieht. Das reizt.«

In einem der kleinen Räume muß ich warten, bis Daniel den langen Gang herankommt, von einem Beamten geführt. Ein großer Mensch in Anstaltskleidung. Mit langsamen Schritten sehe ich ihn näherkommen. Vor jeder Gittertür bleibt er stehen, der Beamte schließt auf, Daniel geht voraus, bleibt an der geöffneten Tür stehen, wartet, bis die Tür hinter ihm verschlossen wird. Dann ein paar Schritte zum nächsten Gitter. Aufschließen, der Gefangene geht vor, wartet wieder, der Beamte schließt hinter ihm zu, dann zur nächsten Eisensperre. Keiner redet ein Wort. Das alltägliche Ritual in einem Gefängnis. Viele Eisengitter müssen aufgeschlossen und wieder zugeschlossen werden, bis wir uns schließlich die Hand geben können. Daniel und ich bekommen eine Kanne Tee, die Tür des Gesprächsraums wird zugemacht. Wir können allein und offen miteinander reden. Artig bedankt sich der junge Mann für die Zigaretten, zündet eine an. Er bewegt sich ohne Hast, wirkt sicher und offen.

Er trägt den Blaumann, den hier alle tragen, dunkelblaue Leinenjacke, dazu eine weite, etwas zu kurze Hose, ein T-Shirt und klobige schwarze Arbeitsschuhe. Auf dem Kopf, die Haare kurz geschnitten, eine schwarze Baseballkappe der SOX. Seine großen, starken Hände fallen mir auf und sein weicher, fast zaghafter Händedruck.

Bist du kontrolliert worden, bevor man dich hierher gelassen hat?«

»Wenn wir aus der Halle gehen, werden wir meistens abgepiepst, mit 'nem Metalldetektor.«

»Aus welcher Halle?«

»Der Werkshalle, da wo ich arbeite. Im Elektrobereich. Drei Ausbildungen bieten die uns hier an, Elektro-, Metall- und Baulehre. Ich mach 'ne Lehre in Energie-Anlagetechnik. Da gehts um Steuerung von großen Maschinen. Später, im letzten Lehrjahr, lernen wir die Maschinen über Computer zu steuern. Nach zwei Jahren krieg ich 'nen richtigen Abschluß. Das geht schneller als draußen.«

»Wieviel verdienst du?«

»Hundertfünfzig im Monat, der Rest wird zurückgelegt und gezahlt, wenn ich rauskomme. Hoffentlich nach zwei Jahren.«

58

»Und du kannst hier einen Schulabschluß machen?«
»Ich bin dabei, das Fachabitur nachzumachen über das Tele-
kolleg, läuft ja im WDR. Das mach ich parallel zu meiner Lehre. Danach werd ich vielleicht studieren, aber das kann ich von
hier aus nicht, das geht nur, wenn ich in den Erwachsenenvoll-
zug komme. Falls ich nach der Halbzeit rauskommen sollte,
also, wenn die mir die zweite Hälfte wegen guter Führung
schenken, studier ich vielleicht draußen irgendwas, das mit
Computern zu tun hat. Mal sehen, was das Leben so bringt.«
»Du hast eine Beziehung zu Computern?«
»Draußen hatte ich absolut keine Beziehung dazu, obwohl
mein Stiefvater zwei Computerfirmen hatte«, er lacht verlegen,
»weil, für mich waren das damals tote Kisten. Was soll ich da
eintippen, hab ich gedacht, das Ding redet nicht mit mir.«
»Das heißt, dein Bedürfnis, mit jemandem zu reden, blieb
unbefriedigt. Du hattest niemanden, mit dem du dich aussprechen konntest?«
»Das war ja das Problem. Über persönliche Dinge, also die
Beziehung zu meinem Stiefvater und Konflikte zwischen meinen Eltern, darüber reden, nee, konnt ich nicht. Auch mit meiner Mutter nicht. Wir haben lieber über banale Dinge geredet,
was wir gemacht haben, was auf der Arbeit vorgekommen ist
bei ihr und bei mir in der Schule. Aber wenn, sagen wir mal,
gestern Streit zwischen meinen Eltern war, durfte ich nicht fragen, *was war denn wieder mit euch zweien,* oder, *erzähl doch
mal, warum hängst du so an ihm,* das war irgendwie tabu, darüber hat man nicht geredet. Leider.«

DANIEL IST IN der Tschechoslowakei geboren und aufgewachsen. Als er drei war, zog seine Mutter mit ihm von Brünn
nach Prag zu Herrn Kalaschnirow, dem Stiefvater. Sie wohnten
in der Nähe vom Wenzelsplatz in einem Hinterhaus. Daniel hat
es als düster in Erinnerung.
»Kannst du dich an den Kindergarten erinnern?«
»Ja, sehr gut. Ich bin immer wie ein Irrer hin und her gelaufen
und dann natürlich gestolpert. Jede Woche kam ich mit aufge-

schlagenen Knien oder mit aufgeschlagenen Ellenbogen nach Hause. Ha, das weiß ich noch sehr genau. Und mittags gab's zwei Stunden Mittagsschlaf. Dann mußten wir uns hinlegen, einschlafen, und damit wir keine Faxen machen, haben die Betreuerinnen ein DIN-A4-Blatt genommen, in der Mitte gefaltet, und wir mußten uns das auf die Augen legen. Das hab ich gehaßt! Den Geruch von Papier dauernd auf der Nase. Werd ich nie vergessen. Aber das war dort so üblich. Schon im Kindergarten wurden wir wie in der Armee gedrillt. Das ging dann weiter in der Grundschule.«

»Und zu Hause?«

»Mein Stiefvater hatte einen Sohn aus erster Ehe und 'ne Tochter aus der zweiten. Mein Stiefbruder ist irgendwann freiwillig ins Internat gegangen, weil er's zu Hause nicht mehr ausgehalten hat. Und meine Stiefschwester ist mit sechzehn ausgezogen und hat sich selbständig gemacht. Die beiden Ehen waren gar nicht gut. Die hatten dauernd Zoff. Aber das war schon, bevor meine Mutter Herrn Kalaschnirow kennengelernt hat.«

»Er war streng?«

»Der hat immer wie ein Admiral geredet oder ein General, das wird so und so gemacht und damit basta.«

»Und deine Mutter hat sich das bieten lassen?«

»Innerlich war sie sehr stark. Wenn ihr im Beruf irgendwas nicht gepaßt hat, konnte sie sich schon durchsetzen, aber gegenüber meinem Stiefvater hat sie meistens klein beigegeben. Wenn er was gesagt hat, hat sie sich nicht zur Wehr gesetzt.« Daniel macht eine Pause, legt beide Hände auf die Tischkante, sagt dann tonlos: »In der letzten Zeit, so am Ende, da war es nicht selten, daß er meine Mutter auch geschlagen hat. Aber ich weiß noch, zum ersten Mal hatt ich das mitgekriegt, als ich zehn war. Mit der Faust hat er zugelangt, oder einfach mit der Hand, so«, er macht die Bewegung mit der ausgestreckten Rechten nach, »Ohrfeigen, gute Ohrfeigen waren das. Meistens hat er sie ins Badezimmer gezogen, abgeschlossen und dann da vermöbelt, dann aufgeschlossen und ist weggegangen.«

60

Ich blicke ihn wohl sehr erschrocken an, daß er kurz auf-
lacht:
»Ja, ist zwar schwer vorstellbar, aber er konnte sich mit Worten
schwer wehren, eigentlich nur mit der Faust, obgleich er sonst
unheimlich gut reden konnte. Der war ein aggressiver Typ.«
»Was hast du in solchen Minuten gemacht?«
»Ich saß in meinem Zimmer. Mit zehn Jahren, was hätt ich
machen sollen?«
»Und hast gehört, was sich da abspielt?«
»Ich hab alles mitgekriegt. Weil, ich hab auch gesehen, wie meine Mutter dann aussah, mit 'nem blauen Auge oder blauen
Flecken. Nur, ich konnte nichts machen. Später, als ich größer
wurde, hab ich das nicht mehr so mitgekriegt, weil ich öfter aus
dem Haus gegangen bin, wenn ich's nicht mehr ausgehalten
hab. Erst nachdem ich dann wieder zu Hause war, hab ich dann
gesehen, daß sie hier aufgeplatzt war«, er streicht mit dem Finger auf seine Lippen, »ich sage, *Mama, was ist los, was ist passiert? Nee, nix, war 'n Unfall, ich bin hingefallen, is nix!* Sie hat
mir nicht die Wahrheit gesagt, weil, sie wollte nicht, daß ich mit
meinem Stiefvater noch zusätzlich Streit kriege deswegen.
Besonders, als ich älter wurde. Vielleicht hat sie geahnt, daß ich
ihn anschreien würde oder irgendwas Unüberlegtes mache.«
»Warum hat sich deine Mutter das gefallen lassen?«
»Ich verstehe nicht, wieso sie sich hat so unterdrücken lassen.
Die Bindung, die hab ich nie verstanden. Dabei hat sie viel
mehr verdient als er. Am Geld kann's nicht gelegen haben.
Mein Gott, sie war 'ne hübsche Frau, hätte jeden haben kön-
nen, im Grunde genommen. Sie hätt unabhängig von ihm leben
können.«
»Vielleicht«, ich zögere, »vielleicht war sie ihm in einer Weise
hörig?«
Er zuckt die Schultern, sagt dann:
»Ein gemeinsames Schlafzimmer haben sie zwar gehabt, aber
mein Stiefvater hat meistens im Keller geschlafen und meine
Mutter oben im dritten Stock, wo das reguläre Schlafzimmer
war. Also immer getrennt.«

»Haben die beiden noch miteinander geschlafen?«

Daniel amüsiert die Frage:

»Nicht daß ich wüßte«, dann sehr sicher, »absolut nicht, nee, nee. Kann ich mir nicht vorstellen.«

Die Mutter war klein, zierlich und in ihrem Beruf so erfolgreich, daß sie die finanzielle Grundlage für die weiße Villa und das Familienleben heranschaffen konnte. In Prag hatte sie Bauingenieur studiert, in Köln arbeitete sie auf Großbaustellen, stand da »voll ihren Mann«.

Ihr Lebenspartner Igor Kalaschnirow, von der Presse *Computergenie* genannt, lebte jahrelang auf Kosten von Daniels Mutter. Er verdiente wenig.

Daniel redet stolz von ihr:

»Sie hat für die großen Chemiekonzerne, wenn die neue chemische Anlagen aufbauen wollten, dann hat sie die Pläne dafür gemacht und später die Bauaufsicht. Da hat sie die Leute gut rumscheuchen können, *los, ihr Idioten, jetzt anpacken*«, Daniels Augen leuchten, »toll war sie da. Das ist ja normalerweise 'n Beruf, der von Männern gemacht wird. Aber Hektik und Streß, die haben ihr nichts ausgemacht.«

Ihr Tagesablauf war streng geregelt, zehn nach sieben verließ sie das Haus, fuhr mit dem 190er ins Büro oder auf die Baustelle, und erst am späteren Abend kam sie zurück. Daniel war sehr oft mit dem Vater allein zu Haus, der saß im Keller an seinen Computern oder arbeitete als Journalist für die Deutsche Welle. Hin und wieder fuhr er nach Prag, wo er mit Verwandten eine Computerfirma nach der Wende 1989 gegründet hatte, die allerdings keinen großen Gewinn abwarf. Beide, Herr Kalaschnirow und Daniel, waren begabte Bastler, sie renovierten das Haus, bauten Türen, setzten Fenster ein. Daniel tat, was ihm aufgetragen wurde, und das nicht nur aus Angst.

»Kannst du dich erinnern, von ihm, von dem du damals ja noch gedacht hast, er sei dein leiblicher Vater, freundlich berührt worden zu sein?«

»Also«, er überlegt, »ich kann mich nicht erinnern. Wirklich gut war unsere Beziehung nur im Urlaub. Allerdings so in den letzten Jahren ist sie dann auf Null gesunken. Mein Stiefvater hatte die Firma in Prag und natürlich nie Zeit. Früher sind wir oft weggefahren, in den Winterurlaub. Mit vier hab ich angefangen Ski zu laufen. Das hat er mir sofort beigebracht, und mit fünf hatte ich die ersten richtigen Skier mit 'ner Tyrolia-Bindung. Schwere Dinger war'n das. Die mußte ich immer selber tragen. Immer wieder den Berg hochlaufen, das war kalt, und ich hatte eiskalte Hände.«

Ein Nicken, ein Grinsen, dann:

»Das war halt Erziehung. Einmal wurde ich von meinem Stiefvater sogar zusammengeschlagen, weil ich die schweren Dinger nicht tragen wollte«, er korrigiert sich, »was heißt zusammengeschlagen, Hose runter und den Arsch voll gekriegt. Hinter 'ne Hütte ist er mit mir gegangen und dann mit dem nassen Handschuh, paah«, er holt wieder aus mit der Rechten, lacht ganz kurz, »tja, tut gut.«

»Was hat deine Mutter gemacht? Die war doch dabei.«

»Die ist«, sagt er, als wäre es ganz selbstverständlich, »die ist irgendwie weitergegangen. Die hat sich da immer rausgehalten. Lieber klein beigeben, nix sagen.«

»Hat dem Kalaschnirow das Schlagen Spaß gemacht?«

»So, daß er irgendwie befriedigt wurde, nee, das glaube ich nicht.«

Ich nicke, warte, bis er weitererzählt.

»Aber später wußte ich genau, womit ich ihn reizen kann, wie ich ihn auf die Palme bringe. Und man kann sagen, nachher hab ich das mit Genuß getan«, triumphierendes Grinsen, »mit Kleinigkeiten hat's immer angefangen, und er hat mich so lange gereizt, und ich hab ihn so lange gereizt, bis das am Ende so kam wie im Sommer '93. Also wie beim allerletzten Mal. Dann haben wir uns angeschrien, dann hat er mir 'ne Ohrfeige geklebt, so, und ich hab ihn angelacht. Weil ich ganz genau wußte, wenn der dir 'ne Ohrfeige gibt, und du lachst ihn an, dann dreht er total durch. Dann fährt er aus der Haut. Ich saß nur da, *alles klar*, so nach dem Motto«, er lacht breit, zeigt seine kräftigen weißen Zähne, »baaaf, hab ich mir noch eine gefangen und hab gelacht. Baaaf, noch eine. Und so ging das weiter.«

»Dadurch hast du dich überlegen gefühlt? Du konntest mit ihm machen, was du wolltest?«

»Klar. Später wußte ich, was passiert und wie er reagiert. Und wie ich ihn provozieren kann.«

»Wann hat er aufgehört zu schlagen?«

»So nach dem vierten Schlag. Wenn er gemerkt hat, daß es mir nichts mehr ausmacht und nichts mehr bringt.«

Er erzählt schneller und, es fällt mir auf, erzählt in der Gegenwartsform weiter. »Das fängt immer damit an, daß er mir sagt, was weiß ich, *wie sehen deine Haare wieder aus? Du siehst ja aus wie 'n Penner, schneid dir die Haare endlich mal ordentlich.* Mit 'nem kleinen Satz fängt das an und steigert sich dann weiter.«

ALS DANIEL SECHZEHN wurde, ließ er sich einen Bart wachsen, ungewöhnlich für einen Jungen dieses Alters. Lange Haare, die bis weit in den Rücken fielen, hatte er schon. »Ich hatte«, erklärt er mir den Grund, »sehr viel Ansehen dadurch. Das war meine Lebensversicherung, da hat mir keiner was getan. Der Bart, die langen Haare und hier noch 'ne Goldkette«, er greift um seinen Hals, »die hab ich von 'ner Freundin geschenkt gekriegt, ich sah schon gefährlich aus. Klar. Das war das Gute. Ich sah erwachsen aus.«

Wir reden darüber, wie er immer wieder versucht hat, sich Respekt vom Vater zu verschaffen, Achtung, die er so nötig gebraucht hätte, um Selbstachtung zu entwickeln. Und beide Eltern gaben ihm nicht die Möglichkeit dazu. Das bekam er besonders schmerzlich zu spüren, wenn er versuchte, ein Mädchen anzusprechen.

»Ich war so tolpatschig. Erst ab der achten Klasse ging's dann.«

Sein mangelndes Selbstvertrauen kompensierte er über, trat frech auf, wirkte arrogant, und die Mädchen aus bürgerlichem

Hause mochten das ganz und gar nicht. Im letzten Jahr, also im Jahr vor der Tat, veränderte er noch mal sein Outfit. Er trug Basketballstiefel, ganz weite PASH-Hosen, dazu Lederweste und zerfranste Jeansjacke. »An der rechten Hand hier 'n Ring«, er macht eine schwungvolle Geste, »und hier noch 'n Ring. 'ne fette Uhr, Imitation von 'ner Rolex. Ich hab 'n Eindruck gemacht, ich glaub, wie man sich 'nen Zuhälter vorstellt.«

Er beschreibt sehr genau, wie er sich damals ausstaffiert hatte, und ich betrachte ihn, wie er jetzt mir gegenübersitzt in einer groben, blauen, ausgewaschenen Anstaltskleidung. Stolz erzählt er, wie er für zehn Mark von einem Mitschüler eine PASH-Hose gekauft und sie dann abgeschnitten hatte. Seine Kameraden, sagt er, hätten ihn sehr bewundert für den Mut, so eine schöne Hose einfach abzuschneiden.

»Im Aussehen«, freut er sich noch heute, »war ich bei uns auf der Schule 'n Sonderfall, absolut, ja absolut.«

»Hattest du einen Spitznamen damals?«

»Nee«, antwortet er sofort, fügt dann aber zaghaft hinzu, »manche haben mich Schwerverbrecher genannt.«

Pause und dann:

»Im Grunde genommen ist das schon 'ne Ironie, wie soll ich das ausdrücken, Schwerverbrecher, nur warum bin ich jetzt 'n Schwerverbrecher, warum bin ich's geworden?«

»Du fühlst dich so?«

Daniel wendet seinen sonst so intensiven Blick von mir ab, blickt nach draußen, durch die Gitter des kleinen Raumes. Auch ich sehe nach draußen, aber der Blick reicht nur ein paar Meter, bis auf die andere Seite des Hofes, wo ein anderer Trakt mit vergitterten Fenstern steht.

»Zeitweise, ja«, sagt er jetzt, »weil, was ich getan hab, das kann ich nie wieder gutmachen.«

»Träumst du manchmal davon?«

»Im Moment geht's. Aber im Februar hatte ich 'ne depressive Phase hier. Auch Alpträume, konnte nicht einschlafen, bin zum Schrank gegangen, das sind ja nur drei Meter und hab verges-

65

sen, was ich da rausholen wollte. Setz mich wieder aufs Bett, überlege, *boow, was wollteste jetzt,* total vergessen. So senil irgendwie. *Ach ja, Briefmarken wollteste holen,* geh wieder zum Schrank, weiß schon wieder nicht, was ich da wollte. Morgens steh ich auf, will rausgehen aus der Zelle und renn gegen die Tür.«

»Die war geschlossen?«

»Ja, die war noch zu«, er lacht, so als sollte ich das komisch finden, »im Kopf grübelt's. Alles mögliche geht mir durch 'n Kopf, warum ich das gemacht hab, was ich hätte anders machen müssen. Aber ich hab noch keine Antworten.«

»Und Träume?« frage ich.

»Gestern hab ich geträumt, ich sitz in meiner Zelle, da geht die Tür auf und mein Stiefvater kommt rein. Ich sitz gerade da und mach mir 'n Margarinebrot. Er sieht mich und sagt, *was, du schmierst Margarine aufs Brot? Du bist ja ganz schön runtergekommen.* So richtig verächtlich. Absolut verächtlich.«

»Und welche Träume hattest du früher?«

»Jahrelang hab ich geträumt, daß mich böse Geister verfolgen. Also teuflische Gestalten. Ich hab gespürt, da sind sie wieder, aber gesehen hab ich sie nicht. Ich glaub, die hatten kein Gesicht. Ist mir eiskalt den Rücken runtergerieselt. Ich weiß nicht, wer das war, aber ich bin ganz sicher, die waren da. Wenn's dunkel wurde, hab ich immer den Rolladen in meinem Zimmer runtergelassen und hab mich unter der Bettdecke verkrochen. Hab mich richtig eingewickelt und aufgepaßt, daß keine Hand rausguckt.«

»Warum sollte keine Hand unter der Decke rausgucken?«

»Na, ja«, er geniert sich ein wenig, »ich dachte immer, so 'n Höllengeist kommt und hackt mir die Hand mit 'ner Axt ab. Ich hab richtig gehört, wie da einer mir zuflüstert, *ich hack dir die Hand ab, paß auf, ich hack sie dir ab.*«

Er wirkt sehr bedrückt, verschränkt die Arme über der Brust, so als müßte er sich jetzt noch schützen vor den bösen Geistern seiner Kindheit.

»Ja, ich hab tierisch viel Angst gehabt als Kind.«

Im Jahr vor der Tat kam es immer öfter vor, daß er von zu Hause verschwand, sich ein paar Tage mit Freunden der Clique absetzte. Er übernachtete in Parkhäusern, fuhr mit der Bahn in die Stadt, um »Faxen« zu machen. Die Türsteher der Diskos kannten ihn, ließen ihn in die glitzernde, dröhnende Welt des Techno, selbst wenn er kein Geld hatte. Doch bisweilen hatte er genügend in der Tasche, denn der Handel mit alten Fahrrädern und Mopeds, die er reparierte, rentierte sich. Er zog sich Stunden, manchmal Tage in die Bretterbude hinter dem Haus zurück, Kopfhörer mit stampfenden Rhythmen auf den Ohren und schraubte an desolaten Zweirädern herum.

Im Mai 1993 verlor Daniels Mutter ihre Arbeit, weil die Firma Konkurs anmelden mußte. Und Igor Kalaschnirow war von der Deutschen Welle als Journalist entlassen worden, weil er einen Streit mit seinen Vorgesetzten ausgelöst hatte.

Der Stiefvater, der nun oft zu Hause war und Daniel noch direkter und intensiver bewachen konnte, wollte nicht Abschied nehmen von seinen hohen, strengen Erwartungen. Im Gegenteil, er fühlte sich zunehmend als Versager, forderte deshalb von seinem Stiefsohn das, was er selbst nicht zustande gebracht hatte. Der Junge sollte das Abi machen, ein fleißiger Student werden, gehorchen und Geld verdienen.

Als Daniel noch ein Kind war, hatte Kalaschnirow nicht nur die Schularbeiten strengstens überwacht, sondern zwang den Jungen auch, alle Arbeiten zweisprachig zu erledigen, Deutsch und Tschechisch. Das sollte eine Fleiß- und Disziplinübung sein.

»Und als ich so fünfzehn, sechzehn war«, erzählt er mir, »hatt ich absolut keinen Bock mehr auf Lernen. Aber mein Stiefvater hat darauf bestanden. Unbedingt, auf jeden Fall. Wenn ich gesagt hab, ich will jetzt mal weggehen, hat er angeordnet, *nee, du lernst jetzt.* Also bin ich in mein Zimmer gegangen, hab alle Bücher aufgeschlagen, Heft aufgeblättert, Kuli in die Hand genommen, mich hingesetzt in den großen Bürostuhl, Kopfhörer um und Musik gehört. Wenn ich gehört hab, der kommt, ich sofort Kopfhörer runter, Stift in die Hand, als ob ich arbeite. Manchmal saß ich drei Stunden lang so«, er versteift seinen

Körper, blickt runter auf den Tisch, »im Grunde hab ich mich selbst belogen.«

Obgleich er fleißig im Haus arbeitete, tapezierte, Fliesen legte, Wände durchbrach, schreinerte, die Fassade des Hauses anstrich, meist mit Igor Kalaschnirow zusammen, wurde das Verhältnis der beiden immer häufiger von Aggressionen bedroht.

»Aber dein Vater hat dich für deine Arbeit gelobt, oder?«

»Er war nie zufrieden mit meiner Arbeit. Das war ja das Problem. Also, 'n Lob von ihm zu hören, war wie 'n Geschenk zum Geburtstag. Dabei hab ich gern handwerklich gearbeitet. Am liebsten Strom installieren und Steckdosen. Was mir riesigen Spaß gemacht hat, ich hab nie die Sicherung rausgedreht, das hat mich gereizt. Klar hab ich einen gewischt gekriegt. Aber das Risiko hat mir Spaß gemacht. Wenn der Strom mich so, booo, geschüttelt hat, und meine Mutter ist dabei verrückt geworden, wenn sie's mal gesehen hat. *Aaach, mein Gott,* hat sie dann geschrien.«

»Das war eine Mutprobe, um deinen Eltern zu zeigen, daß du ein echter Kerl bist?«

»Klar, sonst konnte ich mir ja 'n Bein ausreißen, und keiner hat mir mal auf die Schulter geklopft, *O.K., Daniel, hast du prima gemacht.*«

»Hat deine Mutter dich nicht doch mal liebevoll in den Arm genommen?«

Daniel verzieht den Mund, wieder sehe ich dieses leichte Zukken im linken Mundwinkel: »Doch, doch«, sagt er, »sicher«, Pause und dann, »ich hab keine Ahnung.«

Nach einer Weile:

»Zuneigung, die hab ich vermißt, ja. Die hab ich natürlich bei meinen Freundinnen gesucht und, na, ja, meistens nicht gefunden.«

Das einzige Mädchen, das ihm in den hektischen Zeiten nahe stand, war Anja, der einzige Mensch, mit dem er ohne Angst reden konnte. Doch Kalaschnirow mochte sie nicht und schaffte es immer wieder, sie aus dem Haus zu ekeln.

So lebte er zwei, drei Jahre dahin und die einzigen Berührungen, die er zu Hause bekam, waren die Schläge seines Stiefvaters.

IN SEINER CLIQUE nahmen alle Drogen, zunächst das harmlose Hasch, aber dann harte Sachen, also Koks und Extasy, die Diskopille, ohne die keine Technofete abläuft.
»Wie haben die Drogen auf dich gewirkt?«
»Man kriegt voll den Aggressiven. Vor allem mit Alkohol zusammen. Papers (LSD) und Pillen haben wir durcheinandergeschmissen und dann voll abgedreht und dazu Techno gehört. Ja, echt«, sagt er und zieht seine SOX-Kappe hoch und gleich wieder runter, »ich bin durch die Gegend gelaufen, so, als ob ich Zweimeterschultern hätte, bereit zuzuschlagen. Koks war dementsprechend schlimmer. Hab mich tierisch stark gefühlt.«
»Und wie hast du die Aggressionen rausgelassen?«
»Ach, Mülltonnen weggetreten, Blumenkästen von den Fensterbänken geschmissen, auf den Dächern von Autos rumgehüpft. Einmal, da war ich wieder mit Gregor und Toni unterwegs, bin ich auf 'm Mercedes-S-Klasse rumgesprungen wie 'n Irrer. Hat mir Spaß gemacht. So'n Schwachsinn. Aber toll war's doch. Danach war das Auto 'n Totalschaden, weil, wenn das Dach durchgebogen ist, kann man nix mehr dran machen. Aber damals, war mir egal, Dach angeguckt, weitergegangen.«
Daniel nimmt eine Zigarette aus der Packung, klopft sie auf die Tischplatte, zündet sie betont lässig an.
»Was ich am tollsten fand, wenn ich auf Pille war, Laternen austreten. Ja, das geht. Wenn man an einer bestimmten Stelle was fester hintritt, dann gehen die aus. Die gehen dann so ungefähr nach fünf Minuten wieder an, aber dann waren wir, also Gregor, Toni und ich, schon geradeaus weitergegangen. Von einer Seite zur anderen sind wir gerannt, baaaf, baaaf, wieder gegengetreten, dann hab ich nur noch gesehen, nach mir geht das Licht aus. Und die ganze Straße ist dunkel.«

DAS ALTE, WEISSE Haus in der Pestalozzistraße, das die Leute heute das Mörderhaus nennen, wurde mehr und mehr ein Ort, in dem sich das Unheil zusammenbraute. Doch nur für einen Außenstehenden war es absehbar. Nicht für Daniel, nicht für seine Mutter, nicht für Igor Kalaschnirow. Als Daniels Großmutter zu Weihnachten '92 zu Besuch kam, angereist aus einem kleinen Dorf bei Brünn, war sie entsetzt, wie diese drei Menschen auf eine Katastrophe zutrieben. Und sie dachte das nicht nur, sie sprach es auch aus. Doch niemand wollte, konnte sie verstehen. Janka Berg, ihre Tochter, sagte nur: »Ja, wir haben Probleme mit Daniel. Und Igor ist zu streng. Das ist nicht gut.«

»Warum«, fragte die alte Frau, »sagst du ihm nicht, daß er nicht sein leiblicher Vater ist? Er wird in einem halben Jahr achtzehn.«

»Igor hat es mir verboten«, gab die Mutter resigniert zur Antwort.

»Und wenn er es von jemandem erfährt, was ist dann? Er wird dich dafür hassen, daß du ihn belogen hast.«

David erzählt mir von diesem Gespräch der beiden Frauen, er war nicht dabei, aber weiß das von seiner Großmutter, die ihn später im Gefängnis besucht hatte.

Es kam der verhängnisvolle Tag, an dem Daniel die Wahrheit erfuhr über seinen Stiefvater.

»Ich hab mir schon früher Gedanken gemacht, so mit zehn, elf Jahren, warum mein Vater Kalaschnirow heißt, meine Mutter Berg und meine Großmutter Hawelka. Und im Januar hab ich meinen Krankenschein im Haus gesucht. Ich war allein, keiner war da, meine Eltern waren in Prag, also ich durchsuch den Schrank im Wohnzimmer. Hole 'nen Ordner raus, da waren meine Zeugnisse drin, finde den Krankenschein. Blättre weiter, aha, da ist ja meine Geburtsurkunde, hatt ich noch nie gesehen, lese: Mutter Janka Berg, Vater Thomas Berg. *Nanu? Was ist denn das?* Auf einmal wußte ich, der Mann, den du für deinen Vater hältst, ist's gar nicht. Das war 'n Schock, 'n Schlag mit dem Hammer auf den Kopf. Ich bin dann für zwei Tage weg,

meine Sachen genommen und erst mal weg. Von da an bin ich immer unterwegs gewesen.«
»Hast du mit jemandem darüber gesprochen?«
Er schüttelt den Kopf.
»So ungefähr 'n Monat später arbeiten mein Stiefvater und ich an irgendwas im Keller. Wegen irgend 'ner Kleinigkeit gibt's wieder richtig Zoff, und er schreit mich an, wie üblich. Ich bin dann die Treppe rauf, hab mich noch mal umgedreht und runter geschrien: *So wie du mich behandelst, so kann kein Vater seinen richtigen Sohn behandeln.* So'n Spruch hab ich ihm dann gehauen.«
»Gehauen?«
»Genau. Darauf hat er 'ne Woche nicht mit mir geredet.«
»Was ging vor in dir?«
»Ich hab mir dann eingeredet, daß er mir nichts mehr befehlen kann. Er hat mir nichts mehr zu sagen. Der ist nicht mein richtiger Vater. Er hat mich nicht adoptiert, er ist nicht verheiratet mit meiner Mutter, also gar nix. *Was haste mit dem zu tun,* hab ich mir gesagt. Ich kriegte die Einstellung, alles scheißegal, scheißegal«, tiefe Falten zieht er über seinen Mund, fährt mit der Faust durch die Luft, »Hauptsache, ich lebe heute. Was morgen kommt, scheißegal!«
»Mit der Mutter hast du nicht gesprochen?«
»Nee, die hat mich ja, wie soll ich sagen, auch verraten. Aber ich hatte ja meine Freundin Anja, mit der war ich sogar verlobt, wir wollten heiraten. Die war die einzige, der ich's erzählt hab.«
Er bricht seinen Redefluß ab, ich merke aber, daß noch etwas sehr Bitteres aus ihm heraus will.
»Bei ihr hab ich mich wohl gefühlt. Wenn ich bei ihr im Schoß lag«, er lacht wie immer ein bißchen aufgesetzt, »aber die hat mich ja auch verraten. Dreißig Briefe hab ich ihr geschrieben, als ich in Spanien im Knast gesessen hab. Hab sie gebeten, mir bitte zurückzuschreiben, wenigstens mal melden. Keinen einzigen Brief hat sie mir geschrieben. Nichts.«
»War sie als Zeugin später im Prozeß?«

»Zum Termin kommt sie rein, setzt sich hin, so«, er wendet sich von mir ab, »daß ich ihr Gesicht nicht sehen kann, läßt die Haare runterfallen und stützt sich mit der Hand so ab«, er legt die ausgestreckte Rechte über sein Gesicht, »damit ich sie jaaa nicht angucken muß. Das kam übel. Vor allem, sie meldet sich nicht. Bis heute nicht. Nach der Tat war's aus zwischen uns.«

Immer häufiger brennt Daniel durch, bleibt tagelang weg, ohne daß seine Mutter weiß, wo er steckt.
Immer häufiger übernachtet er im nahegelegenen Parkhaus. Da kennt er eine abgelegene Ecke im ersten Tiefgeschoß, wo der Nachtwächter nie hinschaut. Da legt er ein paar Zeitungen auf den Betonboden und versucht zu schlafen. Direkt unter dem Graffiti, das jemand dort gesprüht hat, ein Totenkopf mit Messer zwischen den Zähnen. Aber es ist Winter, und das Thermometer zeigt fünf Grad unter Null. Daniel sucht nach einer Decke, einer Matratze, die vielleicht irgendwo im Müll herumliegt. Schließlich reißt er zwei der großen Reklamefahnen des Kaufhauses vom Mast herunter und wickelt sich darin ein. Steif gefroren schleicht er sich am nächsten Morgen in das Haus der Eltern.
»Bist du in dieser Zeit in die Schule gegangen?« frage ich Daniel.
»Nee, in der Zeit nicht, gar nicht. Im zweiten Halbjahr hatt ich 247 Fehlstunden. Gregor hatte 'nen Arzt, den er gut kannte, da hab ich mich krank schreiben lassen. Wenn wir da in die Praxis gekommen sind, dann hat er uns ins Sprechzimmer genommen und gefragt: *Ja, welche Krankheit willste denn diesmal haben?* Ich sag: *Verdacht auf Magengeschwür, oder sowas.* Und der Doktor: *Wie lange willste denn? Zehn Tage?*
Dann hat er Gregor und mich zehn Tage krank geschrieben. Und wir sind dann nur unterwegs gewesen, nach Köln gefahren, vormittags Eis gegessen.«
»Und deine Eltern haben das nicht bemerkt?«
»Die hatten«, er lacht und gibt seiner Kappe einen leichten

D. Schwänzt ständig die Schule.

Kick mit dem Zeigefinger, »null Ahnung. Ich hab ja vormittags meine Tasche genommen und bin weggegangen.«
»Und niemand hat gefragt, *Daniel, wie läuft's in der Schule, was habt ihr auf?*« Er zuckt die Achseln, sagt:
»Die hatten mit sich selber genug zu tun. Die Firma in Prag und so. Meine Mutter war ja auch arbeitslos geworden. Deshalb ist sie dann voll in die Prager Firma von meinem Stiefvater eingestiegen und war unheimlich viel unterwegs. Von Köln nach Prag, immer hin und her.«
So geht das über Wochen, über Monate. Wenn er zu Hause ist, verkriecht er sich in dem kleinen Holzschuppen im verwilderten Garten, setzt sich Kopfhörer auf mit dröhnendem Rhythmus, schraubt an kaputten Fahrrädern herum, repariert Mopeds oder träumt vor sich hin. Außer dem achtzehnjährigen Gregor und dem siebzehnjährigen Toni hat er keine wirklichen Freunde. Und die beiden sind eher wie kleine Brüder, die bewundernd zu ihm aufblicken.
Daniel ist Einzelkind. Gern hätte er noch Geschwister gehabt, aber seine Mutter wollte keine Kinder mehr. Ob sie überhaupt jemals ein Kind wollte?
»Deine Mutter, Daniel, hat in Prag studiert?«
»Ja, Maschinenbau, aber sie hat ihr Studium unterbrochen. Für eineinhalb Jahre, weil ich geboren wurde. Sie war damals vierundzwanzig und mitten im Studium. Das war natürlich bitter für sie.«
»Darüber hat sie mit dir geredet?«
»Nee, auf keinen Fall, aber meine Großmutter hat mir das erzählt. Meine Mutter hat damals mit 'nem Studenten zusammengelebt, also mit meinem leiblichen Vater, und da hat sie die Pille genommen, aber die tschechischen Pillen, na ja, die funktionierten mal und mal nicht.«
»Das heißt, du warst eigentlich nicht geplant?«
»Genau. Die Pille hat nicht gewirkt, und deshalb hat sie halt 'n Kind gekriegt. Ich glaub, ich kam eigentlich nicht gelegen, weil sie ja mitten im Studium war. Dann hat sie mit dem Studenten, also meinem echten Vater, ein Jahr lang vegetiert. Was heißt

welche Rolle hat + hatte D. für die Eltern

73

vegetiert, aber die hatten ja überhaupt kein Geld und haben sich in Brünn so durchgeschlagen. Und dann mußte sie ja auch noch mich durchfüttern. Als ich drei war, hat meine Mutter dann meinen Stiefvater kennengelernt, und dann sind wir ab nach Deutschland. Über die DDR mit falschen Papieren, irgendwie.«

»Wie war das, als ihr nach Westdeutschland gekommen seid?«

»Ich weiß noch genau, es war Winter und überall lag Schnee. Erst mal hat man uns im Lager untergebracht, und dann konnten wir bei 'nem Landsmann wohnen, der hatte 'ne kleine Wohnung in Frankfurt. Das war ziemlich eng, aber wir wollten ja nicht lange bleiben, wir wollten weiter nach Kanada. Das war der Traum meiner Eltern. Kanada, ihr Lebenstraum.«

»Und warum seid ihr nicht gegangen?«

»Ach«, er seufzt und bekommt wieder diesen Blick, der ganz kurz einfriert, als sei er für eine Sekunde unfähig, sich zu bewegen, »ich war damals immer krank. Und mit 'nem kranken Kind, also, da kann man nicht nach Kanada auswandern.«

»Deinetwegen mußten sie also auf Kanada verzichten?«

»So war das wohl.«

Ich frage nicht weiter, aber während wir in dem kleinen, kahlen Büro der Haftanstalt sitzen und das Tonband läuft, versuche ich mir vorzustellen, mit welchen Gefühlen die junge Janka Berg, vierundzwanzig und gegen ihren Willen Mutter, den kleinen Daniel aufgezogen hat. Wie war wohl die Verbindung zu diesem jungen Mann damals, der Daniels Vater war? Daniel weiß es nicht. Die einzige, die berichten könnte, ist die Großmutter.

Ich notiere mir ihre Adresse, Daniel kennt sie auswendig, und nehme mir vor, die alte Frau, die heute in der Nähe von Brünn in einem kleinen Dorf lebt, irgendwann zu besuchen.

»Hast du«, will ich von Daniel wissen, »irgendeine Erinnerung an deinen leiblichen Vater?«

»Leider nicht. Ich kann mir kein Bild von ihm machen, leider. Aber wenn ich hier rauskomme, werd ich mal gucken, ob ich ihn irgendwo find.«

»Hast du nie ein Foto von ihm gesehen?«
»Ein Bild? Nie. Ich hatte ja bis zu meinem siebzehnten Lebensjahr keine Ahnung, daß der Kalaschnirow nicht mein richtiger Vater ist.«

Ich will mit ihm über die erste Woche des Juli 1993 reden, die sein Leben radikal veränderte, in der er seine Mutter und seinen Stiefvater umbrachte. In diesen Tagen trieb alles auf die Katastrophe zu. Der Zeitzünder tickte. Daniel flog von der Schule, er nahm verschärft harte Drogen, er hatte erfahren, daß Igor Kalaschnirow nicht sein leiblicher Vater ist. Aber das war noch nicht alles.

In den Akten heißt es in trockenem Amtsdeutsch:
»Am letzten Schultag, Mittwoch, dem 7.7.93, fragte die Mutter des Angeklagten diesen, wann er denn das Zeugnis bekomme. Der Angeklagte behauptete wahrheitswidrig, dieses gebe es erst am Donnerstag, obwohl er es sich kurz darauf selbst in der Schule abholte. Er wollte dem vorhersehbaren Streit wegen des schlechten Zeugnisses und der Nichtversetzung in die Klasse 13 des Gymnasiums aus dem Wege gehen. Die Mutter glaubte diese Angabe des Angeklagten nicht. Dieser hatte aber inzwischen das Haus verlassen und war nach Abholen des Zeugnisses mit den beiden Angeklagten Gregor Vocke und Toni Grembach in die Stadt gefahren, von wo er erst gegen 20.00 Uhr abends zurückkehrte. Er wußte, daß seine Mutter gegen 18.00 Uhr nach Prag fahren und dem Stiefvater folgen werde. So geschah es dann auch.«
Und ein paar Zeilen weiter heißt es: *aus den Akten*
»Der Stiefvater des Angeklagten hatte vor seiner Abreise nach Prag bei einem Streit dem Angeklagten Berg unmißverständlich zu verstehen gegeben, daß sich dieser entweder seinen Regeln und Anweisungen beugen oder ausziehen müsse. Er hatte ihm auf einem DIN-A4-Zettel eine zehn Punkte umfassende Anweisung auf Tschechisch hinterlassen, teilweise Verbote, die Werkstatt und sein Mofa zu benutzen, teilweise auch Arbeitsauf-

75

träge, Rasenmähen, Arbeit am und im Haus. Unter anderem widerrief er darin auch die vorher erteilte Erlaubnis, drei bis vier Wochen einem Ferienjob nachzugehen und sich dabei etwas Geld zu verdienen.« _> wie fühlt sich D.?_

Ich lese Daniel diese Passage vor und frage ihn:

»Was hast du mit dieser langen Verbotsliste gemacht?«

»Diesen Zettel hab ich an meine Zimmertür geheftet und dem Gregor und dem Toni ins Deutsche übersetzt. Ich hatte ja durchaus vor, mich daran zu halten, aber es ist ja dann alles ganz anders gekommen.«

»Deine Mutter war abgefahren, du warst allein im Haus, was hast du gemacht?«

»Nee, nicht immer allein. Schon ungefähr drei Wochen vorher, da hing ich nicht mehr in meiner Clique rum, sondern nur mit Gregor und Toni. Und Toni«, er schmunzelt, »der war auch schon 'n bißchen abgedreht, damals. Das hat mir voll gefallen, der hat sich vor nix geniert, hat im Vorbeigehen auf der Straße Mädchen in die Haare gefaßt, *hast schöne Haare, willste nich mitgehen?* Auf alle Fälle hingen wir in der Stadt rum, und Toni hatte ja auch seine Probleme«, er überlegt, welche das wohl waren, »ja, genau, der hatte 'nen richtigen Vater, Arbeiter oder sowas, und 'ne Stiefmutter, und die hing ihm ziemlich zum Hals raus. Immer Streß zu Hause. Und die Lehre, auf die hatte er auch keinen Bock mehr. Automechaniker. Hat auch immer blau gemacht. Genau wie ich.«

»Und was war mit Gregor?«

»Mit seinen Eltern, ach, die Beziehung war auch irgendwie im Eimer. Der Vater is 'n Geschäftsmann, richtig mit Geld. Genaueres weiß ich nicht. Auf jeden Fall, der war auf dem Gymnasium, hat die 12 abgebrochen und auch keinen Bock mehr auf Schule. Und die Eltern haben mächtig Druck gemacht, daß er sein Abi in diesem Jahr bringen muß. Bei ihm war also auch Druck dahinter. Genau wie bei mir.«

Gregors Mutter war Lehrerin, vielmehr sie wäre es gern geworden, aber sie mußte ihre Ausbildung abbrechen. Nachdem sie bereits ihr erstes Staatsexamen bestanden hatte, da kam Gregor zur Welt, auch er ein ungewolltes Kind. Frau V. bekam noch zwei Kinder, ein Mädchen, drei Jahre jünger als Gregor und eines dreizehn Jahre jünger. Sie kümmerte sich um die Kinder und den Haushalt und konnte erst viele Jahre später wieder arbeiten. Es waren nur kleine Jobs, die etwas Geld für sie selbst brachten.

Gregor war, so heißt es in den Prozeßakten, ein schmächtiger Junge, von Mitschülern wegen seiner körperlichen Schwäche zum Prügelknaben gemacht. Seine Mutter tat das als *Späßchen* ab, was ihn sehr verletzte und sein Selbstwertgefühl noch tiefer drückte. Von der Lehrerin wegen seiner dicken Brille als *Professor* gehänselt, blieb er ein Außenseiter, der keine Freunde hatte.

Und über Toni erfahre ich aus den Prozeßakten: Er ist ein uneheliches Kind, geboren in Bremen. Sein leiblicher Vater war Fernfahrer und fast nie zu Hause. Die Mutter konnte mit dem unruhigen, zappeligen Jungen nicht umgehen. Allein war sie hoffnungslos überfordert. Und als Toni zwei Jahre alt war, ließ der Vater Sohn und Frau ganz im Stich und zog zu einer Freundin nach Köln. Nun brach Tonis Mutter völlig zusammen, so daß sie den Jungen zu seinem Vater nach Köln geben mußte. Dort wuchs er auf und lernte im Juni 1993, wenige Wochen vor der Tat, Daniel kennen.

DIESE DREI JUNGEN, siebzehn, achtzehn und neunzehn Jahre alt, hausten in der weißen Villa in der Pestalozzistraße, während Janka Berg mit ihrem Lebensgefährten Igor Kalaschnirow in Prag war, um Geschäften nachzugehen.

»Ja«, sagt Daniel, »wir waren die ganze Woche bei uns im Haus zusammen. Und da ist bei uns der Gedanke aufgetaucht, Urlaub zu machen, unbedingt abzuhauen. Wir müssen hier weg, wir scheißen drauf, wir verziehen uns, wir räumen das Feld. Ab nach Spanien. Das war meine Idee. Spanien kannt ich gut, da war ich öfter mal mit meinen Eltern im Urlaub. Ich hab dann angefangen, meine Sachen, die in der Werkstatt drin waren, zum Teil zu verkaufen oder zu verschenken.«

»Dein Stiefvater hatte dir doch verboten…«

»Klar, der Schuppen war abgeschlossen, aber kein Problem, mit 'ner Zange aufgemacht, alles ganz easy. Ich hab noch mein Mofa verkauft und 'n Fahrrad, damit wir die Reise finanzieren können. Der Toni hatte schon 'n Auto und war kurz davor, 'n Führerschein zu machen. Am Mittwoch hatte er seine Abschlußprüfung.«

Daniel legt die Hände hinter seinen Kopf und blickt mich mit leuchtenden Augen an. »Wir waren voll fröhlich, so richtig in Aufbruchstimmung. In 'n paar Tagen sind wir weg, in der Sonne, in Spanien, entweder für drei Wochen oder 'n halbes Jahr.«

»Vielleicht für immer?«

»Das wär natürlich das Beste gewesen, klar. Endlich weg, der ganze Druck, weg damit. Am Samstag hatte Toni Geburtstag, und wir haben da Fete gemacht in unserem Haus bis in die Nacht rein. Um halb eins war Toni stockbesoffen. *Was machen wir jetzt?* fragte ich. *Okay, gehn wir nach Köln in die große Bhagwan-Disko.* Toni, so voll wie er war, natürlich auch mit«, Daniel kichert vergnügt, »wir erst mal in die Bahn und ab in die Innenstadt. Toni bei mir und Gregor eingehängt. Der Türsteher guckt, will ihn schon zurückhalten, da sieht er mich kommen, hat uns dann alle reingelassen. Die Nacht durchgemacht, war toll. Auf der Rückfahrt mit der Bahn gab's dann Ärger. Toni ist durch den Wagen gegangen, *Kontrolle, die Fahrausweise, bitte,* mit verstellter Stimme. War 'n Spaß, er hat halt gern Faxen gemacht. Ganz hinten sitzt da so'n Rocker mit 'ner ganz komischen Frisur, mit seiner Freundin. Toni in seiner komischen Stimme, *deinen Fahrschein bitte,* aber der Typ war ganz aggressiv drauf, hat *ach verpiß dich* zu ihm gesagt. Und Toni, baaf, da hat's bei ihm geklickt, oh, oh. So hatt ich ihn noch nie erlebt. Da ist er ausgerastet und da, wo die Trennung zwischen den Waggons ist, da ist doch so 'ne Holzschicht, da ist er hin und voll drauf abgetreten, pooff, hat die Holzschicht durchgehauen, und dann wieder nach hinten zu dem Typ. Der hat dann seine Bierflasche zerschlagen und hat Toni damit bedroht.«

Daniel guckt mich an, er holt Luft, preßt sie hörbar durch die Nase wieder aus. »Aber ich dann mein Messer gezogen, ich stand hinter ihm, klick, war 'n Springmesser.«

»Du hattest immer ein Messer bei dir?«

»Immer, ja. Also mein Springmesser gezogen, klick. Der Typ sieht mich da mit dem Messer stehn, und er sofort 'ne Sause gemacht.«

Als die drei am Sonntag nachmittag aus ihrem Rausch aufwachen, klingelt das Telefon. Daniel erzählt:

»Wir waren schön am Essen, kommt der Anruf von meiner Mutter, *ja, hallo, wir kommen morgen vormittag.* Ich denke, boow, wie sieht das Haus aus, wie sieht mein Zimmer aus? Da wurd's erst mal hektisch, totale Panik, also wir alle erst mal das Haus aufgeräumt. Klamotten lagen da rum, die Küche war Chaos, alles aufgeräumt. Außer meinem Zimmer. Da war alles von den Wänden ab, die ganzen Fotos, meine Klamotten hatt ich schon in die Tasche eingepackt. So um neun abends waren wir fertig. Haus war wieder sauber, alles in Ordnung. Toni ist nach Hause gegangen, und Gregor hat bei mir geschlafen. Und wir haben erst mal Strohrum gekippt, ooohne Ende. Und Wodka. Da saßen wir dann bei mir auf 'm Zimmer, Video am gukken. *Total Recall* und *Skywalk* mit Arnold Schwarzenegger. Dann irgendwann eingeschlafen.«

Am nächsten Morgen«, erzählt Daniel weiter, »aufgewacht, voll den dicken Schädel gehabt. Morgens früh, wenn ich, wenn ich aufwach, und mir geht's schlecht, dann bin ich echt gereizt, so«, Daniel reißt die Augen auf, daß die weißen Augäpfel blitzen, »dann Duschen und 'n kleines Tütchen Speed nehmen. Und gefrühstückt, dauernd auf die Uhr geguckt, wann meine Mutter und mein Stiefvater zurückkommen. Ich hab nur immerzu gedacht, boow, die kacken dich zusammen, und der Kalaschnirow wird dich wieder anschrein, und dann kriegst du wieder Verbote, dies darfste nicht und das nicht. Dann ist die kurze Freiheit zu Ende.«

»Du bist nicht auf die Idee gekommen, das Haus zu verlassen?«

Die Frage überrascht ihn, offenbar hat er noch nie darüber nachgedacht. Er stottert leicht, sagt leise:

»Nee, komischerweise nicht. Fragen Sie mich nicht, warum.«

Nach langer Zeit greift er wieder zur Zigarette.

»Na ja, das sind so Sachen, für die ich keine Erklärung finde, absolut keine Erklärung. Ich saß da, in meinem Zimmer, die Anlage aufgedreht. Außerdem, ich durfte ja keine Freunde im Zimmer haben, wenn meine Eltern da waren. Und jetzt, Gregor war da, seine Klamotten lagen bei mir rum, aber ich konnt ihn nicht nach Hause schicken, dann hätt er Ärger mit seinen Eltern gekriegt. So um halb eins muß das gewesen sein, da fährt der Wagen mit meinen Eltern vor. Ich erst mal runtergegangen, die Tür von meinem Zimmer hinter mir zugemacht. Dann hab ich denen beim Ausladen der Koffer geholfen. Der Stiefvater hat mir schnell die Hand gegeben, ohne mich anzugucken, *hallo, hallo, da bin ich wieder,* und meine Mutter auch, *wie geht's und so.*«

»Sonst haben sie nichts gesagt?«

»Doch, doch. Die hatten irgendwie rausgefunden, daß ich aus der Schule rausgeschmissen worden war. Wahrscheinlich hatte meine Mutter mit dem Klassenlehrer telefoniert und es gleich meinem Stiefvater weitererzählt, klar. Die hat ja immer alles weitererzählt. Haben sie mir natürlich gleich an den Kopf geschmissen. Und dann gab's da noch 'n dickes Problem, ich hab die Werkstatt nicht aufgeräumt, so unordentlich gelassen, wie sie war. Und ich hätte ja gar nicht in die Werkstatt gedurft. Das war ja auch ein Verbot, das mein Stiefvater verhängt hat.«

»Das war doch deine Werkstatt, in der nur du gearbeitet hast.«

»Trotzdem. Hat er öfter gemacht. Der hat mir verboten, mit meinem Fahrrad zu fahren, nur weil ich nicht gelernt hab oder weil ich zehn Minuten zu spät nach Hause gekommen bin. Wegen solcher Kleinigkeiten eben. Das Verbot hatte er schon einen Monat früher ausgesprochen und nicht wieder aufgehoben. So war das. Also, ich geh die Treppe hoch, bring 'n Koffer

nach oben, gucke zum Fenster raus, sehe, wie der Kalaschnirow zur Werkstatt geht, guckt schon so komisch, schließt auf,
steckt den Kopf da rein, und ich, *ach du Scheiße, gleich kannst
du dir wieder was anhören, wieso hab ich da nicht aufgeräumt.*«
»Was hast du dann gemacht?«
»Ich erst mal wieder in mein Zimmer gegangen, da saß Gregor,
Musik laut aufgedreht, und gedacht, jetzt kommt wieder das
Geschrei. Ich konnte die Stimme von ihm nicht mehr hören. Ich
hatte alles satt. Schon die Vorstellung, daß er gleich wieder
hochkommt und mit dem Gebrüll anfängt, da haben sich bei
mir die Haare gesträubt. Aber wir saßen da, gar nichts gesagt,
Gregor nichts gesagt, ich auch nicht. Nur Musik gehört. *Guns
and Roses* und noch *Nirvana.* 'ne Viertelstunde ist vergangen.
Wir saßen stumm da, plötzlich reißt mein Stiefvater die Tür auf
und schreit, *mach die Musik leiser.* Ich, Musik leiser gemacht,
wirklich Zimmerlautstärke. Dann klingelt's, Toni steht vor der
Tür und will rein. Ich, *booh, nein, auch das noch.* Der war gerade unterwegs zum Einkaufen, für seine Mutter, und wollte
fragen, ob ich mitkomme. Hab ihn dann hochgeholt, meine
Mutter sieht das, sagt *ja, ja, in Ordnung, aber laß es den Vater
nicht sehen.* Wenn mein Stiefvater da war, durfte ich ja niemand im Haus haben. Also, wir ganz leise hochgegangen. *Gut,
sag ich, ich zieh mir die Schuhe an, und dann gehn wir zusammen einkaufen. Dann komm ich raus hier.* Zieh mir also
die Basketballschuhe an, und dann wollte ich noch das Lied
Knocking on Heaven's Door zu Ende anhören. In Zimmerlautstärke.«
Lachend singt er die Melodie dieses Songs der *Guns and
Roses.*
»Da kommt mein Stiefvater noch mal rein, mit seiner bellenden
Stimme schreit er, *macht mal die Musik leiser,* geht ins Zimmer
rein und sieht Gregor und Toni, die sitzen auf dem Sofa hinter
der Tür, konnte man erst sehen, wenn man ins Zimmer kommt.
Und er, *booow, wie sieht das hier aus, Schweinestall.* Sieht
dann die beiden auf 'm Sofa sitzen, *was macht ihr denn hier?*

Ihr geht jetzt sofort! Die beiden also aufgestanden, wollen gehen. Toni fragt noch, *dürfen wir wiederkommen?* Er nur, *nein, besser nicht.* Und dann klingelt das Telefon. Ja, das schnurlose Telefon klingelt.«

Daniel saugt an seiner Zigarette, die fast bis zum Filter runter-gebrannt ist. Er hält sie so, daß die glühende Spitze in seiner Handfläche verborgen bleibt. Es sieht aus, als könne er sich jeden Moment daran verbrennen.

»Im Wohnzimmer klingelt es, und mein Stiefvater will runter-gehen, dreht sich um und, und macht einen Schritt. Dann spring ich hoch, weil, ich war total am Kochen, weil der mich vor meinen Freunden so zur Sau gemacht hat. Ich spring hoch, ja hoch, Anlauf genommen, so irre, wie man sich das gar nicht vorstellen kann. War wahrscheinlich 'n Tack zuviel.«

»So genau kannst du dich erinnern?«

»Meine Mittäter haben das vor Gericht so genau beschrieben. Ich nehme Anlauf, und er ist mittlerweile schon so weit in der Tür, hat wahrscheinlich schon den zweiten Schritt zur Treppe hin gemacht. Auf alle Fälle schmeiße ich ihn mit voller Kraft die Treppe runter.«

ICH BITTE IHN, mir das Treppenhaus und die Situation aufzu-zeichnen. Mit schnellen Strichen zeichnet er die Tür, die fünf Stufen, die abwärts führen, bis zu einem kleinen Treppenab-satz, an dessen Seite sich eine provisorisch eingehängte Tür befindet. Sie führt in eine kleine Abstellkammer und ist nur mit drei Magneten befestigt, kann sich also leicht aus dem Rahmen lösen. Was auch passiert, als Kalaschnirow dagegenstürzt.

»Er fliegt gegen diese Tür, die löst sich und fällt auf ihn drauf. In dem Moment, wo ich ihn runtergestoßen hab, das war wirk-lich 'ne Millisekunde, wo er fliegt und unten ankommt, das hab ich«, er drückt die Zigarette aus, »das hab ich nicht richtig regi-striert. Ich auf alle Fälle renne runter, spring auf die Tür drauf, hab mein Messer schon da. Das hatt ich dabei, weil, wir woll-ten ja ins Einkaufszentrum, und das Messer hatte ich immer dabei. Ich bin immer bis zu den Zähnen bewaffnet durch die

Gegend gelaufen. Ich zieh mein Messer, auch so'n blöder Reflex und fang an wie 'n Irrer auf die Tür einzustechen.«

»Du stehst auf der Tür drauf.«
Ich sehe, wie Daniel unruhig wird, sein Körper bleibt völlig bewegungslos, aber seine Arme fuchteln durch die Luft, die Augen weit offen.
»Ich steh auf der Tür, ja. Ich will durch die Tür durch. Ich will.«
»Und er liegt unter der Tür?«
»Er liegt unter der Tür. Ich schrei wie'n Wahnsinniger, irgendwas, weiß ich was.« Er grübelt ein paar Sekunden.
»*Ich krieg dich, ich krieg dich* und *verdammte Scheißtür* oder sowas. Nein, ich glaub, ich hab nur geschrien, gebrüllt wie ein Irrer. Immer wieder stech ich auf die Tür ein. Will durch die Tür durch, das weiß ich noch ganz genau. Ich will die Tür durchstechen.« Ich versuche mir vorzustellen, wie der große, kräftige Daniel breitbeinig auf der Holztür steht, dann in die Hocke runtergeht, geradezu über dem verhaßten Stiefvater thront. Seine neunzig Kilo Gewicht drücken ihn unter dem Holz fast zu

Tode, durch das in wildem Rhythmus Daniel sein Messer sausen läßt. Der Gerichtsmediziner stellt später fest, daß Kalaschnirow bereits dadurch einen Nasenbruch und Verletzungen im Brustkorb erlitt.

»Hat dein Stiefvater noch etwas zu dir gesagt?«

»Ja, auf Tschechisch, *hör auf, wir können über alles reden.* Und als er noch unter der Tür lag, hat er versucht rauszukommen, hat 'ne Hand rausgesteckt, um sich zu befreien. Ich hab das gesehen und geschrien, *nimm die Hand weg, sonst hack ich dir sie ab.* Hat er die Hand sofort zurückgezogen.«

Ich zucke zusammen, Daniel hatte mir genau solch eine Horrorszene geschildert, als wir über seine Angstträume sprachen.

»Hat dich das«, frage ich also, »an irgendwas erinnert?«

»Nicht, daß ich wüßte.«

Doch dann plötzlich erinnert er sich, erschrickt deutlich, öffnet den Mund, holt Luft.

»Mein Alptraum aus der Kindheit, ja. Hatte tierische Angst damals.«

Pause, Schweigen, dann sagt er:

»Als Kind hatt ich Angst vor'm bösen Geist, der mir die Hand abhackt. Und jetzt hatte mein Stiefvater Angst vor mir, weil, ich wollte ihm ja jetzt die Hand abhacken. Irgendwie hab ich vielleicht meine Angst von früher abreagiert.«

Er nickt, ich bin sicher, er wird darüber in der Zelle nachdenken.

»Dann hab ich nur noch Schreie gehört«, sagt Daniel jetzt und macht eine Pause, ich frage nicht. Seine Augäpfel sind wieder wie festgeklemmt für den Bruchteil einer Sekunde. Jetzt redet er, aber leise, indem er sich nach vorn beugt.

»Die Schreie von meiner Mutter. Hysterisch hat sie geschrien, geschrien wie verrückt mit ihrer hohen Stimme. Das hab ich irgendwie noch registriert. Ich ruf noch dem Gregor zu, *halt meine Mutter fest, halt sie fest.* Ich will, daß er sie festhält, weil ich genau wußte, daß sie sich dazwischen mischt. Wahrscheinlich kam sie gerade aus dem Badezimmer und hatte 'ne Flasche

Haarspray in der Hand, Gregor reißt ihr die aus der Hand und sprüht ihr damit voll ins Gesicht. Sie stolpert, verfängt sich im Geländer, kann ja nichts mehr sehen und fällt lang hin. Auch noch auf die Tür drauf. Und in meinem irren Wahnsinn«, er gerät ins Stottern, sein linker Mundwinkel zuckt, »ich seh nur irgendwas, also, irgendwas gehört, irgendwas gesehen, da fällt was hin auf die Tür, was das war, wer, ich weiß nicht. Und ich in meinem irren Wahnsinn hab dreimal zugestochen und dann erst hat's bei mir Klick gemacht. Dann erst bin ich kurz zu mir gekommen.«

»Der Gerichtsmediziner hat festgestellt«, sage ich, »daß du neunmal zugestochen hast. In Hals und Rücken deiner Mutter.«

»Ich weiß nicht, ich hab das nur kurz registriert, bin nur kurz klar geworden in den Augen.«

»Du hast nichts mehr gesehen?«

»Was heißt gesehen, ja, vielleicht, aber nicht wahrgenommen. Wie soll ich das erklären? Wie 'n Blitz in der Nacht, oder so was. Im gleichen Moment streckt mein Stiefvater noch mal seine Hand unter der Tür vor und sprüht mir CS-Gas volle Pulle ins Gesicht. Tatsächlich, CS-Gas. Ich frag mich, woher er das hatte. Ich taumle nach hinten, seh nix mehr. Das ist für meinen Stiefvater die Chance, unter der Tür hervorzukommen. Ich noch dabei, nach hinten zu torkeln in die Abstellkammer. Mein Stiefvater hebt die Platte hoch, die fliegt die Treppe runter. Ich höre nur das Poltern, kann ja fast nichts mehr sehen. Hab nur noch gesehen, wie er die Treppe runterrennt, also die paar Stufen vom Treppenabsatz bis ganz nach unten. Ich hinter ihm her, und unten bricht er zusammen.«

Ich muß Daniel an dieser Stelle unterbrechen, denn die Behauptung, sein Stiefvater hätte mit CS-Gas gesprüht, ist auch vom Gericht nie eindeutig geklärt worden. Die untersuchenden Kriminalisten und Gutachter haben bezweifelt, ob ein solches Gasfläschchen überhaupt eine Rolle gespielt hat, ob es das überhaupt gegeben hat. Bis zum Schluß blieb es ein Rätsel.

»Daniel«, frage ich, »bist du sicher, daß der Stiefvater mit Gas gesprüht hat?«

»Absolut, klar.«

»Du hast das deutlich gesehen?«

Er zögert, blickt mich irritiert an, sagt:

»Also so genau, nee. Ich weiß nicht. Aber danach hab *ich* nix mehr gesehen, dann muß er ja wohl gesprüht haben, oder?«

»Sag mal, Daniel, was fällt dir bei dem Wort *Gas* ein?«

»Bei Gas? Eigentlich nix. Na vielleicht«, er schiebt die Kappe hoch, »als Kind hatte ich manchmal so 'n komischen Geruch in der Nase. Wenn ich in mein Zimmer gekommen bin, hat das verdammt nach Gas gerochen, so richtig penetrant, hab dann immer sofort das Fenster aufgerissen. Aber außer mir hat das keiner gerochen. Keiner. Ich weiß auch nicht, was das war.«

»Hattest du Angst davor?«

»Klar, Gas. Kann man dran ersticken.«

»In welcher Zeit war das, als du dieses Gas, das es vielleicht gar nicht gegeben hat, gerochen hast? Kannst du dich erinnern?«

Er stößt laut hörbar seinen Atem aus.

»Nee, vielleicht so in der Zeit, als ich meine Horrorträume hatte, von diesen Geistern da, die hinter mir her gewesen sind. So diese Zeit war das, ja.«

»Magst du weitererzählen, Daniel?« frage ich.

Er nickt: »Warum nicht?«

»Ja, und die Mutter, die lag doch etwa hier, mit dem Unterkörper auf der Tür, mit dem Kopf auf dem Treppenabsatz«, ich zeige es auf der Skizze, »du mußtest, um nach unten zu kommen, über sie hinwegsteigen.«

»Kann sein, hab mich wahrscheinlich am Geländer langgehangelt. Als mein Stiefvater unten ankommt, will er noch in die Wohnung reinkriechen. Da liegt er auf'm Bauch. Ich runtergerast, war mir egal, ob er da lag, ich seh nur, da liegt er, und dann geht's genauso ab wie oben auf der Tür. Ich steche mit dem Messer vollkommen irre auf ihn ein. Der Gerichtsmediziner hat gesagt, sechsundzwanzigmal. Ich weiß nicht wie oft, ich weiß es nicht. Glauben kann ich das nicht.«

Er starrt zum Fenster hinaus, steif wie eine Wachsfigur. Auf dem Hof schleicht eine Katze umher. Sie springt elegant über Betonklötze, die herumliegen. Offenbar eine liegengebliebene Baustelle, vielleicht abgebrochen aus Geldmangel. Die Sonne steht hoch und wirft fast keine Schatten. Es ist ruhig, kein Schlüsselrasseln, kein Geschrei auf dem Flur. Absolute Stille. Nur aus der Ecke des kleinen, weiß gestrichenen Büros kommt das Geräusch eines tropfenden Wasserhahns. Daniel hat seine schweren Hände auf die Tischplatte gelegt.

»Sechsundzwanzigmal, ich kann's nicht fassen«, wiederholt er, schnieft laut hörbar durch die Nase.

»Haß, ich hatte nur Haß im Kopf. Wäre da, wäre da jemand dazwischengekommen, ich hätt das nicht gemerkt. Ich hätt ihn auch erstochen.«

Ich blicke ihm in die Augen, sage nichts.

»Wären Gregor oder Toni runtergekommen, um mich abzuhalten, dann weiß ich nicht, was ich gemacht hätte. Bestimmt wäre ich total abgedreht.«

In den Gerichtsakten heißt es:
»Der Angeklagte war seinem Stiefvater sofort hinterhergelaufen, nachdem er sich das Tränengas aus den Augen gerieben hatte. Er hatte ein großes Messer bei sich. Er lief sofort auf seinen am Boden liegenden Stiefvater zu, der im Türbereich zwischen Flur und Erdgeschoßwohnung lag. Der Angeklagte hielt dann seinen Stiefvater am Kopf fest und stach mit dem Messer in dessen Hals und Nacken von oben und von der Seite, dann in den Rücken und in den Schulterbereich ein, und zwar in ähnlicher Art und Weise, wie zuvor bei seiner Mutter, nämlich mehrfach und unmittelbar hintereinander. Dabei traf er auch die linke Nackenseite, acht Zentimeter tief bis zur Halsvorderseite und durchtrennte dabei die linke Halsschlagader. Der Tod trat innerhalb weniger Minuten ein.«
Daniel erzählt, wie das als rasender Film in wenigen Minuten ablief, ohne daß er es hätte steuern können.
Nun aber kam noch ein anderes Mordwerkzeug hinzu.

»Ich hab noch dunkel in Erinnerung, der Gregor gibt mir 'nen Baseballschläger in die Hand. Ich dachte, mein Stiefvater bewegt sich. Ich hatte voll die Hallos (Halluzinationen), ich dachte, der bewegt sich, der bewegt sich noch, der bewegt sich doch noch.«

»Nachdem du zugestochen hattest?«

»Ja, als er unten da lag, als ich schon auf ihn eingestochen hatte. Danach stand ich da, dachte nur, er bewegt sich. Da habe ich, ich weiß nicht wie oft, ihm auf den Kopf gehauen. Mit dem Baseballschläger.«

Er spricht schnell und leise, die Augen immer noch weit geöffnet, den Blick irgendwo in die Ferne gerichtet, die es in diesem kahlen Zimmerchen nicht gibt.

»Hab dann dem Gregor den Baseballschläger in die Hand gedrückt und ihm gesagt, *paß ja auf, daß er sich nicht bewegt.* Ich dauernd am Labern in der Angst, daß er sich noch bewegt. Er lag da auf 'm Bauch, die linke Hand unterm Körper und die rechte hatte er so ausgestreckt«, er spreizt den Daumen der rechten Hand, winkelt ihn dabei ein wenig ab, »und zeigt genau auf das Badezimmerfenster. Der kleine Finger war 'n bißchen geknickt.« Wieder macht er mir das vor, so als wäre das für ihn ganz wichtig, wie die Hand des Toten aussah.

»Das Bild werd ich niemals vergessen. Wie er den Daumen ausstreckt. Kann ich nicht vergessen.«

Daniel braucht eine Weile, bis er sich wieder beruhigt, dieses Detail scheint ihn zu verfolgen. Es ist nicht der Mord, der als Bild sein Gedächtnis quält, sondern die Finger seines Stiefvaters. Vielleicht, denke ich, die Abwehrhaltung eines Kindes. Ich erinnere mich an meine Kindheit, an manche traumatischen Erlebnisse aus den letzten Tagen des Krieges, die ich heute nur rekonstruieren kann, weil ich winzige Erinnerungsfetzen im Gedächtnis gespeichert habe, einen kaputten Schuh, eine Puppe mit ausgerissenen Armen, das Einschußloch in der Wohnungstür. Das mag mich schützen vor dem eigentlich Grausigen, das tief in mir verdrängt ist.

»Ja, die Finger«, sagt er noch mal, »ich weiß nicht, was er

damit wohl sagen wollte? Was wollte er damit deuten? Vielleicht so«, er droht mit dem Zeigefinger, wie Erwachsene einem Kind drohen, »du, du, du!« Er verstellt seine Stimme, als rede er mit einem Kind. »Und dann hat er noch gesagt, *du wirst das noch bereuen, du wirst deine Strafe schon kriegen!* Er hat mir noch gedroht, ja. Seine letzten Worte waren 'ne Drohung.«

»Das waren seine letzten Worte?«

Daniel nickt.

»Du hast auf seinen Hinterkopf geschlagen?«

»Ich hab nicht drauf geachtet, auch nicht hingeguckt. Find ich auch besser so, daß ich das nicht gesehen hab.«

DU SAGST, DU hättest nicht mehr richtig wahrnehmen können. Hast du gesehen, dieser Mann ist mein Stiefvater, der da in seinem Blut liegt?«

»Ja, ja, das muß er wohl gewesen sein. Weil, Toni stand auch noch oben, Minuten später stand er immer noch da und guckte mit offenem Mund zu. Stand die ganze Zeit nur da und hat zugeguckt. Der kannte mich so gar nicht, daß ich so was machen kann.« Ich rätsele, wie Daniel jetzt plötzlich auf seinen Freund Toni kommt, der oben am Treppengeländer steht und die blutige Schlacht beobachtet, als wäre er ein Zuschauer eines irrealen Schauspiels, während da unten ein Held mit bösen Geistern kämpft. Wollte Daniel seinem kleinen, schmächtigen Freund mit dem wilden Mordrausch, ich zögere, es zu denken, vielleicht imponieren, ihm zeigen, wie stark, wie mächtig er in Wahrheit ist?

Ein paar Minuten vorher hatte der Stiefvater ihn noch tief gedemütigt vor den Augen seiner Freunde, denen er so gerne imponierte.

»Welche Rolle«, frage ich, »hast du gespielt für deine beiden Freunde Toni und Gregor?«

»Leitwolf«, sagt er, ohne nachzudenken, »Führerrolle.«

»Das hast du nach der Tat so empfunden?«

»Klar. Als wir dann auf der Flucht waren, dann noch stärker.«

Ich schweige und nicke.

»Ich hab mich so gefühlt, jetzt wissen die beiden wenigstens, was ich alles kann. Ich kann in diesem Leben sozusagen leben. Wie ich die Flucht mit dem Auto nach Spanien organisiert hab, ganz allein.«

»Nein, ich meine unmittelbar nach der Tat.«

»Sicher, ich hab mich als die herrschende Hand gefühlt unter ihnen«, er lacht ein wenig gequetscht, »als wir danach zum Beispiel durch die Stadt gegangen sind.«

Was GESCHAH IM Haus, bevor ihr in die Stadt gegangen seid?«

»Ich erst mal ins Badezimmer, mir die Augen auswaschen. Und dann steh ich da oben an der Treppe und gucke runter. Kann gar nicht begreifen, was da in dieser Minute vorher abgelaufen ist.«

»Was hast du gesehen, als du ins Treppenhaus geguckt hast?«

»ne große Blutlache auf dem ganzen Treppenabsatz. Und an den Wänden Blut. Und dann zum ersten Mal seh ich meine Mutter da liegen. Auf der Seite lag sie, mit den Augen nach oben guckend. Von hier oben konnt ich ihr Gesicht sehn.«

»Hatte sie die Augen auf?«

Schweigen.

Daniel haucht ein fast unhörbares »Ja.«

Dann fällt er wieder in diese Starre, so daß ich frage: »Wollen wir das Gespräch fortsetzen? Möchtest du weitererzählen?«

»Ja«, nickt er, »das ist schon gut, mal drüber zu reden. Mit dem Psychologen mach ich zwar einmal die Woche Tataufarbeitung, wie das hier heißt, aber die Tat selber haben wir noch nicht besprochen.«

»Worüber redet ihr denn?«

»Ach, über den Alltag im Knast. Den Streß, den man hier so hat mit den Beamten und so.«

»Über die Tat hast du noch nicht gesprochen?«

»Nur mit dem Gutachter, also das war noch vor dem Termin,

damit der sein Gutachten schreiben kann. Und manchmal mit dem Pastor, der is 'n Klassetyp.«

»Also dann machen wir weiter?«

»Ja klar.«

Er erzählt weiter, immer noch erregt, aber jetzt ein wenig entspannter.

»Als ich aufgehört hab, als ich mich ein wenig beruhigt hab, erst mal ins Badezimmer und geduscht. Ich hab dann meinem Mittäter gesagt, er soll nach oben geh'n, ins Schlafzimmer, 'n Bettlaken holen und sie zudecken.«

Jetzt, nach einer Atempause, zwingt er sich zur Ruhe, hält auch die Hände, mit denen er sonst gern agiert, ganz still.

»Weil, ich hätte das nicht mit angucken können. Ich stand da, starr, wie lange weiß ich nicht, 'n Zeitgefühl hatt ich nicht mehr. Bin dann über das Geländer geklettert, die Treppe runtergegangen, wollte ja nicht über meine Mutter steigen, gucke, sehe meinen Stiefvater auf 'm Bauch liegen. Und gucke direkt in seine Augen. Dann hab ich mich weggedreht und ihm gesagt, *hol 'n Bettlaken und deck dich zu.*«

»Zu deinem Stiefvater hast du das gesagt?« frage ich nach.

»Nee«, er ist irritiert, »zu Gregor hab ich gesagt, *deck ihn zu.* Ja, zu Gregor, glaube ich. Auf jeden Fall bin dann rausgegangen in den Garten und erst mal hingesetzt auf 'n Stuhl. Und 'ne Zigarette geraucht. Und ab dem Zeitpunkt hab ich aus Gewohnheit gehandelt. Ohne zu denken. Ich war jetzt ganz ruhig. Ich saß da, rauchte, hab nach oben geguckt. War schönes Wetter.«

Wo hattest du das Messer?«

»Das lag, glaub ich, irgendwo auf dem Treppenabsatz.«

»Hab ich erst später abgewaschen und mit 'nem Handtuch abgetrocknet.«

»Und der Baseballschläger?«

»Hatt ich im Bad schon abgewaschen. Toni hat dann seine Hose ausgezogen, von mir eine angezogen und ist gegangen, ohne was zu sagen, ist der einkaufen gegangen. Für seine Mutter.«

»Er hat genau das gemacht, was er sich vor der Tat vorgenommen hatte. Er wollte in den Supermarkt.«

»Genau. Er ist einfach weggegangen.«

Jetzt nimmt Daniel sehr gelassen eine Zigarette, zündet sie mit dem Einwegfeuerzeug an, zieht tief und lange.

»Als Toni wiederkam, bin ich aufgestanden, hab mir 'nen Spaten aus dem Schuppen geholt und im Garten angefangen zu buddeln. Ich hab mir die Schuhe ausgezogen, glaube ich«, er ist sich nicht sofort sicher, »ja, genau, hab die Schuhe ausgezogen.«

»Weil die voller Blut waren?«

»Warum, weiß ich nicht. Erklären kann ich das nicht. Keine Ahnung. Hab dann angefangen wie 'n Irrer 'n Loch im Garten zu buddeln. Steine lagen da noch rum, mußt ich wegschaffen. Es fing an zu regnen, bin dann noch mit dem Spaten abgerutscht in mein Schienbein rein. War mir egal. Ich geguckt, *ach du Scheiße*, hat geblutet, aber weitergebuddelt.«

»Die anderen haben nicht geholfen?«

»Nee, nee, hab ich allein gemacht«, sagt er sofort, dann aber korrigiert er sich, meint etwas kleinlaut, »wir haben uns abgewechselt, ja, ja. Die beiden haben auch mitgebuddelt. Auf alle Fälle, hab ich gesagt, *bringt die jetzt hier rein.*«

»Du wolltest die beiden Toten in dem Loch, das ihr gegraben habt, beerdigen?«

»Genau. Ich also zu den beiden gesagt, *Toni, Gregor, oben im Schlafzimmer sind Bettlaken, wickelt die da drin ein.* Weil, ich wollte das nicht machen.«

»Warum nicht?«

»Sie noch mal anfassen, nee, das wollte ich nicht. Ich hab denen gesagt, was sie machen müssen. Also, die haben dann zuerst meinen Stiefvater genommen, weil er da direkt unten im Parterre lag, ihn eingewickelt, Klebeband drum und ihn ins Loch geschmissen. Aber das Loch war zu klein.«

»Für beide?«

»Sowieso, aber auch für einen.«

Wᴀꜱ Dᴀɴɪᴇʟ ᴍɪʀ nicht erzählt, berichten die Prozeßakten:
»Dann trugen die Angeklagten die in ein Bettuch gehüllte und
mit Klebeband umwickelte Leiche des Stiefvaters auf einem
Brett in den Garten und legten sie in die Grube. Diese Grube
war jedoch nicht groß genug, daß auch der Kopf dort verschwand. Erst recht war, entgegen ihrem ursprünglichen Plan,
kein Platz mehr für die Leiche der Mutter. Der Angeklagte Toni
Grembach schlug mit einem Gegenstand auf den Kopf des
Stiefvaters. Darauf überdeckten sie den Kopf mit Baumstäm-
men, Ästen und Zweigen sowie mit Erde und Unrat.«
Ich erspare Daniel weitere Fragen, lasse ihn reden, und er tut es
auch.
»Mittlerweile hatte Toni die Idee, die Mutter in die Badewanne
rein zu tun. Dann haben Toni und Gregor die Mutter da reinge-
legt. Und dann, wieder so 'ne Idee von Gregor, Wasser reinlau-
fen lassen. Hat aber keinen Pfropfen reingetan in die Wan-
ne.«
»Warum Wasser?«
»Weiß nicht, damit's nicht stinkt vielleicht. Keine Ahnung.
Aber Toni meinte dann zu mir, *habt ihr Sand hier oder so was?*
Klar hatten wir Sand da hinten im Garten, weil wir ja renovierten. Also die erst mal losgetigert mit Eimern, um Sand zu holen.
Sand in die Badewanne geschüttet.«
»Die Mutter lag schon drin?«
Daniel zuckt mit den Mundwinkeln, haucht fast unhörbar:
»Hm.« Pause. »Ich dann hochgegangen ins Schlafzimmer, hab
noch Bettlaken und Bezüge geholt und die auf das Treppenpo-
dest geschmissen, damit das Blut nicht zu sehen ist. Ach ja,
genau, vorher hab ich noch Klarlack draufgesprüht, weil, das
hat ja fürchterlich nach Blut gerochen.«
Daniels Zigarette ist runtergebrannt, sie liegt seit geraumer
Zeit unberührt im Aschenbecher, eine graue Aschenschlan-
ge.
»Dann sind wir alle drei hoch in mein Zimmer und haben 'ne
Stunde da gesessen und Bier getrunken, Musik gehört. Diesmal
aber nicht *Guns and Roses,* sondern von *Two Unlimited* (eine

Technogruppe aus den USA) *Devil Dance,* mein Lieblingslied. Voll aufgedreht.«

»Erinnerst du dich an das Empfinden, das du hattest, Daniel?«

»So frei, ich weiß nicht, so...« Er bricht den Satz ab.

»Frei?«

»Ja, alles in Ordnung. So, ach, korrekt. Der Druck war weg. So'n Gefühl muß das gewesen sein. Aber wir haben nicht miteinander gesprochen. Kein Wort. Die Musik war befreiend, aber keiner hat was gesagt. Nach 'ner Stunde sind wir dann aufgestanden und ins Einkaufszentrum gegangen.«

»Und du fühltest dich wie?«

»Erwachsen. Selbständig. Wie 'n Vater«, sagt er ganz selbstverständlich, »wie 'n Vater.«

»Und deine Familie, wer war das?«

»Toni und Gregor waren meine Kinder, klar.«

Dabei macht er ein Gesicht, das Zufriedenheit widerspiegelt.

»Habt ihr dann was im Supermarkt eingekauft?«

»Nee, nur rumspaziert. Aber das besondere war, wir hatten alle die gleichen Baseballkäppis auf, Chicago Bulls, ganz rote. Ich hatte früher mal eins geschenkt gekriegt und dann zu Toni und Gregor gesagt, *jeder von euch muß so 'ne Kappe haben.* Gut, dann haben wir für jeden eine gekauft. Kam gut.«

»Erst nach der Tat seid ihr gemeinsam mit den gleichen Kappen aufgetreten?«

»Ja genau. Hat uns irgendwie zusammengeschweißt. Wie 'ne Familie halt. Die gleiche schwarze Weste für jeden von *Olymp und Hades,* die hatten wir uns schon am Mittwoch geholt, als meine Mutter nach Prag gefahren war. Trugen wir also jetzt. In dem Moment dachten wir, uns gehört die Welt. Wir können uns alles erlauben, keiner kann uns was anhaben. Das war halt unsere Ausstrahlung.«

»Was war das für eine Ausstrahlung?«

Daniel freudestrahlend:

»'ne gefährliche Ausstrahlung war das. Klar, wollten wir das. Ansehen, Respekt, auch die Angst, die die anderen vor uns hatten, hat uns gutgetan.«

94

»Haben dein Stiefvater oder deine Mutter jemals vor dir Angst gehabt?«

»Nee, auf keinen Fall. Hatten ja auch keinen Respekt vor mir.«

»Und wovor hattest *du* Angst?«

»Eingebildet hab ich mir, ich hab vor gar nix Angst. Und das hat mich gerade so stark gemacht. In der Illusion jedenfalls, nicht in der Wirklichkeit, aber das hab ich damals noch nicht gewußt. Klar, vor irgendwas hat man immer Angst. Wovor weiß ich nicht. Ich weiß nur, wenn sie da war, hab ich sie einfach wegradiert, verdrängt.«

»Hat deine Tat etwas mit dieser Angst zu tun gehabt?«

»Hm«, er sinniert eine lange Zeit, »hab ich noch nie drüber nachgedacht.«

»Könnte es sein, daß nur der angreift, der sich schwach fühlt und Angst hat?«

»Nur wer Angst hat, greift an? Ja, könnte stimmen. Müßt ich mal drüber nachdenken.«

»Als du Mutter und Stiefvater erstochen hattest, was war da mit deiner Angst?«

»Ich hab mich, ja, ruhiger gefühlt. Selbstbewußter.«

Seine Freundin Anja sagte später bei Gericht aus, sie hätte Daniel nach dem Mord in einem Eiscafé getroffen und er hätte einen sehr ruhigen und entspannten Eindruck gemacht, sei viel weniger nervös gewesen als noch Tage zuvor. Er fragte sie sogar, *was bekommt man eigentlich für Mord?* Und sie antwortete, *natürlich lebenslänglich.* Diese Frage, so berichtete sie bei ihrer Vernehmung, hätte sie sehr irritiert, doch Daniel sei sehr gelassen und ungewöhnlich ausgeglichen geblieben.

»Hat das bis heute angehalten?« frage ich ihn.

»Auf alle Fälle. Wenn mich jemand heute beschimpft, *du Arschloch,* dreh ich mich noch nicht mal um. Aber früher hätt ich ihm 'n paar vor die Socken gehauen. Früher wollte ich immer selbstbewußt sein, aber mein Stiefvater hat das zerhämmert, regelrecht zerhämmert. Was hab ich gemacht, ich hab mein Selbstbewußtsein hochgepuscht, indem ich rumgelaufen

95

bin wie King Kong. Ich bin hingegangen, hab Leuten, die mich geärgert haben, die Fresse poliert. Und so hab ich mich wieder stark gefühlt, hab mir das jedenfalls eingebildet.«

Iᴄʜ ᴍöᴄʜᴛᴇ ᴍɪᴛ ihm über das Messer reden, das er ständig bei sich hatte. Er ging nie außer Haus, ohne es in seiner Hosentasche oder einem Lederetui mitzunehmen, das an seinem Gürtel befestigt war. Seine Waffe, Zeichen seiner Stärke. »Das erste Messer«, erzählt er, »hab ich geschenkt gekriegt zu Weihnachten. Das war so'n Billig-Rambo-Messer mit 'nem Plastikgriff, für siebzehn Mark.«

»Von wem hast du das bekommen?«

»Wirklich von ihm«, er lächelt verlegen, »von meinem Stiefvater. Ja, ist nicht gelogen, kein Scherz. Das war ungefähr so lang.«

Er zeigt mit ausgestreckten Zeigefingern eine Länge von zwanzig, fünfundzwanzig Zentimetern.

»Das war mein Heiligtum. Bin direkt hingegangen, es scharf gemacht auf 'nem Schleifstein. Das zweite Messer hab ich von Verwandten aus der Tschechei gekriegt. Das war noch besser, hat 'n Griff aus Hirschhorn gehabt. Im Lauf der Zeit wurden das immer mehr Messer. Alle scharf, wirklich sehr scharf, sehr scharf. Mein Stiefvater hat mir dann auch noch hin und wieder Messer geschenkt. Zum Schluß hatte ich so ungefähr vierzig Stück.«

»Wo hast du die aufbewahrt?«

»Neben meinem Bett in der Schublade, da lagen die alle drin. Und dann hatte ich noch 'n Beil.«

»Wozu eine Axt?«

»Nee«, korrigiert er mich, als sei ihm das sehr wichtig, »keine Axt. Es war 'n Beil, das ist kleiner und schärfer. Als wir den Keller renoviert hatten, hab ich das gefunden, 'n Stiel dran gemacht und geschärft, auf Hochglanz poliert. Wirklich auch sehr, sehr scharf. Mit diesem Beil hab ich meinen ersten Maibaum gefällt, in 'nen paar Minuten war der Baum unten. Paah, war 'n gutes Gefühl.«

»Was hat dich an Messern fasziniert?«

»Weiß ich nicht«, antwortet er sofort, »keine Ahnung«, dann schweigt er, aber ich spüre, daß er noch etwas loswerden muß.

»Auf den ersten Blick«, beginnt er nachdenklich, »ist das 'n normales Stück Eisen. Aber auf der anderen Seite auch 'ne gefährliche Waffe. In Actionfilmen hab ich das immer gern gesehen. Manchmal hab ich sechs Stunden vor dem Video gesessen, mir Filme mit Schwarzenegger, Silvester Stallone, Karatefilme mit Chuck Norris reingezogen.«

»An den Messern liebst du das Gefährliche?«

»Sie sehen harmlos aus, können aber sehr gefährlich werden.«

»Vielleicht hast du selbst was von einem Messer?«

Daniel lacht wieder, aber diesmal ist es ein Lachen, das mir angst macht, vielleicht auch angst machen soll.

»Ja, könnte sein, ja. Weil, 'n Messer kann nur gefährlich werden, wenn jemand damit falsch umgeht. Und wenn jemand mit mir falsch umgeht, klar, hat er schon was abgekriegt, zwei Monate Krankenhaus, mindestens. Mittlerweile hab ich mich geändert, aber früher war das so. Da bin ich aufgegangen wie 'n Springmesser, stimmt.«

Mit welchem der vierzig Messer aus deiner Sammlung hast du zugestochen?«

»Ich weiß es nicht genau. Aber das Gericht hat später festgestellt, es muß wohl ein Messer gewesen sein, das mein Stiefvater mir geschenkt hatte. Es war wahrscheinlich 'n Messer von ihm.«

Daniel beißt sich auf die Unterlippe. Die beiden Zeigefinger seiner Hände umfassen den Rand der Tischplatte hin und her in einem gedankenlosen Rhythmus. Seine großen, aufgerissenen Augen starren zum Fenster hinaus auf den Hof. Die Katze ist nicht mehr zu sehen, die Sonne wirft inzwischen lange Schatten, ein Flugzeug brummt über den blauen Himmel.

Wir schweigen lange, ich habe Zeit, sein Gesicht genau zu

betrachten und denke, er müßte jeden Moment aufspringen und schreien, toben, weinen. Doch er sitzt völlig ruhig da, nur seine Finger bewegen sich in diesem sinnlosen Hin und Her, und sein Atem geht schnell, ich sehe, wie der breite Brustkorb sich hebt und senkt.

Das Schweigen hält an, wird beklemmend, also frage ich etwas Belangloses.

»Hast du Fernsehen auf der Zelle?«

»Hab ich«, sagt er und kommt langsam wieder zu sich, »aber wenn ich da 'ne nackte Frau sehe, schalte ich sofort ab, oder gucke weg. Ich kann das nicht ertragen, damit komm ich überhaupt nicht klar. Manche Leute hängen die Wände voll mit Postern von nackten Frauen, also wirklich extrem nackten, da würd ich ja jeden Tag total ausrasten, nee. Ich versuch einfach, nicht dran zu denken. Und wenn's richtig unerträglich wird, setz ich mir die Kopfhörer auf.«

»Und welche Bilder hängen bei dir in der Zelle?«

»Schwarzenegger, klar, und Van Damme, Muskelhelden, so ordentlich bepackt«, er spannt den Oberarm, zeigt seine Muskeln, »wenn ich hier die Möglichkeit hätte, mich so wie die aufzubauen, ich würd's sofort machen. Dafür würde ich alles geben.«

»Du liebst Stärke?«

»Ja. Äußeres Imponieren. Deswegen bin ich draußen im Sommer nur mit Unterhemd rumgelaufen, auch in der Disko. Vorher immer voll aufgepumpt. Einmal ins Pulver gefaßt, 'ne kleine Nase genommen und dann huiii ab geht's. Aber ich bin nie zum Bodybuilding gegangen, nie. Ich hatte meine Hanteln zu Hause und hab mit denen gearbeitet, ohne daß jemand anders zuguckt.«

Die Teetassen sind inzwischen leer, ich gieße also den Rest aus der Kanne ein. Draußen hört man Poltern an der Tür, offenbar kommt jemand beim Fegen mit dem Besen dagegen. Mein Tonband ist bis zum Ende durchgelaufen, ich wechsele die Kassette und sage:

Sᴇx ɪsᴛ ʙᴇsᴛɪᴍᴍᴛ ein dickes Problem für euch.«
»Klar«, er grinst, »wir machen nur fünf gegen Willie. Aber es
gibt auch schwule Verhältnisse. Ist normal hier, wird aber ver-
deckt gehalten.«
»Kennst du jemanden, der schwul ist?«
»Nee, keine Ahnung«, meint er, aber dann, »ach ja, doch.
Einen kenn ich. Der sitzt wegen 'nem Sittlichkeitsdelikt, der hat
zwei kleine Jungens ins Gebüsch gezogen und vergewaltigt.
Fünf und sechs waren die alt. Der hat 'n schweres Leben hier.
Wird geschnitten und ist total isoliert, mit so jemand rede ich
auch nicht. Wenn ich was höre von Kinderficken, dann schalte
ich ab. Wenn ich mir vorstelle, ich hätte Kinder und so ein Typ
würde das mit denen machen, dann kriege ich Haß, schon bloß
bei der Vorstellung, so was könnte passieren.«
»Es gibt im Gefängnis eine Hierarchie unter euch?«
»Klar, Sextäter stehen ganz unten, die sind das Letzte. Bank-
räuber und Leute, die Wirtschaftskriminelle sind, die stehen
ganz oben. Ist ja auch einleuchtend, Geld wollen doch alle
haben, und die haben sich's geholt, wenn sie auch versagt
haben, letzten Endes. Sonst würden sie ja nicht hier sitzen,
oder?«
»Und wie angesehen ist ein Mörder?«
Er blickt mich kurz an und sagt:
»Kommt drauf an.«
»Ich meine, fühlst du dich als Mörder?«
»Klar, ich bin ein ...«, er verschluckt das Wort, »angeklagt und
verurteilt bin ich als Totschläger, aber Totschläger, wie hört sich
das an?«
»Wenn jemand zu dir sagt, *na, du Mörder,* wie reagierst du?«
»Hier nennen mich einige *Killer*«, er kichert, »für mich ist das
normal, und ich beachte den nicht mehr. Ich tu so, als hätt er
das Wort nicht gesagt.«
»Wenn jemand sagt, *da ist der, der seinen Vater und seine Mut-
ter umgebracht hat,* bleibst du cool?«
»Manchmal zuck ich so mit der Hand«, er zeigt seine zur Faust
geballte Rechte und lacht breit, »dann laufen die sofort zurück.

Einmal 'ne schnelle Bewegung, und dann geht denen der Arsch auf Grundeis. So läuft das ab hier.«

Doch so distanziert ist er nicht, denn er sagt nach einer kurzen Denkpause:

»Ich bin ein Mörder, das weiß ich. Im Kopf bleib ich das für immer und ewig, auch wenn ich das vielleicht eines Tages aus den Papieren rauskriege. Aber aus'm Kopf? Auf keinen Fall. Ich weiß auch, ich kann keiner Fliege was zuleide tun, und ich hab in den zwei Jahren, seitdem ich sitze, keinem was Schlimmes zugefügt. Gut, manchmal bell ich 'n bißchen rum, damit die Leute wissen, den lassen wir lieber in Ruhe. Abstand muß man halten, um Respekt zu kriegen.«

Es klopft zaghaft an der Tür, einer der Psychologen steckt den Kopf herein, tippt auf seine Armbanduhr:

»Entschuldigung, aber es ist halb vier. Wir machen jetzt Feierabend. Kommen Sie bitte zum Ende.«

Sofort erhebt sich Daniel, nimmt die beiden Teetassen und spült sie im Waschbecken, trocknet sie am Handtuch ab. Wir verabschieden uns, und er fragt beim Gehen:

»Wann sehen wir uns nochmal?«

»Ich hoffe, vielleicht nächste Woche.«

Wieder sehe ich, wie er völlig ruhig, ohne ein Wort zu sprechen, mit einem der Vollzugsbeamten mitgeht. Hinter ihm öffnen und schließen sich die Türen aus Eisengittern. Ich blicke ihm nach, bis er am Ende des Ganges verschwindet, ohne sich noch einmal umzudrehen.

Einer der Vollzugsbeamten zeigt mir, weil ich ihn darum bitte, die Werkstätten, die um diese Zeit leer sind. Wieder wird eine Eisentür nach der anderen aufgeschlossen, fallen dann krachend ins Schloß, wir passieren Lichthöfe, vergittert, damit sich niemand von den oberen Gängen runterstürzen kann. Was natürlich passiert, nur bleiben die Jungens dann im Gitter liegen und überleben.

Ich frage den Beamten, wie die Anstalt mit der Sexualität der jungen Gefangenen umgeht.

»Gibt's natürlich«, sagt er, »klar. Mal abgesehen von den Freigängern, nur Homosexualität, wir wissen das und reden nicht drüber. Außerdem«, er bleibt stehen und lächelt mich an, »es werden Präservative verteilt. Jede Menge, mehr als genug.« Wir gehen durch die halligen Gänge, und er berichtet von der schweren Arbeit als Beamter im Knast.

»Ich hab hier lebenslänglich«, schmunzelt er, »auch wenn ich abends raus darf zu meiner Frau, es ist halt lebenslänglich. Und glauben Sie mir, viele von uns lassen sich vorzeitig pensionieren. Es ist manchmal zu deprimierend.«

Und dann erzählt er von einem jungen Gefangenen, der die drückende Einsamkeit nicht ertragen konnte. Eines Morgens schloß der Beamte die Zelle auf und fand den Jungen erhängt. Sein Bettlaken war um seinen Hals geknotet, das andere Ende am Gitter befestigt. Neben ihm der Hocker, der zum Inventar der Zelle gehört.

»Ich hab zuerst gedacht, der hätte Selbstmord gemacht. Als ich aber dann genauer hingeguckt habe, hab ich gesehen, der ist beim Onanieren umgekommen. Das Würgegefühl um den Hals sollte ihm wohl 'nen besonderen Kick geben, und da ist er vom Hocker gerutscht und hat sich erhängt. Er war erst achtzehn.«

Wir gehen schweigend weiter, er zeigt mir die gekachelten, blitzsauberen Duschen, in denen jetzt niemand ist. Die Jungens sind auf Zelle, wie das hier heißt. Es riecht nach Seife und Wasserdampf.

»Wir haben hier ja alles junge Männer, die sind in den besten Jahren ihres Lebens«, sagt er, »und jahrelang nur sich selbst befriedigen, das muß doch verrückt machen. Dieses Bild von dem Jungen, der am Laken hängt, das hat mich jahrelang im Traum verfolgt, ich konnte kaum schlafen, können Sie mir glauben.«

Draußen scheint die Sonne, es geht ein leichter Wind. Ich habe das Gefühl, eine Ewigkeit in einer anderen, fremden Welt gewesen zu sein.

101

ICH HALTE MEIN Versprechen nicht, Daniel in der folgenden Woche zu besuchen, kann es nicht halten, denn ich habe in diesen Tagen noch andere Verpflichtungen, Dreharbeiten für einen Film bei Prag. An einem freien Tag miete ich ein Auto und versuche, Daniels Großmutter zu suchen, die in einem kleinen Dorf in der Nähe von Brünn lebt. Von der Autobahn abgebogen, fahre ich mehr als zwei Stunden durch trockene Felder. Rechts und links leicht hügeliges Land, nur hin und wieder ein paar grüne Fleckchen: frisches Gras. Ich fahre durch lange Baumalleen, die es bei uns in Deutschland früher gegeben haben muß, bevor sie für den Autoverkehr abgeholzt wurden. Wälder soweit das Auge blickt. In den Dörfern sehe ich alte, schwarz vermummte Frauen mit gebeugtem Rücken. Sie tragen schwere, schwarze Stiefel, und sobald der Motor meines Wagens zu hören ist, blicken sie auf, bleiben stehen, bis das Auto nicht mehr zu sehen ist. Hierher kommen selten Fremde.

Es ist schwer, das Dörfchen zu finden, in dem Oma Hawelka wohnt. Fragen kann ich niemanden, denn niemand spricht noch Deutsch.

Schließlich treffe ich die alte Frau, die ich suche, vor ihrem Häuschen, sie rupft Unkraut in ihrem Garten. Als sie hört, ich komme von Daniel, leuchtet ihr Gesicht, sie wischt sich die Hände an der Schürze ab und bittet mich hinein. Als sie die Haustür öffnet, schiebt sie eine graue Wolldecke zur Seite, die innen vor der Tür hängt, um vor Wind und Kälte zu schützen. Wir gehen die paar Schritte durch den dunklen, engen Flur, Balatum am Fußboden, bis zum Wohnzimmer. Sie holt zwei Tassen aus der Vitrine, die wahrscheinlich nur geöffnet wird, wenn Gäste kommen, und das ist selten. Da die Tür des Schränkchens nicht mehr schließt, wird sie mit einem Stückchen gefaltetem Zeitungspapier festgeklemmt. Lange bleibt sie in der winzigen Küche, einen Kaffee zu kochen und ein paar Brote mit Blutwurst zu belegen. Jetzt, da sie wieder hereinkommt, sehe ich, Frau Hawelka hinkt auf dem linken Bein. Aber ihr Gesicht lacht, ihre winzigen blauen Augen strahlen.

Sie will wissen, wie es Daniel geht, ist beruhigt, daß er in ein paar Jahren aus dem Gefängnis entlassen wird, vielleicht nach Verbüßung der Halb-, vielleicht der Zweidrittelstrafe.

Sie gießt dicken Kaffee in die Tassen, diesen typischen Mokka, bei dem der Sud in der Tasse bleibt. Dazu gibt es Milchpulver zum Weißen.

»Ach«, sagt die alte Frau in einem holperigen Deutsch, »ich habe Daniel hier eingeladen für Ferien machen. Aber Kalaschnirow hat ihm das verboten. Wenn er gekommen wäre zu mir, alles wäre nicht passiert. Für diesen Zeitpunkt, wo er hat das gemacht, hätte er sollen zu mir kommen. Alles wäre gut gewesen. Er hätte können spazieren gehen und abends in die Disko. Es gibt jetzt in der Stadt eine.«

Sie streut ein wenig Milchpulver in meinen Kaffee.

»Kalaschnirow war überhaupt fürchterlicher Mensch. Wenn er im Haus war, war immer eine Atmosphäre, wie soll ich sagen, schwer zu atmen. Wenn er war im Zimmer, dann alle hatten Angst.«

Ich möchte etwas wissen über Daniels leiblichen Vater. Die alte Frau erzählt, daß er ein Student war, ehrgeizig und zielstrebig, ein Spezialist für Computer. Er wollte kein Kind, er plante seine Karriere, wollte später nach Moskau, um sich dort selbständig zu machen. Vier Jahre lebte das junge Paar zusammen, Janka war Anfang Zwanzig, er fünf Jahre älter, beide studierten, hatten kaum Zeit für Privates. Und dann kam Daniel zur Welt, der Störenfried.

»Der Vater hat ihn gehaßt, von Anfang an«, sagt Frau Hawelka.

Sie sieht mich mit ihren Äuglein traurig an.

»Als Daniel war ein ganz kleines Kind, da waren die Zeiten schlecht, es gab selten Obst, Bananen und was Gesundes. Wenn Janka nicht hat aufgepaßt, hat er seinem Kind alles weggegessen. Ja, so war das. Und er hat ihn geschlagen, als er war ein Kleinkind.«

»Geschlagen, aber Daniel war noch ein kleines Kind.«

Die alte Frau nickt: »Ja, das ist die Wahrheit.«

»War er vielleicht ein schwieriger Junge, hat dauernd geschrien?«

»Nein, nein, er war so lieb und so folgsam. Hat nie andere Kinder geschlagen. Aber seinen Vater, den hat er gehaßt. Er hat niemals *Vater* gesagt zu ihm, niemals, hat gesagt *Mama,* aber niemals *Vater* oder *Papa.*«

Als der Junge ein Jahr alt ist, bricht die elterliche Beziehung völlig auseinander, und die Großmutter nimmt das Kind in ihrem winzigen Häuschen auf. Janka zieht aus, macht sich selbständig, setzt ihr Studium fort, überläßt ihr Baby der alten Frau auf dem Land. Nur hin und wieder kommt sie, um es zu sehen.

Doch Daniels Vater will nicht auf seine Frau Janka verzichten, übt immer wieder Druck auf sie aus, sie solle ohne das Kind zurückkehren in die Prager Wohnung.

»So hat er gedacht«, sagt Frau Hawelka.

Eines Tages ist Daniel aus dem Kindergarten verschwunden, niemand weiß, wo er ist, bis sich schließlich herausstellt, daß sein Vater ihn entführt hat als Pfand, um seine Frau zur Rückkehr zu zwingen. Die Erpressung mißlingt, die junge Mutter bekommt ihr Kind am Ende zurück.

Und Daniel darf zwei Jahre bei der Großmutter bleiben, bis die Ehe geschieden wird, und Janka Herrn Kalaschnirow kennenlernt, mit dem sie schließlich nach Deutschland geht. Bei Nacht und Nebel über die Grenze. Nun, glaubt sie, wird alles gut.

Die alte, humpelnde Frau steht auf, geht ins angrenzende Schlafzimmer, holt aus einem Regal, das neben dem Ehebett steht, ein dickes, kleines Fotoalbum.

Ich sehe Daniel, angekuschelt an seine Mutter, beide lachen in die Kamera. Doch nur, wenn sie zu zweit sind. Sobald Kalaschnirow mit auf dem Foto ist, streng und kalt durch seine Stahlbrille blickt, schauen auch sie ernst und berühren sich nicht. Auf einigen Fotos sehe ich Daniels Mutter, die Augen steif und starr in eine imaginäre Ferne gerichtet. Das hatte ich schon bei Daniel beobachtet, wenn er über den Abgrund in sich grübelt.

Nur vorsichtig frage ich Oma Hawelka nach dem Mord.

»Warum er hat das getan, ich weiß es nicht«, sagt die alte Frau, als würde sie zu sich selbst sprechen, »dabei konnte er nie Blut sehen. Nein, konnte er nicht. Wurde ihm sofort schlecht. Wenn wir geschlachtet haben einen Hasen, Daniel ist weggelaufen. Er war so ...«, sie sucht nach dem passenden Wort, blättert in ihrem kleinen Wörterbuch, das griffbereit auf dem Tisch liegt, »sensibel, ja, das ist das Wort. Und liebevoll.« Sie unterbricht, denn ein kleiner zehnjähriger Junge kommt herein, umarmt die alte Frau, fragt etwas.

»Mein Enkel, Sohn von meinem Sohn«, sagt sie, lacht, streicht ihm über die blonden Haare.

Als er gegangen ist, wird sie wieder sehr ernst: »Warum er hat das getan? Aber ich liebe ihn immer noch, ja. Wie damals, als er ein Kind war, wie mein Kind. Wenn er will, er kann immer kommen.«

»Sie haben ihm verziehen, daß er Ihre Tochter getötet hat?«

»Ich glaube, das muß Gott tun«, sagt sie, ohne zu weinen, aber zwei kleine Tränen laufen ihr doch über die roten Backen, »ich bin nur ein Mensch. Aber ich liebe ihn, trotzdem. Wenn er kommt aus Gefängnis, er kann hier wohnen für immer, wenn er will.«

Als wir uns verabschieden auf dem kleinen Hof vor dem Haus, und ich mit dem Wagen die schmale Brücke überquere, buntgescheckte Hühner vor dem ungewohnten Gefährt weglaufen, sehe ich sie im Rückspiegel winken, bis ich vom Feldweg abbiege, in die Hauptstraße fahre, in Richtung Prag.

Das Bild dieser gütigen alten Frau, es bleibt mir noch lange im Gedächtnis, während ich durch das Land fahre, das in seiner Armut wehmütige Erinnerungen auslöst an die Nachkriegszeit in Deutschland, wie ich sie als Kind erlebt habe.

Eine Woche später bin ich noch mal bei Daniel. Das übliche Ritual läuft ab. Nur, inzwischen ließ das Justizministerium die Sicherheitsvorkehrungen verschärfen. Ich werde mit einem Metalldetektor sehr genau abgetastet, muß meine Taschen entleeren. Alles geschieht freundlich, aber streng nach Vorschrift.

Daniel sieht blaß aus, hat Streß, wie er sagt. »Man wird hier im Knast irgendwie ständig unterm Daumen gehalten, wir haben neue Beamte gekriegt, so Jungvolk, die behandeln uns nach dem Motto, *wat denkst du dir, wir sind hier nicht im Hotel!* Wenn ich zum Beispiel Leerkassetten für mein Tonband kaufen will, muß ich erst mal 'n Antrag stellen und dann drei Monate warten. Dann kann's passieren, daß nach einem Monat der Antrag zurückkommt, nicht genehmigt. Aber nur einmal im Monat haben wir Einkauf, und dann kann man wieder 'n ganzen Monat warten. Das ist 'n ständiger Druck auf die Nerven.«

Ich berichte Daniel vom Besuch bei seiner Großmutter in der Tschechei, daß sie ihm wirklich verziehen hat, und er nach seiner Entlassung jederzeit zu ihr ziehen könne, falls er ausgewiesen werden sollte. Die Gefahr droht ihm, weil er immer noch tschechischer Staatsbürger ist, und seine Mutter versäumt hat, die deutsche Staatsbürgerschaft zu beantragen.

»Deine Großmutter klagt, daß du ihr nicht schreibst«, sage ich, »warum meldest du dich nicht mal bei ihr?«

Daniel macht eine hilflose Gebärde.

»Ich hab keine Zeit, arbeite den ganzen Tag.«

»Eine Postkarte würde der alten Frau schon genügen. Genierst du dich?«

Er blickt zur Seite, schaukelt mit dem Kopf.

»Sie liebt dich wirklich«, sage ich.

»Ich weiß, vielleicht gerade deshalb trau ich mich nicht.«

Er richtet sich auf im Stuhl, so als wolle er damit sagen: *So, jetzt reden wir über was anderes. Es ist mir peinlich, es tut mir weh. Nichts quält mich mehr als der Gedanke an meine Großmutter, deren Tochter ich erstochen habe.*

WENN ER UND sein Zellengenosse abends ihren Phantasien freien Lauf lassen, dann reden sie viel darüber, wie sie sich ihre Zukunft vorstellen, wie sie sich das Leben danach ausmalen. Ihre eng gewordene Welt teilen sie mit zwei Worten, sie sagen *drinnen* und *draußen*. Und draußen bedeutet Freiheit, Glück, aber auch Erinnerung an das, was einmal war.

106

Als ich Daniel frage, was ihm spontan einfällt zum Begriff Zukunft, platzt er sofort heraus:
»Ein Haus. Ich will 'n Haus haben. Ich brauch Platz, aber ich bin bescheiden, kann auch was kleiner sein. Ich wünsch mir 'n Familienhäuschen außerhalb der Stadt. Dann will ich ein Wohnmobil haben und als Pkw 'nen 190er, wie meine Mutter ihn hatte.«
»Also all das, was du vor der Tat gehabt hast.«
»Ja, ich hatte das, und vielleicht will ich zurück in die Zeit vor der Tat.«
Und er wünscht sich das, was er nie hatte, eine Familie, Kinder, das kleine Glück, aber auch noch etwas anderes.
»Wirst du wieder eine Messersammlung haben?«
»Dafür würd ich 'ne Vitrine bauen, zum Abschließen, falls ich mir wieder so eine Sammlung zulege. Aber ein Butterfly hole ich mir auf alle Fälle wieder.«
Ich blicke ihn wohl ein wenig erschrocken an, so daß er grinsend meint:
»Ist schön zum Spielen. Und man hat immer was zu tun, man schmeißt es hoch, man dreht es und übt, die Hand zu koordinieren und seine Reaktionsfähigkeit.«
Wenn von Messern die Rede ist, leuchtet sein Gesicht, er redet schnell und voll Begeisterung:
»Wenn ich mein Springmesser so in der Hand gehalten hab, die Kappe mit dem Daumen hochgeschoben«, er führt das exakt mit den Händen vor, so als sei da tatsächlich ein Messer, »daß es entsichert war, einmal runter, einmal hoch, dann war es direkt offen. Das ist 'ne bestimmte Bewegung, damit es Schwung kriegt. Dabei läßt man die eine Seite hoch, dann runter und durch 'n Zug nach oben, so daß es umklappt und den Daumen wieder drauf, den Haken rein und dann«, er strahlt mich an, »dann halt ich das so.«
Jetzt frage ich ihn doch, ob er sich vorstellen kann, noch einmal in einen solchen Mordrausch zu kommen.
»Nee«, sagt er, »das glaub ich nicht, daß ich noch mal jemanden umbringe. Klar, es könnte 'ne Ausnahmesituation kom-

men, wenn acht Leute mich gleichzeitig angreifen, dann würd ich mich wehren, auch wenn dabei 'n paar Mann auf der Strecke bleiben. Das ist doch normal, wer würde das nicht tun?«

»Und wenn du zur Bundeswehr kämst?«

»Weil ich vorbestraft bin, nehmen die mich nicht. Panzer würd ich gern fahren, so schwere Kettenfahrzeuge, die haben mich immer fasziniert. Aber auf Menschen schießen«, er spricht jetzt so leise, daß ich ihn kaum hören kann, »nee, nee, nee. Durch den Schlamm kriechen, früh aufstehen, laufen, alles. Aber auf Menschen schießen, niemals.«

Mir widerstrebt die Frage eigentlich, ob Daniel seine Tat bereut, weil diese Frage ein Appell an das Gewissen jedes Täters ist und weil Reue und Zerknirschung, auch wenn sie nur gespielt sind, von jedem Gericht erwartet werden. Und jeder Täter weiß das, spekuliert darauf, erhofft sich so eine mildere Strafe. Trotzdem frage ich vorsichtig und etwas verklausuliert. Doch Daniels Antwort ist ganz anders als erwartet. Er bezieht sie nur auf sich. »Den Halt unter den Füßen hab ich mir selbst weggesprengt«, sagt er. »Ich hab mir selbst ins eigene Fleisch geschnitten.«

Er benutzt diese Formulierung ohne eine sichtbare Reaktion.

»Ich meine es so, Daniel, wenn du an die beiden Menschen denkst, denen du das Leben genommen hast, was fühlst du dann?«

Er antwortet nicht, und es dauert eine lange, lange Minute, bis er sagt: »Ich bin eigentlich ein sehr egoistischer Mensch, deshalb denke ich zuerst an mich und dann erst an die anderen.«

»Würdest du deine Mutter und deinen Stiefvater gern wiedersehen, wenn das möglich wäre?«

»Ja, klar«, sagt er laut und lachend, dann leiser, »aber natürlich lebendig.«

»Wenn die jetzt da durch die Tür reinkämen...«

»Würde ich die Gitter durchbeißen, den Tisch hier aufessen, in Ohnmacht fallen vor Freude.«

»Und was würdest du sagen?«

»Ich würd nix sagen, ich würd den Mund nicht aufkriegen.«
»Was meinst du, was würden die zu dir sagen?«
Wieder langes, langes Schweigen. Ich sehe, wie er den Mund zusammenpreßt, außerstande ist zu antworten.
»Was stellst du dir vor, würde deine Mutter sagen?«
Wieder Schweigen, dann:
»Sie würde sagen, warum hast du dich ins Unglück gestürzt?«
»Warum hast du *dich* ins Unglück gestürzt?«
»Weil, sie hat in erster Linie immer an mich gedacht und nicht an sich selbst.«
»Hast du dich mal gefragt, wie du selbst sterben möchtest?«
»Ist mir im Grunde genommen egal, mit 'ner Kugel erschossen, erhängt, im Schlaf gestorben. Egal, nur einigermaßen komplett und nicht zerstückelt.«
Die Tonbandkassette ist durchgelaufen, Daniel nimmt einen Schluck Tee, greift nach der Camel-Packung, und ich schaue hinaus durch das vergitterte Fenster. Die schwarze Katze ist wieder da, sie thront auf einem Betonklotz, blickt kurz in meine Richtung und wendet sich ab, als wolle sie mich, den Eindringling in diese fremde, eigene Welt, mit Nichtachtung strafen.

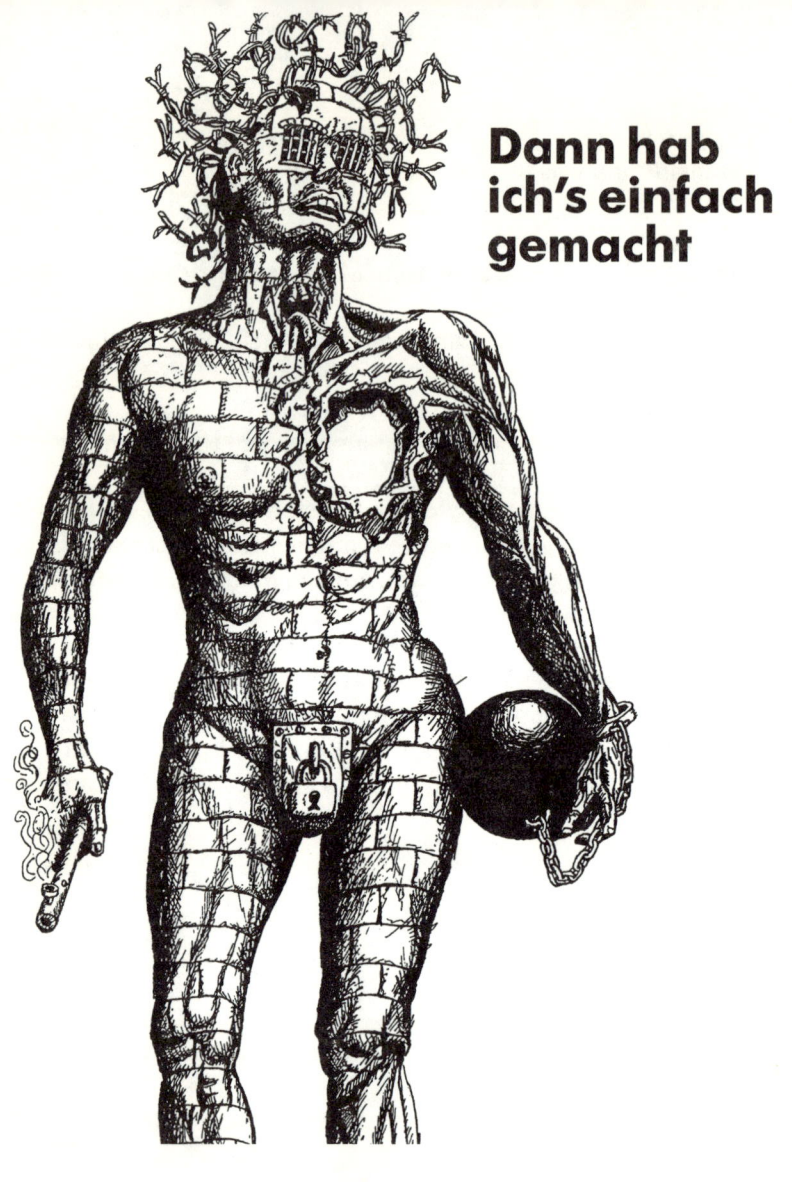

Dann hab ich's einfach gemacht

D AS C AFÉ K RÖPKE ist zwei Minuten vom Bahnhof entfernt. Dort haben wir uns verabredet, Dieter Roth und ich. Ich kenne ihn nicht, habe nur seine Stimme am Telefon gehört, eine tiefe, bedächtige, ein wenig monotone Stimme.

»Ich bin Freigänger«, sagte er mir, »seit neun Monaten darf ich draußen als Schlosser arbeiten, aber abends um sechs muß ich wieder in der Anstalt sein.«

Ich erkenne ihn sofort im Gewühl der Menschenmenge, so sieht ein Mann aus, der über viele Jahre gelernt hat, still in einer Zelle zu sitzen und zu warten, bis wieder ein Tag vorbei ist. Er hat nicht viel Hunger, nimmt vom Salatbuffet nur ein paar Kleinigkeiten und ißt sehr, sehr langsam, beginnt aber sofort seine Geschichte zu erzählen. Er sagt, als gehöre das zu seinen Personalien wie Name und Adresse:

»Ich habe ein junges Mädchen erwürgt. Sie war achtzehn und meine Stieftochter. Das war am 24. November 1988. Ich bin wegen Mord verurteilt worden.«

Neben uns sitzt eine Familie mit Kindern bei Eis und Käsetorte, ein Tourist, der seine Minolta neben den Teller gelegt hat, die in einer ledernen Tasche steckt, vier weißhaarige Damen, die sich laut amüsieren.

Der blasse, grau gekleidete Mann vermeidet es, mit vollem Mund zu reden. Er hat die Papierserviette mit seinen kräftigen Arbeiterhänden sorgsam entfaltet und über seine Jeans gelegt, die Ellenbogen bleiben der Tischkante fern, jedes Salatblatt wird vorsichtig mit Messer und Gabel zerteilt, in kleinen Portionen zum Mund geführt und lange gekaut. Man

111

spürt es, er will alles ganz korrekt machen und durch nichts auffallen.

»Ich habe mich angepaßt«, sagt er, »und die Erwartungen, die man an mich hat, erfüllt. Bin diszipliniert, habe im Gefängnis Ordnung gelernt, mache meine Arbeit und füge mich ein.« Er nimmt einen kleinen Schluck Kaffee und fährt dann fort: »Ich verdiene jetzt als Schlosser so viel, daß ich Benzin und Steuer für mein Auto bezahlen kann. Der Rest, der wird zurückgelegt und ausbezahlt, wenn ich rauskomme, eines Tages. Hoffentlich im nächsten Jahr.«

»Sie haben ein Auto?« frage ich.

»Ja, ich brauche jeden Tag über 'ne Stunde bis zum Betrieb, wo ich arbeite. Alles hat seine Ordnung, wie es halt sein soll, ich stehe jeden Tag um vier auf, frühstücke eine Stunde und mach mich dann auf den Weg. Zurück brauche ich eigentlich immer eineinhalb Stunden wegen dem Berufsverkehr.«

Hier im Café ist es zu laut für ein Gespräch auf Tonband, also fahren wir mit seinem schmutzigrostroten Opel in die Vollzugsanstalt, um dort einen ruhigen Raum zu finden, in dem wir ungestört reden können.

»Ich habe mich an einem jungen Mädchen vergangen«, sagt er, als er den ratternden Motor startet, »und möchte Ihnen erst mal erzählen, wie alles abgelaufen ist. Also...«

Ich unterbreche ihn, will nicht im Auto mit ihm darüber reden. Wir fahren die Schulenburger Landstraße stadtauswärts vorbei an einem Neubau, der an das Gefängnis grenzt.

»Ja, was so aussieht wie ein Hotel«, erklärte er, »das ist unsere Fortbildungsstätte. Vor zwei Jahren hab ich da meine mittlere Reife gemacht. Vorher hatte ich nur Hauptschulabschluß. Mein Leben hat sich auch positiv verändert, nicht?«

Er parkt den Wagen vor dem großen Eisentor, die Einfahrt auf den Hof des Gefängnisses ist verboten. Die Gefahr, Häftlingen zur Flucht zu verhelfen, ist der Verwaltung zu groß. Freigänger gelten ohnehin als Risiko, für sie ist es ein leichtes, Drogen oder Pornos einzuschmuggeln.

Wir passieren den Eingang schnell und unbürokratisch, Roth

zeigt sein Arbeitspapier vor und ich meine Genehmigung von der Direktion. Drei Schleusen öffnen sich, bevor wir im Haus der Freigänger angelangt sind, ein helles Gebäude, an dessen Eingang ein Beamter sitzt. Roth übergibt ihm sofort all seine Papiere, die er bei sich trägt, einschließlich seines Geldes, das ordentlich zusammengefaltet in seinem Ausweis liegt. Der Beamte entnimmt die drei, vier Scheine, ohne sie näher anzugucken, gibt sie ihm zurück, behält Paß und Führerschein, um sie in dem kleinen Büro zu deponieren. Dieter Roth erfüllt diese Vorschrift mit deutlicher Geste der Unterwürfigkeit, bedankt sich mit einer Verbeugung, und der Beamte nimmt sie ganz selbstverständlich.

Der Raum im Keller, groß und hell, aber vergittert, ist wohl sonst ein Raum für Schulung, denn an der Wandtafel lese ich, wie ein Strafgefangener sich nach der Entlassung draußen zu verhalten habe, und wie er an Sozialhilfe und Wohngeld kommen kann.

»Hätten Sie es«, frage ich, nachdem wir an dem großen Tisch Platz genommen haben, »vor zehn Jahren für möglich gehalten, eines Tages zum Mörder zu werden?«

»Nein, auf keinen Fall«, wehrt er ab, »daß ich zu so etwas in der Lage bin, hab ich mir nicht vorstellen können. Ich hätte steif und fest behauptet, daß ich das nie, nie tun könnte. Außer vielleicht mich selber umzubringen.«

»Sind Sie in Ihrem Leben mal in eine Krise gekommen, wo Sie die Kontrolle über sich selbst verloren haben?«

»Nein.«

»Nie zuvor?«

»Nein, niemals. Das hab ich gar nicht gekannt.«

»Sie hatten sich immer in der Gewalt.«

»Ja, klar. Immer, aber«, er zögert, »bevor ich an die Grenze gekommen bin, bin ich, na ja, meist geflüchtet. Wenn es irgendwie brenzlich wurde, zum Beispiel in Beziehungen oder so, bin ich immer abgehauen. Heute sehe ich das so, vor jeder Art Konflikt hab ich mich gedrückt, verstehen Sie?«

»Nein, ich verstehe nicht.«

»Wenn es Konflikte gab, über die man eigentlich hätte reden müssen, oder sagen wir mal so, wenn 'ne Situation sich so zugespitzt hatte, daß es hätte Konflikte geben müssen, hab ich nichts gesagt. Ich war der Nette, der Problemlose, der Unauffällige. Meine andere Seite hat niemand gekannt.«

DIETER ROTH WURDE wegen Mord zu elf Jahren Gefängnis verurteilt. Das Schwurgericht am Landgericht Hannover warf ihm Heimtücke vor. Als der Vorsitzende Richter am 9. März 1989 das Urteil verlas, begründete er es so:
Der Angeklagte hat mit direktem Tötungsvorsatz seine Stieftochter mit beiden Händen am Hals umfaßt und so lange gewürgt, bis der Tod eintrat. Dabei hat er die Arg- und Wehrlosigkeit des Mädchens ausgenutzt. Ines war ihm körperlich unterlegen, und der Angeklagte hat dafür gesorgt, daß er bei der Tatausführung mit ihr allein war.
Publikum und Gericht waren erschrocken über die scheinbare Gefühllosigkeit des jungen Angeklagten, der fast immer schwieg, keinerlei Regung, keinen Ausdruck von Reue zeigte. Er starrte vor sich hin oder beobachtete die Leute im Saal.
»Warum waren Sie so eiskalt?« frage ich ihn.
»Meine Frau, meine ehemalige Freundin und alle anderen haben gegen mich ausgesagt. Und Ines hatte ich getötet. Ich hatte alles verloren, was ich jemals in meinem Leben gehabt hatte, es konnte mir niemand mehr weh tun. Mein Leben war eigentlich zu Ende. Die konnten erzählen, was sie wollten, es ging alles an mir vorbei, ja. Das haben die dann als Gefühlskälte oder was weiß ich ausgelegt.«
»In den Presseberichten hatte gestanden, *der Angeklagte Roth zeigte keinerlei Respekt vor dem Gericht.* Stimmt das?«
»Ich hab alle Leute angeguckt, die Richter, die Anwälte, die Beisitzer und so. Mein Anwalt hat immer«, er lacht kurz auf wie ein schelmischer Junge, »dafür sorgen müssen, daß ich im richtigen Moment aufstehe. Ich wußte ja früher noch nicht mal in der Kirche, wann man aufstehen muß und sich wieder hinsetzen darf. Das interessiert mich auch nicht.«

»Aber das wurde als besonders cool und abgebrüht bewertet?«

»Wie hätte ich mich sonst schützen sollen? Meine Gefühle, wie zum Beispiel Reue und Schmerz, die hab ich immer für mich behalten.«

Roth ist jetzt fünfundvierzig und sitzt seit sieben Jahren. Außer zu den Kollegen in der Schlosserei, die seine Vergangenheit nicht kennen und nicht wissen, daß er jeden Morgen aus der Zelle zur Arbeit kommt, hat er zu niemandem Kontakt, ausgenommen zu seiner Mutter. Briefe bekommt er kaum.

»Hat Ihnen Ihre Frau einmal ins Gefängnis geschrieben?«

»Ja, nachdem ich festgenommen worden hin, habe ich zwei Briefe von ihr bekommen. Und«, ein tiefer, schwerer Seufzer erstickt seine Stimme, »in dem ersten stand drin, *ich kenne diesen Mann, der das getan hat, nicht. Ich kann mir nicht vorstellen, daß der Mann, den ich geliebt habe, das getan hat.*«

Er redet nicht weiter, braucht einen Moment, bis er weiterspricht.

»Den konnte sie auch gar nicht kennen, den hab ich ja auch nie rausgelassen. Ich hatte ein wirklich perfektes Bild von mir, und meine Frau hatte das auch. Es war alles perfekt. Und ich hab von mir so eine richtig schöne Illusion aufgebaut für meine Frau.«

»Eine Illusion, heißt das, Sie waren eigentlich schon vorher ein Täter, bevor es passiert ist?«

»In Gedanken, ja. Denn ich hab schon vorher in meinen Phantasien mit Ines geschlafen und dann hab ich auch ans Töten gedacht, als sich alles so zuspitzte und es immer schlimmer wurde mit ihr und auch mit mir. Weil, dieses Verlangen nach ihr wurde immer stärker und dieses *du darfst das nicht* wurde auch immer stärker. Also, ich war wie so ein alter Dampfkessel, der immer mehr aufgeheizt wird, aber es kommt nichts aus ihm raus.«

»Ich meine, die Vorstellung, töten zu müssen, nicht anders zu können, die war schon vorher da?«

Er nickt fast unmerklich, sagt dann: »Ja, in den Phantasien war das mit drin, ja.«

TEILE DES PROZESSES fanden unter Ausschluß der Öffentlichkeit statt. Ich möchte wissen, warum.

»Hm«, brummt er leise, »ich hatte meine Aussage geändert. Bei meiner ersten Vernehmung durch die Kripo in Hannover hab ich eine Falschaussage gemacht. Zwei Beamte hatten mich vernommen, also zwei Männer. Aber zum Protokollieren saß da eine junge Frau und«, er wibbelt auf dem Stuhl herum, »also, da hab ich mich geniert und einen wesentlichen Punkt der Tat anders ausgesagt, als es in Wirklichkeit war. Und vor Gericht hab ich mich geweigert, die Wahrheit vor den ganzen Zuhörern dazu ausbreiten. Mein Anwalt hat also beantragt, die Öffentlichkeit für einen Tag auszuschließen. Und so ist das dann auch gemacht worden.«

»Was war denn so schlimm, daß Sie es nicht zu sagen wagten?«

»Also, ich habe mit Ines, nachdem ich sie erwürgt habe, mit ihr, also«, er blickt zu mir herüber, ohne mich aber wirklich anzusehen, »es ist schwierig, das jetzt so ohne Zusammenhang, ohne Vorgeschichte zu erzählen.«

Ich schweige, und er greift in die Tasche seines Jacketts, holt eine kleine Blechschachtel heraus, entnimmt ihr eine selbstgedrehte Zigarette. Er tut das behutsam und sehr langsam.

»Ich möcht mal was vorschlagen«, sagt er jetzt mit einem ganz kleinen Lächeln, »darf ich erst mal meine ganze Geschichte erzählen, von vorne an, ja?«

VOR ZEHN JAHREN, also 1985, hatte er eine junge Frau kennengelernt, Anni Sellmann, sie war damals vierunddreißig und er ein Jahr älter. Sie hatte sich auf seine Heiratsanzeige in einem Annoncenblatt gemeldet, als einzige, und sich bald in den schlanken, netten Mann verliebt. Beide trafen sich mal bei ihr, bei ihm, schon nach ein paar Wochen beschlossen sie, zusammenzuziehen. Sie suchten sich eine kleine Wohnung bei Hannover. Dieter, ein geschickter Handwerker, strich die Wände, renovierte das Bad, baute Regale. Anni hatte aus erster Ehe eine Tochter, Ines. Damals ein Kind von vierzehn.

»Mit meiner Frau und Ines lief alles wirklich prima und normal«, erzählt Roth, »wenn sie jetzt hier reinkäme«, er breitet die Arme aus, »ich empfinde für sie noch das gleiche wie damals. Meine Liebe hat eigentlich nie aufgehört.« Mit der Tochter, die er nur *die Kleine* nannte, ging er spazieren oder ins Kino.

»Es war alles ganz normal. Es war genauso, wie man sich das Glück vorstellt. Wir hatten zwar nicht viel Geld, aber wir haben uns geliebt. Klar, wir haben uns auch mal gezankt um irgendwelchen Kleinkram, aber es gab nie ernsten Streit.«

Doch eines Tages, es war im Herbst 1986, das eheliche Glück des Alltags hatte noch keine Risse, passierte etwas, womit Dieter nicht gerechnet hatte. Ines war inzwischen fast sechzehn geworden.

»Ich war mit irgendwas in der Küche zu Gange, da stand meine Frau auf und ging ins Badezimmer. Und als sie die Tür aufmachte, konnte ich die Kleine unter der Dusche sehen. Ich hab da richtig hingestarrt und zum ersten Mal mitgekriegt, die ist kein Kind mehr, das ist 'ne richtige junge Frau. Sie werden das wahrscheinlich nicht glauben, aber das war ein Schock für mich.«

Dieter scheint immer noch etwas verlegen, als er mir diese banale Begebenheit erzählt, die für ihn aber keineswegs banal war.

»Das war bei uns nicht üblich, also nicht normal, daß ich jemanden in der Wohnung nackt sehe. Jeder ist für sich ins Bad gegangen und hat hinter sich die Tür zugemacht oder abgeschlossen. So lief das immer. Aber jetzt plötzlich hatte sich mein Verhältnis zu Ines verändert, da war ein Reiz. Die Kleine war kein Kind mehr wie früher. Jetzt hab ich sie natürlich ganz anders gesehen, wenn sie im Nachthemd durchs Wohnzimmer ging oder im Sommer mit 'nem Herrenhemd bekleidet war und nichts drunter anhatte. Ich muß zugeben, ich war wirklich hinterher, daß ich mehr von ihr zu sehen kriegte. Ich hab das nicht offen ausgesprochen, aber es war immer da.«

Dieter ergreift den Kragen seiner Jacke und zieht sie über der Brust zu wie eine Gardine, blickt auf seine Hände.

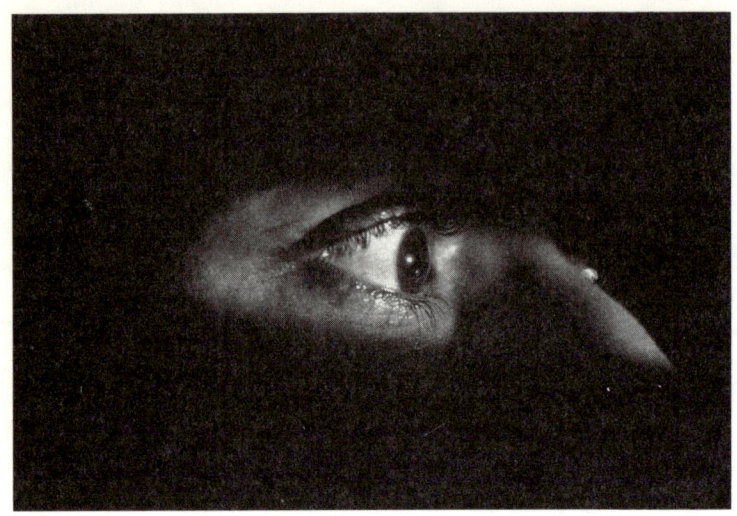

»Wie soll ich sagen, durch diese paar Sekunden, in denen ich
Ines da nackt gesehen hatte, hat sich mein Leben total verändert, irgendwas ist da in mir ausgelöst worden. Wie eine Glüh-
birne, die jahrelang irgendwo rumliegt, und plötzlich kriegt sie
Strom und brennt.«

»Und wie war das, als das Mädchen die ersten Jungens mit
nach Hause gebracht hat?«

»Schwer für mich. Aber die kamen nur ganz, ganz selten mal
ins Haus. Gott sei Dank. Als sie siebzehn wurde, da haben wir
'ne schöne Geburtstagsfete gefeiert. Da waren natürlich auch
ein paar junge Männer dabei, klar, und meine Frau und ich, wir
waren auch dabei. Das lief alles ganz prima ab, aber ganz tief in
mir war mir überhaupt nicht wohl.«

»Warum denn nicht?«

»Na ja, daß sie so frei mit den Jungens...«, er bricht den Satz
ab, klopft mit dem ausgestreckten Finger der rechten Hand auf
die Tischkante, »es kam hinzu, ich wollte Kontrolle über sie
haben. Ein ganz klein wenig Macht. Daß sie sich mir ein bißchen fügt. Wenn sie aus dem Haus ging, wollte ich ihr 'ne Zeit
vorschreiben, wann sie zurückzusein hatte, oder wollte sie

abholen mit dem Auto. Ich wollte ihr zeigen, *du kannst nicht machen, was du willst, du hast dich gefälligst nach mir zu richten.* Das hat sich im Lauf der Zeit hochgeschaukelt. Ich hab es sogar mal fertiggekriegt, daß meine Frau dem Mädchen eine Ohrfeige verpaßt hat.«

Er blickt mich an und wiederholt:

»Ja, soweit hab ich das getrieben. Ich hab das Verhältnis zwischen Ines und ihrer Mutter so angeheizt, daß die beiden Frauen Streit kriegen mußten.«

»Haben Sie's genossen, daß das begehrte Mädcben eine gelangt bekommen hat?«

Die Frage ist ihm sichtlich peinlich. Er nickt.

»Sicher. Das war auch ein Versuch, die beiden auseinanderzubringen. Mit jeder für sich wäre ich prima ausgekommen, aber nicht mit beiden zusammen. Das war nicht möglich.«

Er war gerade drei Monate verheiratet, bevor der Mord passierte.

»Ja, es war ein Schwachsinn, daß ich geheiratet hab, irgendwie. Ganz tief in mir hab ich geahnt, das kann nicht gutgehen. Ich hätte mir sagen müssen, zu dritt, das geht nicht. Meine Frau hab ich geliebt und die Kleine heimlich begehrt. Das mußte böse enden. Wenn ich jetzt zurückdenke, sag ich mir, *was bist du blind gewesen,* unglaublich.«

Er seufzt schwer, schüttelt den Kopf.

»Ich hätte einfach gehen müssen. Aber ich hab die Kraft nicht gehabt. Auch das Haus in Berenbostel hätten wir nicht kaufen sollen. Es war ein Unglückshaus.«

»Wieso?«

»Zehn Jahre vorher ist im selben Haus eine Mutter umgebracht worden. Die hat in der Küche gesessen mit ihrer Tochter, und ein Einbrecher hat sie da umgebracht. Vor den Augen des Mädchens. Im selben Haus.«

»Woher wissen Sie das?«

»Vom Hörensagen. Als wir damals in das Haus eingezogen sind, hab ich das erfahren. Ich weiß nicht mehr, wer mir das erzählt hat, aber ich hab's halt erfahren.«

»Haben Sie sich gegruselt, wenn Sie in die Küche gegangen sind?«

Er antwortet nicht gleich, preßt beide Hände zusammen, runzelt die Stirn.

»Ja, eigentlich nicht. Damit hatte ich ja nichts zu tun. Aber es ist schon seltsam, daß im selben Haus zweimal ein Mord passiert, oder? Aber«, er lacht ein wenig, »ich glaub nicht an Geister oder so etwas. Aber auf jeden Fall war's ein Unglückshaus.«

»Sie haben öfter an diesen Mord gedacht?«

»Hm«, nickt er, »so was kann man ja nicht einfach aus der Erinnerung auslöschen. Na ja, es war schon irgendwie komisch, weil, es ist ja auch in der Küche passiert, wo ich es nachher auch gemacht habe.«

»Wenn Sie allein waren in der Küche, haben Sie da Ihre Phantasie spielen lassen?«

»Wie meinen Sie das?«

»Haben Sie an den Mord gedacht?«

»Nee«, sagt er sofort, »eigentlich nie.«

Er greift wieder zu seiner flachen, kleinen Blechdose, bunt bedruckt mit einem Segelschiff und dem lachenden Gesicht eines Seebären, holt eine der selbstgedrehten, dicken Zigaretten heraus, entzündet sie umständlich mit dem roten Einwegfeuerzeug und inhaliert tief.

»Klar«, sagt er jetzt, »hab ich mir schon manchmal vorgestellt, wie das gewesen ist. Da steht ein kleines Mädchen und muß mit ansehen, wie seine Mutter umgebracht wird. Die Frau kam vom Einkaufen, und als sie in die Küche kam, war da ein Einbrecher. Sie hat ihn überrascht. Und als sie geschrien hat, hat der Mann ein Messer geschnappt und zugestochen. Er war einfach nur ein Einbrecher, aber plötzlich ist er durchgedreht und ist zum Mörder geworden. Der hat einfach Angst gekriegt, ja. So war das auch bei mir.«

»Sie glauben, man tötet aus Angst?«

»Ja, sicher«, sagt er, »man hat Angst, daß da jemand ist, der einen erwischt hat bei was Bösem, bei was Verbotenem. *Der wird mich verraten,* denkt man. Und dann hat man das Gefühl, der muß weg. Einfach weg. Und dann tut man's instinktiv, um ja nicht entdeckt zu werden.«

Im Juli 1988 haben Anni Sellmann und Dieter Roth das Haus gekauft, im Parterre und ersten Stock waren Wohn- und Schlafzimmer, Küche und Bad, oben unterm Dach hatte Ines ihr Zimmer.

Die Eheleute hatten lange nach diesem Haus gesucht, es erfüllte all ihre Wünsche und vor allem die Wünsche von Dieters Mutter. Sie war zwei Jahre zuvor Witwe geworden und lebte allein in einem Haus im Nachbarort, wollte aber mit ihrem Sohn zusammen wohnen. Sie bot an, ihr Häuschen zu verkaufen und dem Sohn einen Teil des Erlöses auszuzahlen, doch nur unter der Bedingung, daß sie bis zum Lebensende dort mietfrei wohnen kann. Und daß ihr eine Einliegerwohnung eingerichtet wird. So wurde es auch gemacht.

Einen Monat, nachdem sie in die Narzissenstraße eingezogen waren, heirateten Anni und Dieter.

»Das war«, sagt Dieter, »einfach günstiger wegen der Steuer.«

»Nur deshalb?«

»Daß man sich liebt, das sagt man nach 'ner gewissen Zeit nicht mehr«, er grinst ironisch, »das weiß man halt, oder?«

Die innere Spannung, das Mädchen doch mal zu berühren oder zu liebkosen, wurde immer größer, aber der Wunsch blieb unerfüllbar. So zernagte ihn mehr und mehr ein Gefühl der Ohnmacht. Und der Minderwertigkeit.

»Aber je mehr ich versucht habe, die Kleine näher an mich zu bringen, desto mehr hat sie sich zurückgezogen. Ich hatte absolut keine Möglichkeit, einen Einfluß auf sie auszuüben. Aber genau das war es ja, was ich wollte.«

»Wie denn?«

»Sie sollte nicht mit anderen Leuten rumhängen, die ich nicht kenne. Ich wollte sie unter meiner Fuchtel halten. Das war so ein Ersatz dafür, daß ich sie nicht berühren durfte.«

»Sie meinen, Strenge und Kontrolle können Ersatz sein für Berührung, Erotik oder Sex?«

Er überlegt eine ganze Weile.

»So war das jedenfalls bei mir, ja. Aber ich denke mal, wenn man an jemanden nicht rankommt, dann kann man ihn doch nur hassen oder sonstwie quälen, oder?«

Es WAREN IMMER wieder diese kleinen, alltäglichen Erlebnisse, durch die er sich weit mehr gedemütigt fühlte, als alle anderen ahnen konnten. Zwei Tage vor Weihnachten 1987, am Geburtstag von Ines. Es war Schnee gefallen, und die Straßen waren glatt. Ein Grund mehr für Dieter, anzuordnen, daß die Geburtstagsfeier um zehn abends aufzuhören hatte. *Schließlich muß ich bei diesem Wetter die Gäste nach Hause fahren,* rechtfertigte er sich selbst und den jungen Leuten gegenüber, die oben in Ines' Zimmer hockten. Immer wieder guckte er auf die Uhr, in der heimlichen Hoffnung, daß sich Ines nicht an seine Weisung halten würde, für ihn ein Grund, nach oben zu gehen und laut zu werden. Alle paar Minuten schlich er die Treppe nach oben, hielt das Ohr an die Tür.

»Was mich genervt hat, was mich richtig verrückt gemacht hat, es war absolut nichts zu hören. Die waren alle im Zimmer, und ich wußte nicht, was die da machen. Klar, das hat meine Phantasie angeheizt.«

Schließlich, es war zehn Minuten nach zehn, klopfte er an, riß die Tür auf, ohne daß jemand *herein* gesagt hätte, rief barsch ins Dunkel hinein, *jetzt macht gefälligst Schluß, ich muß euch schließlich noch nach Hause fahren.* Als einer der Jungens sagte, *wir bleiben noch,* knallte Dieter die Tür wieder zu mit dem Gefühl: *Ich bin abgehängt, gedemütigt, und das vor den Augen von Ines.* Er schaltet den Fernseher ein, raucht eine Zigarette, um sich zu beruhigen, aber es gelingt ihm nicht. Es kam in ihm ein Empfinden hoch, das er sehr gut kannte, ohne etwas dagegen tun zu können.

»Was mich immer schon verletzt hat, war, 'nen Korb zu kriegen«, sagt er, »ich hab das als Kränkung meiner Männlichkeit aufgefaßt, so als wäre ich da nicht ganz vollwertig.«

»Was hat dieses Gefühl mit Ihnen gemacht?«

»Ich weiß nicht«, sagt er und faltet die Hände, was er öfter macht, offenbar, um sich zu konzentrieren.

»Ich weiß nur, wenn Ines mich abgewiesen hat, dann wurde ich auch sexuell erregt. Aber wenn wir gut miteinander waren, dann bekam ich so ein Vatergefühl, das überhaupt nicht sexuell war. Wenn sie ein bißchen auf mich zukam, dann ging dieses Begehren zurück, aber sobald sie mir die kalte Schulter gezeigt hat, dann kam das Feuer in mir so richtig wieder hoch.«

»Es war Hilflosigkeit?«

»Ja, Ohnmacht. Ich war ihr ausgeliefert. Ich konnte an der Situation überhaupt nichts ändern. Sie hatte alles in der Hand und mich auch.«

»Der innere Schmerz hat Sie erregt?«

»Wahrscheinlich, ja. Irgendwie muß man so ein Gefühl totschlagen, und das geht nur durch ein anderes Gefühl, das man dann dagegensetzt. So stelle ich mir das vor.«

Er erinnert sich, daß das schon auf der Schule so war, wenn er im Unterricht aufgerufen wurde und keine Ahnung hatte, der Lehrer ihn vor allen anderen blamierte, schnürte ihm das die Kehle zu. Er hatte dieses Würgegefühl im Hals. Und dann griff er immer wieder in die Hosentasche und versuchte, sich diesen seltsamen Kitzel zwischen den Beinen zu verschaffen.

»Angst und Versagen«, er sagt es leise und langsam.

Als er an diesem Abend, zwei Tage vor Weihnachten, durch das Haus irrte, lief ihm einer der Freunde von Ines über den Weg.

»Wahrscheinlich war der auf der Suche nach der Toilette. Der war mir schon aufgefallen, als ich kurz ins Zimmer geguckt hatte, weil der so frech war. Nein, frech kann man gar nicht sagen, der war keß. Eine einzige Herausforderung, wie der mich angeguckt hat.«

Dieter Roth grinst kurz, zieht aber dann die Augenbrauen zusammen.

»Der war hübsch und unglaublich selbstsicher. Und fühlte sich natürlich als Sieger. Ich war ja beleidigt aus dem Zimmer abgezogen und hatte den Schwanz eingeklemmt. Der gab mir mit seinem Blick zu verstehen, *na, du Versager, hat wohl nicht geklappt.*«

Es verging noch eine Stunde, bis Ines aus ihrem Zimmer kam und fragte, *fährst du die Leute jetzt nach Hause?*

»*Was bildest du dir ein,* hab ich gefaucht, *ich habe gesagt, zehn Uhr ist Schluß, und jetzt ist es elf. Die sollen sehen, wie die nach Hause kommen. Ich bin nicht der Chauffeur deiner Jungs.* Die Kleine hat sich in der Tür umgedreht und ist raus in den Flur gegangen, und ich hab gehört, wie sie geweint hat. Das hat sie mir nie verziehen.«

»Das hat Ihnen gutgetan?«

»Es war ein kleiner Triumph, aber es hat weh getan. Klar, ich wollte sie verletzen und hab's auch getan. Aber ich mußte jetzt den Starken spielen.«

Als Ines sich gefaßt hatte und mit ihren Freunden im Flur beriet, was nun zu tun sei, sich die Tränen trocknete und ihre Mutter dazukam, sagte sie, *Dieter, ich finde dich widerlich.*

Iᴄʜ sɪᴛᴢᴇ Dɪᴇᴛᴇʀ Roth gegenüber und betrachte sein Gesicht, während er das erzählt, es hat wieder diesen eingefrorenen Ausdruck der Reglosigkeit.

»Das hat tief gesessen«, sagt er jetzt, »meine Frau hat dann die Jungens und Mädchen nach Hause gefahren. Aber ich habe die folgenden Tage nur von Kaffee und Zigaretten gelebt. Und Ines hat nur Orangensaft getrunken, gegessen hat sie so gut wie nichts. Beide haben wir unser Leid zu tragen gehabt, jeder für sich, denn geredet haben wir nicht miteinander.«

Doch der nervige Kleinkrieg ging weiter, Dieter konnte nicht aufgeben.

»Weil ich sie nicht kriegen konnte, hab ich sie ständig runtergeputzt. Ich habe angeordnet und gedroht und hatte dabei eine gewisse Befriedigung. Vor allem auch deswegen, weil ich die beiden Frauen allmählich auseinandergebracht habe.«

»Hat Ihre Stieftochter mitbekommen, daß Sie eigentlich nichts anderes wollten, als mit ihr ins Bett zu gehen?«

Er zögert lange, sehr lange.

»Ich hab das Pech gehabt, daß sie in so einer Phase war, wo junge Frauen ein bißchen was mit Männern probieren. Sie war begeisterte Sportlerin und hat Handball gespielt. Wenn sie danach nach Hause kam und ihr der Rücken weh tat, dann hab ich gesagt, *kein Problem, ich massiere dich.* Und sie hat das gern zugelassen, mit Vergnügen. Einmal kam sie in einem langen Pullover an, der bis auf die Oberschenkel fiel, darunter war nur ein Hemd und ein Slip. Für die Massage hat sie den Pullover ausgezogen und sich auf die Couch gelegt. So hab ich sie massiert, aber dann hat sie sogar noch ihr Hemd ausgezogen.«

Dieter seufzt.

»Na, ja, das war natürlich schön, ich durfte sie endlich mal berühren«, er legt den Kopf zur Seite, so als wolle er sich irgendwo anlehnen, »aber es war halt nur der Rücken und die Hüfte ein klein bißchen.«

»Haben Sie ihr dabei eine Liebeserklärung gemacht?«

»Nein«, sagt er entrüstet, »um Himmels willen. Das hätte ich mich nicht getraut. Außerdem saß meine Frau auf dem Sessel daneben.«

»Sie haben das als ein bewußtes Anmachen empfunden?«

»Ja, ich denke schon. So was hat sie öfter gemacht. Eines Tages kam sie vom Einkaufen zurück und zeigte mir schon im Hausflur ein paar bunte Slips, die schwenkte sie durch die Luft.«

»Die hatte sie für sich gekauft?«

»Nein, für mich. Was sollte ich davon halten? Und am nächsten Tag hat sie dann mit mir kein Wort gesprochen und hat sich in ihr Zimmer verkrochen.«

DIETER UND ANNI Sellmann heiraten im August 1988 und wollen noch im Herbst in das Haus in Berenbostel umziehen. Die kleine Wohnung in Hannover steht voller Pappkartons, die mit Hausrat und Kleidung gepackt werden müssen. Es ist Samstag, und seine Frau ist nicht zu Hause, sie hat Dienst am Postschalter.

Dieter kniet am Boden, faltet Kartons, füllt sie, schnürt und klebt sie zu, stapelt sie im Flur übereinander. Ines soll ihm dabei helfen, doch obwohl sie in der Wohnung ist, kommt sie nicht, um ihr Versprechen zu erfüllen. Sie bleibt bis um halb zwölf im Bett.

»Ich war sauer«, empört er sich, »ich wollte sie dabeihaben. In meiner Nähe, ja. Als sie schließlich aus ihrem Zimmer geschlichen kam und ins Badezimmer abschob, war ich geladen. Ich bin ihr also nachgesprungen, hab die Tür vom Bad aufgerissen. Da stand sie unter der Dusche, splitterfasernackt. Sie hat kurz aufgeschrien und gerufen, *was ist denn mit dir los, du spinnst wohl!* Aber ich bin trotzdem im Bad geblieben und hab zugeguckt, wie sie sich umgedreht hat, ihre Sachen genommen und sich wieder angezogen hat. Dann ist sie zurück in ihr Zimmer.«

»Und Sie hatten ein Gefühl von Befriedigung wieder?«

»Ich hatte ihr so richtig schön eins ausgewischt. Es hatte geklappt, sie zu verletzen. Das war für sie doch viel schmerzhafter, als wenn ich ihr eine runtergehauen oder sie sonstwie körperlich angegangen hätte. Ich wollte sie treffen, ganz bewußt. Viel härter als mit einem Schlag.«

Seine Stimme wird leise.

»Ich fühlte mich ja saumäßig. Es gehört sich doch nicht, sich in die Tochter seiner Frau zu verlieben. Das gehört sich einfach nicht, hab ich gedacht. Ich konnte mir das selber nicht gestatten, aber der Wunsch war trotzdem immerzu da.«

Ines behielt die Attacke im Bad für sich, sie beklagte sich nicht bei ihrer Mutter, machte nicht einmal eine Andeutung.

»Warum eigentlich nicht?«

»Die beiden hatten ja ein absolutes Vertrauensverhältnis. Meine Frau hatte mit Ines fünf Jahre allein zusammengelebt. Die beiden kannten sich also sehr genau, und die Kleine wußte, daß meine Frau sich mit mir wohl fühlte, und sie wollte diese Beziehung nicht beschädigen oder kaputtmachen. Deshalb hat sie soviel geschluckt. Aus dem Polizeiprotokoll hab ich später dann erfahren, daß Ines nie, wirklich nie meiner Frau erzählt hat, wie ich ihr nachgestellt habe.«

Es fiel Dieter immer schwerer, den Überlegenen zu spielen. Seine ganze Phantasiewelt drehte sich nur noch um das Mädchen. Nur noch um sie, er konnte kaum noch etwas anderes denken oder fühlen.

»Manchmal«, sagt er unvermittelt, »wenn sie gut drauf war, hab ich sie lächeln sehen.« Er sagt es mit Stöhnen nach einer beklemmend langen Pause.

»Ich hab eigentlich alles verloren, was ich hatte. Nein, ich hab es selbst zerstört. Ich hab das selbst gemacht. Nur ich.« Er packt den Kopf mit beiden Händen, so daß die Finger im vollen braunen Haar verschwinden. Durch das halb geöffnete Kippfenster hört man das ferne Bimmeln einer Kirchenglokke.

»Aber das Problem war, ich war an sie gekettet, ohne sie berühren zu dürfen. Kennen Sie das aus dem Kino, zwei Häftlinge sind aneinandergekettet. Und der eine haßt den anderen, aber der andere liebt den einen. Sie sind untrennbar verbunden, aber getrennt durch Liebe und durch Haß.«

»Haben Sie Ines jemals gesagt, daß Sie in sie verliebt sind und mit ihr gerne schlafen würden?«

»Wir haben mal im Keller zusammen gearbeitet, irgendwas gebaut oder 'nen Schrank aufgestellt oder so was. Da war ich mit einem Mal ein bißchen mutig und hab gesagt, *einerseits ist es hier unten ganz schön, aber andererseits für mich voll daneben, weil ich so verliebt in dich bin.* Sie ist sofort aufgestanden und hat gesagt, *das will ich überhaupt nicht wissen, laß mich in Ruhe* und hat mich stehenlassen. Das war im September, und Ende November ist es ja dann passiert.«

Es, damit ist der Mord am 24. November gemeint. Es war ein Montag.

Doch eigentlich begann alles schon zwei Tage zuvor.

Ines war in einer Disko und lernte einen jungen Soldaten, Michael, kennen, in den sie sich sofort verliebte. Sie erzählte es vertrauensvoll ihrer Mutter, und so erfuhr es auch Dieter. Am Samstag nachmittag kam Michael ins Haus, um seine Freundin zu besuchen. Der Stiefvater öffnete die Tür, als er klingelte.

»Als die Kleine meiner Frau und mir gesagt hat«, erinnert sich Dieter sehr genau an diesen Tag, »daß sie einen Freund hat, hab ich gedacht, na, das wird ein toller junger Mann sein, ein Stück größer als ich, schöne breite Schultern, die Haare voll und schwarz, 'nen kleinen Schnäuzer, schöne blaue Augen, einfach süß aussehend«, er erzählt es mit heimlichem Genuß, so als wäre er gern einem so schönen Jungen begegenet, »und wissen Sie, was dann da vor der Tür stand? Ich in jung! Genauso straßenköterblond wie ich, nur fünfzehn Jahre jünger. Das hat mich wirklich umgehauen.«

Dieter lacht spitz auf, ohne sein Gesicht zu bewegen.

»Dann hätte sie doch gleich mich nehmen können. Es war ein Schock für mich, weil ich hab ja alles, was mit Ines zusammenhing, direkt auf mich bezogen. Also, diesen Straßenköter hab ich sofort nicht gemocht, ich hab ihn höchst unsympathisch gefunden.«

»Auch deshalb, weil er so aussah wie Sie?«

»Sicher, das war auch ein Grund. Und so ein Typ nimmt mir die Ines weg, hab ich gedacht. Mir erschien das damals so, als wollte sie mich verletzen und mir zeigen, daß sie mich verachtet. Das war die letzte, endgültige Abweisung. Danach kamen meine ersten wirklichen Haßgefühle gegen die Kleine auf, und ich hab zum ersten Mal dran gedacht, sie irgendwie zu beseitigen.«

»Sie umzubringen?«

»In diesem Dschungel von Gefühlen war da auch was von drin, ja. Das muß ich zugeben.«

Der junge Soldat ging nach oben in das Zimmer von Ines, sie schloß die Tür von innen ab, dann wurde es still, und Dieter »lief im ganzen Haus Amok«, wie seine Frau später vor Gericht aussagte.

»Ich bin die Treppe rauf und runter gerannt, und jedesmal, wenn ich an ihrem Zimmer vorbeikam, wäre ich am liebsten durch die geschlossene Tür marschiert, so aufgeregt war ich. Was machen die beiden jetzt da drinnen?«

»Sie haben wie immer gelauscht.«

»Ja, das stimmt. Aber ich habe nichts gehört. Nichts, das war ja das schlimme. Ich hab mir natürlich die wüstesten Sachen vorgestellt, die die da treiben, daß sie miteinander im Bett sind. Diese Phantasie hat mich vollkommen beherrscht und durcheinandergebracht. Ich hab das nicht mehr aus dem Kopf gekriegt.«

Er schlich wieder nach unten, zurück ins Wohnzimmer, und seine Frau bemerkte seine Erregung, er hatte schweißnasse Hände, sein Blick flatterte. Sie versuchte ihn zu beruhigen, sagte, *laß doch die beiden in Ruhe, Ines ist kein Kind mehr.* Doch er beharrte darauf, *die schlafen miteinander, ich weiß das.*

»Ich war so durcheinander und fixiert auf meine Phantasie, die mich quälte, daß ich immerzu davon redete, was die da oben miteinander treiben, und ich raufgehen würde, um sie auseinanderzubringen. Ich muß wohl so wahnsinnig gewesen sein, daß meine Frau gesagt hat, *wenn das so weiter geht, dann zieh ich aus und nehme Ines mit, dann kannst du von mir aus alleine hier wohnen bleiben.* Das hat mich natürlich noch mehr aufgebracht. Ich war fix und fertig und hab nicht gemerkt, wie lächerlich das eigentlich war. Und wie lächerlich ich war.«

Das war an einem Samstag. Am nächsten Tag fuhr Ines mit dem Bus zu ihrem Freund nach Hause, ein paar Straßen weiter.

»Ich hatte ihr eine Zeit mitgegeben, sie sollte also um zehn abends zurück sein. Um halb acht wurde ich schon unruhig, nein, ich war den ganzen Tag unruhig, meine wüsten Phantasien folterten mein Gehirn, daß ich kaum noch was Vernünftiges denken konnte«, er stößt ein kurzes, verächtliches Lachen aus, »ich war völlig daneben. Alle zehn Minuten bin ich vor das Haus gerannt und hab Ausschau gehalten wie ein hysterischer Liebhaber. Ich hab zu meiner Frau gesagt, *ich hol sie jetzt ab, ich weiß nicht, wo der Typ wohnt, aber ich find ihn schon, verlaß dich drauf.* Ich bin also mit dem Wagen losgefahren und durch das ganze Viertel geirrt, alle Straßen rauf und runter. Und nichts gefunden. Sie hatte in der Zwischenzeit so gegen zehn den Bus genommen und war dann tatsächlich fast pünktlich zu Hause. Vor der Haustür hab ich sie dann erwischt und ihr die Hölle heiß gemacht, hab rumgeschrien, *was bildest du dir ein, so was machst du nicht mit mir.* Ich war in Rage und zitterte am ganzen Körper, mir lief der Schweiß runter, obgleich es ja kalt draußen war. Sie ging dann ins Haus, blieb ziemlich ruhig und sagte nur, *laß mich zufrieden.* Drinnen hab ich weiter getobt, Amok laufen nannte meine Frau das immer, na ja. Als ich mich nicht beruhigen konnte, und Ines längst in ihr Zimmer nach oben abgeschoben war, hat meine Frau schließlich die Nerven verloren und geschrien, *jetzt ist Schluß, endgültig, morgen zieh ich aus hier. Ines kommt mit mir mit. Ich laß mich scheiden. Es ist aus mit uns. Fertig!* Dann ist sie in unser Schlafzimmer gegangen und hat die Tür zugeknallt.«

Mit zitternden Händen öffnet er seine kleine Zigarettendose, aber sie ist inzwischen leer. So versucht er, eine neue zu drehen, was nur mit großer Mühe gelingt.

»Hinzu kam ja noch, daß auch die sexuelle Beziehung zu meiner Frau stark nachgelassen hatte. Wir haben ja kaum noch miteinander geschlafen. Sicherlich hab ich mehr darunter gelitten als sie.«

»In dieser Nacht haben Sie dann wahrscheinlich auf dem Sofa übernachtet.«

»Hm«, nickt er, »aber ich konnte nicht schlafen. Bis vier Uhr hab ich wach gelegen. Und mein Gehirn kreiste immerzu nur um einen einzigen Gedanken, wenn Ines nicht da wäre, wäre alles in Ordnung, ja. Und wenn sie tot wäre, na, auch nicht verkehrt. Gedanken sind ja wahnsinnig schnell, aber eben doch nicht so frei, wie man immer meint, wenn das Leben seinen geregelten Gang geht, nicht? Wenn ich jetzt krank würde, kam mir in den Kopf, oder mich umbringen würde, wär das auch 'ne Lösung. Aber der Gedanke, diese Wahnvorstellung, *ich muß sie wegschaffen irgendwie,* der hat sich festgesetzt. Dann bin ich schließlich eingeschlafen, und so gegen fünf hat mich meine Frau aufgeweckt, damit ich zur Arbeit gehe. Den Wecker hab ich nicht gehört.«

Seine Frau ging sofort wieder ins Bett, machte die Tür zum Schlafzimmer hinter sich zu und schlief bis halb sieben. Dieter war völlig verstört und übermüdet in die Küche gegangen, fand nicht wie sonst die Thermoskanne mit Kaffee gefüllt, und Brote für die Arbeit hatte seine Frau an diesem Morgen auch nicht gemacht.

»Das war das erste Mal, daß mir meine Frau die Brote nicht gemacht hatte, sonst ist sie immer aufgestanden, hat mir das Frühstück gemacht und meine Tasche gepackt. An diesem Tag nicht. Natürlich hab ich das in meinem Zustand als Kränkung empfunden, für mich hieß das, *es ist aus mit dir und Anni. Sie wird zum Anwalt gehen und die Scheidung einreichen.* Ich dachte, *danach kommt nichts mehr.* In dem Wirr in meinem Kopf war diese Perspektivlosigkeit, *der nächste Tag ist nicht mehr, gar nichts mehr.* Und ich hab mir gesagt, *wenn du jetzt zur Arbeit gehst, kannst du nichts machen.* Das war natürlich ein völlig absurder, blödsinniger Gedanke, aber er hat mich absolut beherrscht. Ich war in so ein Räderwerk geraten, aus dem ich nicht mehr raus konnte.«

»Sie fühlten sich am Ende?«

»Ja, absolut. Ohnmacht. Wenn du gehst, hast du überhaupt keinen Einfluß mehr auf deine Frau und auf Ines und auf das, was abläuft, ob sie zum Anwalt geht oder sonst was gegen dich unternimmt und über deine nicht vorhandene Zukunft entscheidet. Aber einfach dableiben mit der Ines, die mich verabscheut und meiner Frau, die mich loswerden will, das ging ja auch nicht. Alles, was ich getan hätte, wäre falsch gewesen. So hab ich das empfunden, damals.«

»Sie hatten gehofft, wenn Sie Ines töten, daß Sie dann aus Ihrem Gefühlsdschungel rauskommen?«

»Ich habe überhaupt keine andere Möglichkeit gesehen. Außerdem, ich hab gedacht, wenn Ines mich nicht will, dann soll sie auch keinen anderen haben.«

»Hatten Sie auch einen Haß auf Ihre Frau dabei?«

»Nein«, sagt er zu schnell, so daß er sich sofort korrigieren muß, »wahrscheinlich doch, ja. Denn sie hatte sich für ihre

Tochter und gegen mich entschieden. Und es war ja in meinem Leben immer so, ich hab mein bißchen Selbstbewußtsein nur über Frauen bekommen. Und jetzt hatte ich Anni verloren und war wieder allein. Dementsprechend war mein Selbstbewußtsein auch.«

»Sie haben gedacht, die macht mit mir dasselbe wie Ines, sie weist mich ab und läßt mich im Stich?«

»Sie hat sich gegen mich gestellt und für Ines entschieden, ja.« Das hatte seine Frau schon längst. Sie hatte immer weniger Lust, mit ihrem Mann zu schlafen, weil sie sich immer mehr nur als ein Ersatz für ihre junge, hübsche Tochter sah, die der Mann eigentlich begehrte. Sie fühlte sich vernachlässigt, mißachtet, und er empfand dasselbe. Die Ehe war in eine schwere Krise geraten, worüber aber keiner von beiden reden konnte. Es gab Streit, aber kein Gespräch.

»Dann sind Sie mit dem Auto weggefahren. In der Absicht, zurückzukommen und das Mädchen umzubringen?«

»So war es. Ich war besessen von dieser Wahnvorstellung, ja. Ich hatte aber noch keine Ahnung, wie ich's machen werde. Also hab ich völlig automatisch die Thermosflasche in die Tasche gesteckt, die selbstgeschmierten Brote in Butterbrotpapier eingewickelt, bin ins Auto gestiegen und losgefahren. Aber nicht zur Arbeit, sondern die Autobahn A2 in Richtung Minden und dann irgendwie kreuz und quer durch die Gegend. Ich bin schließlich bis in den Ort gefahren, wo meine Frau gearbeitet hat, weil ich wissen wollte, ob sie wirklich zum Dienst ist oder nicht. Ich hab gesehen, wie sie auf den Parkplatz vor der Post gefahren ist, dann hab ich gewendet und bin zurück in die Narzissenstraße. Den Renault hab ich nicht vor der Tür geparkt, sondern um die Ecke im Eichenweg vor dem China-Restaurant. Das Brot und die Thermosflasche hab ich wieder mitgenommen.« Er behielt seine Arbeitssachen an, Jeanshose, Jacke und Pullover, ging ins Schlafzimmer, nahm die Thermosflasche mit, goß sich einen Kaffee ein und legte sich aufs Bett. Auf das Ehebett, das ihm seine Frau diese Nacht verweigert hatte.

132

Dieter berichtet es ruhig, wie man eine Alltagsroutine beschreibt. »Dann kam irgendwann Ines von ihrem Zimmer runter. Sie mußte erst zur dritten Stunde in die Schule. Sie sah mich da liegen, guckte nur kurz um die Ecke und sagte erstaunt, *ach, du bist hier?* und ist gleich ins Bad rüber. Ich hatte natürlich nichts Besseres zu tun, als ihr nachzuschleichen und durchs Schlüsselloch zu spionieren. Nach ein paar Minuten kam sie wieder raus, wollte in die Küche gehen, um was zu essen. Da kam in mir wieder dieser Haß hoch, *sie ist an allem schuld, an diesem ganzen Schlamassel.* Ich schmeiß ihr an den Kopf, *das hast du ja schön hingekriegt, daß deine Mutter sich scheiden läßt.* Und sie sagt ganz cool, *jetzt mußt du mir nur noch die Schuld dran geben.* In mir ist jetzt wieder dieses, *sie entzieht sich wieder, ich komm nicht ran an sie!* Ich pack sie am Hals mit einer Hand, und sie macht sich steif, steif vor Schreck wie ein Stock. Mein erster Gedanke war, *wenn das jetzt rauskommt, daß ich sie angepackt hab,* und ich habe dann blitzartig die andere Hand dazugenommen und sie erwürgt.«

»Sie haben sie von hinten gepackt?«

»Von hinten. So fest ich konnte gewürgt«, er beginnt zu stottern, erhebt sich kurz von seinem Stuhl, setzt sich sofort wieder, »in dieser Situation, das war jetzt, ja ... Angst.«

»Angst, wovor?«

»Angst vor der Zukunft, also alleine dazustehen, das war ein Greuel für mich. Und dann noch die Angst, Ines könnte mich verraten, daß ich sie angepackt habe.«

»Das macht aber«, sage ich, »keinen Sinn. Durch die Tötung von Ines haben Sie nicht nur Ihre Frau endgültig verloren, sondern auch das geliebte Mädchen.«

»Ja, ja, aber in so einem Moment gibt es keine logischen Gedanken. Ich war unter Druck und mußte was tun gegen meine wahnsinnige Verlassensangst. Daß es genau das Falsche war, na ja, das habe ich erst danach gewußt.«

Er hielt das Mädchen fest im Griff, sie versuchte, sich loszumachen mit all ihrer Kraft, die sie hatte, aber es war aussichtslos.

»Hat sie schreien können?«

»Nein, nein, sie hat keinen Ton mehr von sich geben können. Sie hat ja versucht, sich zu befreien und ist dabei zu Boden gestürzt und ja«, er beißt sich auf die Unterlippe, »dann war das halt vorbei. Und dann, dann kommt ja das...«

Er bricht ab, schweigt.

»Das hat sich«, frage ich, »im Flur abgespielt?«

»Ja, von der Küchentür über den Flur bis ins Schlafzimmer. Sie hat versucht, wegzulaufen, aber ich hab sie festgehalten.«

»Immer noch von hinten am Hals.«

»Hm«, nickt er, »und dann hat sie nicht mehr geatmet und ganz plötzlich aufgehört, sich zu wehren. Das ist, wie soll ich das sagen, eine unbegreifliche Situation, wenn man einen Menschen getötet hat.«

»Das war Ihnen klar, daß Sie gemordet hatten?«

»Ja, ja, das war klar.«

Das Mädchen war vor dem Bett zusammengesunken, lag nun reglos auf dem Boden.

»Für mich war bis dahin schon eine Ewigkeit vergangen, aber ich hab meinen Griff um ihren Hals lange Zeit nicht gelockert. Dann hab ich mich daran erinnert, daß ich irgendwann mal einen Erste-Hilfe-Lehrgang gemacht hatte, aber das hab ich jetzt nicht angewendet, um sie wiederzubeleben, sondern um zu kontrollieren, ob sie jetzt wirklich tot ist. Hab den Puls gefühlt, Atemkontrolle gemacht. Da war nichts.«

»Sie haben gefürchtet, daß sie noch lebt?«

»Ja, ich habe den Puls gefühlt und den Atem kontrolliert. Ich hab das so gemacht«, Dieter feuchtet mit seiner Zunge die Lippen an, »und bin ganz dicht an ihren Mund rangegangen, ob da noch Luft rauskommt. Und als ich dicht dran war, da«, sein Tonfall bekommt wieder dieses Kalte, erschreckend Eisige, »da hab ich sie geküßt, gestreichelt, ausgezogen und«, er stockt, »und mit ihr geschlafen.«

Dieter Roth preßt Atemluft aus dem Mund, umfaßt seine schmale Brust mit beiden Händen. Er schüttelt leicht den Kopf und sagt nichts mehr.

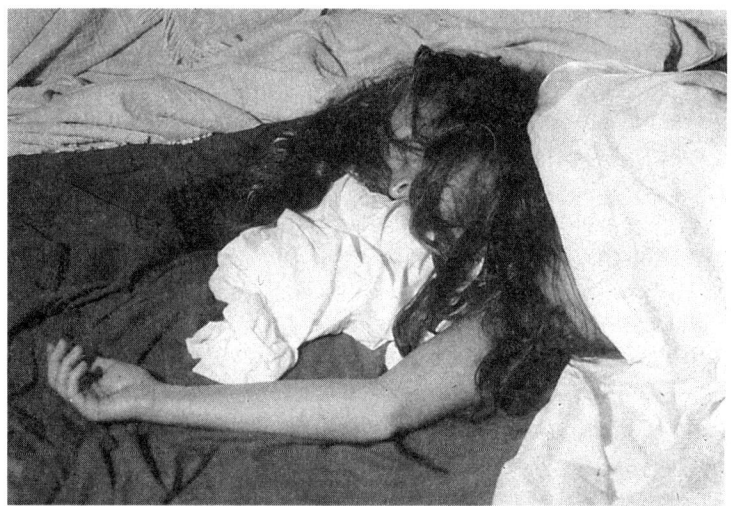

Dann, nach einer quälend langen Pause: »Ich weiß nicht, wie soll ich das beschreiben, ich konnte nichts mehr sehen. Es war eine graue Wand vor mir.«

»Sie konnten nichts mehr erkennen?«

»Doch, doch, aber zwischen mir und dem, was da vor sich ging, war eine Wand, eine graue Wand. Auf der einen Seite war ich und dahinter die Tat, mit der ich nichts zu tun hatte. Ich kann das nicht beschreiben, aber es war so.«

»Was für eine Empfindung hatten Sie«, frage ich, »als Sie mit Ines, die schon tot war, geschlafen haben?«

Er hebt den Kopf, blickt nach oben, atmet wieder deutlich hörbar aus. »Endlich.«

»Das haben Sie gedacht?«

»Ja, jetzt hab ich's doch noch geschafft. Ich hab ja nicht mal eine richtige Erektion gehabt. Ich bin nur so in sie eingedrungen.«

»Und hatten eine Ejakulation?«

»Ja, ja«, murmelt er.

»Obgleich Sie sich beim Spionieren am Badezimmer selbst befriedigt hatten?«

»Hm«, und wie zu sich selbst und kaum zu hören, »und zugedeckt hab ich sie dann noch, ja.«

Im Kellerraum des Gefängnisses ist es dunkel geworden. Ich erkenne kaum noch die Wandtafel, das Waschbecken, den ausgeschalteten Fernseher und die verblichenen Poster an den Wänden, die für die Messe und die Stadt Hannover werben. Dieter Roth starrt auf den Tisch, seinen Kopf auf die rechte Hand gestützt.

»Ich möchte noch mal fragen«, sage ich schließlich, »als Sie zurück nach Hause gefahren sind, hatten Sie sich da vorgestellt, mit Ines zu schlafen?«

»Nein, nein. Das kam erst wieder, als sie aus ihrem Zimmer kam und ins Bad ging. Da hätte ich ja reingehen können und es einfach machen.«

»Was, sie zu vergewaltigen?«

Ganz tief überzeugt, sagt er:

»Ja klar. Ich hab sie dann aber doch nur durch's Schlüsselloch beobachtet. Mehr war da nicht.«

»Warum haben Sie es nicht getan?«

»Davor hatte ich die größte Angst, sie zu berühren.«

»Aber beim Töten hatten Sie diese Berührungsangst nicht.«

»Hm.«

»Sie hatten größere Angst vor Berührung und Sex als vor dem Töten?«

»So muß das wohl gewesen sein, ja.«

Es vergeht wieder eine Zeit, bis er weiterreden kann.

»Meine Sexualität war ja das einzige, was ich hatte, um Selbstbewußtsein zu kriegen. Ich war doch der letzte Dreck, und so hab ich mich auch gefühlt. Aber wenn ich mit einer Frau schlafen konnte, dann dachte ich, na ja, so eine Niete bist du vielleicht gar nicht. Aber wenn eine Frau mich hat abblitzen lassen, dann ...«

»... kam der Haß in Ihnen hoch?«

»Ich brauchte Ines ja nur zu sehen, da kam es schon wieder in mir hoch. Wie man so sagt, ich hätte ihr an den Hals gehen können. Wenn ich sie nicht haben konnte, dann wollte ich sie weghaben, auch durch den Tod.«

»Wie haben Sie sich den Mord in diesem Augenblick vorgestellt, als Sie Ines unter der Dusche beobachtet haben?«

Die Frage überrascht ihn offenbar, denn er zieht mit einem langen Seufzer die Luft ein, knöpft seine Jacke zu und schweigt.

»Sie hatten«, frage ich nach, »eine dumpfe Ahnung, wie Ines sterben sollte?«

»Es war irgendwie dunkel. Mit einem Hammer vielleicht oder auch wie es letztlich passiert ist.«

»Hatten Sie sich einen Hammer zurechtgelegt?«

»Nein.«

»Und warum nicht?«

Er lacht kurz auf, läßt seine Rechte auf die Tischplatte fallen und blickt mich mit dem Gesichtsausdruck eines verlegenen Kindes an: »Eigentlich wollte ich sie ja gar nicht töten.«

»Sie hatten sich«, versuche ich zu erklären, »im Unterholz der Gefühle verirrt.«

Er nickt, ohne zu antworten.

»Ich hab mich dann, nachdem sie die Tür hinter sich zugemacht hat, ans Schlüsselloch gehängt und habe mich selbst befriedigt.«

»Das hätte Sie beruhigen müssen.«

»Nein, überhaupt nicht. Ich will ja nicht von Gewohnheit sprechen, aber es war natürlich eine. Ich hab das ja immer wieder gemacht, auch schon früher. Wenn ich nachts durch Hannover getigert bin, wie oft hab ich da durch Jalousien spioniert und Frauen beobachtet, die nackt durch die Wohnung laufen. Das war eine Leidenschaft, die ich nicht lassen konnte. Eine richtige Sucht damals.«

»Das war vielleicht ein Ersatz für Erotik und Sexualität, wozu ja Nähe und Berühren gehört?«

»Hm, Anfassen, das gab es zu Hause bei uns nicht, und ich denke mal, da war schon 'ne tiefsitzende Angst.«

»Können Sie sich erinnern, wie Sie sich gefühlt haben, als Ines aus dem Bad zurückkam?«

»Ohnmächtig. Und hilflos.«

»So, als wären Sie noch ein Kind?«

»Doch ja, das kann man sagen.«

Er lächelt, als würde er sich schämen.

Nᴀᴄʜ ᴅᴇʀ Tᴀᴛ zog er sich um, stieg in seinen kleinen, roten Renault R5 und fuhr ab.

»Nach Süden, einfach weg. Getankt hab ich noch, und als ich auf der Autobahn in der Höhe von Würzburg war, habe ich an einer Raststätte angehalten und meinen Vorarbeiter angerufen, *tut mir leid, ich konnte heute nicht kommen.* Als er gefragt hat, was denn los wäre, hab ich ihm gesagt, *das kannst du in den nächsten Tagen in der Zeitung lesen.* Dann hab ich ihn noch gebeten, die Polizei anzurufen, die sollten bei uns im Haus nachgucken. Und dann hab ich aufgehängt.«

Der aufgeschreckte Arbeitskollege verständigte sofort das nächste Polizeirevier, und zwei Beamte wurden zum Haus in der Narzissenstraße geschickt, fanden aber nichts Auffälliges. Nichts war aufgebrochen, so zogen sie wieder ab. Das war Viertel nach vier. Um fünf kam seine Frau nach Hause und fand ihre Tochter tot im Ehebett.

Vor Gericht sagte sie später aus, daß sie ihre Tochter im Bett gesehen habe, ordentlich zugedeckt. Nichts Ungewöhnliches, denn Ines liebte es, im Bett der Mutter zu schlafen, wenn niemand zu Hause war.

Bei der Polizei schilderte es seine Frau später so:

Sie sah aus, als ob sie schlafen würde. Sie hatte keine Kleidung mehr an, nur die Socken an den Füßen. Ich habe sie dann geschüttelt und ihren Namen gerufen, aber sie hat nicht reagiert. Ich hab dann gesehen, ihr Arm war ganz blau angelaufen und steif. Dann bin ich sofort in die Garage gelaufen, um zu sehen, ob der Wagen von meinem Mann da war. Der Wagen war nicht da, und da konnte ich mir denken, was passiert war.

»Ihre Frau«, frage ich Dieter, »hat das tote Mädchen entdeckt und...«

»Das weiß ich nicht«, unterbricht er mich, »diese Stelle hab ich in den Gerichtsakten nicht gelesen. Das hab ich nicht fertig gebracht. Nein. Da hätte ich mir die Pulsadern aufgeschnitten. Ich hab soviel Leid verursacht, das kann ich gar nicht beschreiben. Und wiedergutmachen, das schon gar nicht. Das ist mir klar.«

Ziellos fuhr er an diesem Vormittag über die Autobahn, nahm irgendeinen Autostopper mit, der nach Stuttgart wollte. Er brachte ihn dort hin, obgleich das nicht sein Ziel war. Dann noch einen, den er nach Köln fuhr. Doch über das, was er getan hatte, sprach er kein Wort.

»Ich hatte«, sagt er, »Angst vor dem Alleinsein. Deshalb bin ich auch dann nach Münster weitergefahren, wo eine alte Freundin von mir lebte. Sie hat sich gefreut, mich wiederzusehen, und als wir in der Küche saßen, sie war beim Abwaschen, hab ich ihr gesagt, *weißt du eigentlich, daß du gerade mit einem Mörder redest?* Da war sie ziemlich erschrocken und hat gefragt, *hast du deine Frau umgebracht?* Ich hab ihr dann erzählt, was ich gemacht habe und geheult wie ein Kind. Dann bin ich weitergefahren. Es war nach Mitternacht.«

Als er völlig übermüdet und erschöpft auf einem Rastplatz im Auto schlafend festgenommen wurde, war es nach zwei.

»Es klopfte an die Scheibe und zwei Pistolen richteten sich auf meinen Kopf. Handschellen, Klick. Das war's. Ich dachte nur, Gott sei Dank. Ich hatte keinen Nerv mehr, wegzulaufen. Da war nichts mehr in mir drin. Ich war alle.«

»Ein Gefühl von Erleichterung?«

»Ja. Meine innere Anspannung war weg. Ich wußte natürlich, daß ich in den Knast komme, klar. Das war nichts Schockierendes für mich. Die einzige Schwierigkeit, die ich hatte, das war ich selber. Ich selber war mein Problem.«

»Die graue Wand war weg?«

»War weg. Aber alle Bilder von der Tat, wie Ines da liegt, zusammengesackt, die sind hier oben drin«, er tippt an seine Stirn, »die sind eingebrannt. Für immer.«

Mɪᴛ ᴅᴇᴍ Tᴀxɪ ist es nur eine halbe Stunde vom Gefängnis bis in die Winterfeldstraße, wo die Mutter von Dieter Roth wohnt. Das Haus in Berenbostel hat sie mit Verlust verkauft, ist umgezogen in eine kleine Zweizimmerwohnung in Hannover. Eine überaus rüstige Mittsechzigerin empfängt mich, die Haare grau und männlich kurz geschnitten. Durch ihre große Brille mustert sie mich kritisch.

»Früher«, sagt sie, »bin ich mit gesenktem Kopf durch die Straßen gegangen, aber heute, nein, ich lasse mein Leben nicht durch das kaputtmachen, was passiert ist.« Sie reist viel, ist fast nie zu Hause, liebt es besonders, in Südengland Ferien zu machen. »Seitdem mein Mann tot ist, also Dieters Vater, hab ich erst richtig angefangen zu leben. Der hat immer nur zu Hause gehockt, ich bin nie rausgekommen in all den Jahren. Reisen, das wollte ich schon als Kind, und jetzt mit fünfundsechzig mach ich's einfach.«

Während sie in der Küche Mozarella mit Tomaten zubereitet, sehe ich mich um. Bunte Plüschtiere auf dem Sofa, ein Sessel ist von ihnen ganz und gar besetzt. Ein selbstgesticktes Bild eines Schäferhundes an der Wand, gläserner Nippes auf dem Fensterbrett. Ich sehe kein Foto des Sohnes.

»Wahrscheinlich«, sagt sie, als sie mit den Tellern zurückkommt, »kenne ich Dieter gar nicht. Er war ein Eigenbrötler, verschlossen und unzugänglich. Zu anderen Leuten ist er viel offener als zu mir.«

»Wissen Sie, warum er Ines umgebracht hat?« will ich wissen.

»Ich kenne seine Beweggründe immer noch nicht. Er hat mir nichts gesagt, und ich frage auch nicht. Nein, fragen kann ich nicht. Aber«, sie sagt es mit einem trockenen Lächeln, »wenn ich es nicht erfahre, lebe ich wahrscheinlich genauso.«

»Sie haben oben im Haus in der Narzissenstraße gewohnt. Waren Sie zu Hause, als es passiert ist?«

»Nein, nein«, sagt sie sofort, »ich war nicht im Haus.«

»Bei der Polizei haben Sie damals ausgesagt, Sie wären zu Hause gewesen.«

»Ach so«, sagt sie jetzt, »stimmt. Doch ja, ich war da. Aber ich habe nichts gehört. Wissen Sie, ich hab mich nicht eingemischt in die Familienverhältnisse von Dieter und Anni. Die haben ihr Leben geführt und ich meins.«

»Sie haben nichts gehört?«

»Nein, ich habe nichts gehört. Ich bin vormittags zum Handarbeitskurs gegangen und nachmittags wiedergekommen. Am Vormittag, als es passiert ist unten im Schlafzimmer, war ich gerade dabei gewesen, die Wäsche im Garten aufzuhängen.«

Ich bitte sie um ein Foto ihres Sohnes. Sie holt es aus dem Schlafzimmer, von hier aus nicht sichtbar, hängt es über ihrem Bett. Eine ganze Reihe Familienfotos unter Glas, darunter auch zwei kleine Bildchen von Dieters Hochzeit. Man sieht einen sehr ernsten, jungen Mann mit seiner jungen, hübschen Frau. Auch sie sehr ernst. Beide lehnen stolz am roten Renault, im Hintergrund das Haus in der Narzissenstraße.

»Wie haben Sie damals erfahren, was im Haus passiert ist?«

»Als ich von der Handarbeit zurückkam, standen Polizisten im Flur, und von denen hab ich das erfahren.«

»Wie haben Sie reagiert?«

»Eigenartig, ganz gelassen, fast kalt, als ob in mir was gestorben wäre. Die Kälte stieg von unten in mir hoch. Das hab ich immer, wenn ich einen Schreck bekomme, da steigt von den Füßen Kälte in mir hoch. Bis oben hin.«

»Was ist Ihnen dabei durch den Kopf gegangen?«

»Ich hab gedacht, es wäre besser, er wäre tot, ja.«

»Haben Sie geweint?«

»Darüber muß ich jetzt lange nachdenken«, sie legt Messer und Gabel weg und grübelt, »wahrscheinlich schon. Aber so was liegt mir eigentlich nicht. Ich bin ein Realist.«

»Und wie sind Sie damit fertig geworden, daß Ihr Sohn ein Mörder ist?«

»Das ist mir eigentlich nicht ins Bewußtsein gekommen. Ich hab ihm mal ins Gefängnis geschrieben, *du mußt einsehen, daß du ein Mörder bist*. Er wird ein Leben lang damit leben müssen. So ist das.«

»Wie ist denn das, wenn Sie ihn heute sehen?«
»Am Anfang konnte ich ihn nicht anfassen und nicht auf seine
Hände gucken. Ich hab Magendrücken bekommen, wenn ich
ihn in der Anstalt besucht habe. Aber das Leben geht ja weiter«, sie zerschneidet eine Tomate, »es ist alles so weit weg, es
wächst langsam Gras drüber. Heute umarme ich ihn sogar.«
Sie schluckt den Bissen runter, sagt dann:
»Als Kind wollte er nicht von mir berührt werden. Aber vielleicht bin ich auch nicht so warmherzig gewesen. Ich bin nicht
der Mensch, der gerne anfaßt und umarmt. Nee, das ist nicht
meine Sache. Ich bin halt ein Realist.«
Nachdem sie die Teller abgeräumt hat, reden wir über ihre
Familiengeschichte. Sie selbst ist als uneheliches Kind geboren
worden, ihre Mutter war siebzehn, als sie zur Welt kam.
»Meinen Vater hab ich nie kennengelernt«, sagt sie, »und nach
meiner Geburt bin ich gleich zu meinen Großeltern abgeschoben worden. Als ich elf war, hat meine Mutter mich weggeris-
sen von den Großeltern. Meine Mutter hatte inzwischen geheiratet und ein eheliches Kind bekommen, die brauchte jetzt 'n
Kindermädchen. Da hat sie mich halt als Abtreter benutzt.«
Sie macht eine wegwerfende Bewegung und lacht.
»Na ja, was soll's. Mit neunzehn bin ich schwanger geworden.
Und als meine Mutter das erfahren hatte, hat sie mir eine
gelangt, da ist mir der Kopf fliegen gegangen, das können Sie
mir glauben.«
Sie schlägt mit den flachen Händen auf ihre Oberschenkel.
»Wissen Sie«, sagt sie ganz unvermittelt, »meine Mutter hätte
das auch machen können.«
»Was meinen Sie damit?«
»Jemanden umbringen, vielleicht nicht direkt. Aber über
jemanden wegsteigen, ohne mit der Wimper zu zucken, das
konnte sie, oh ja. Und so was wird ja weitergegeben in der
Familie. Dieter hat wirklich ein schlechtes Erbe abbekom-
men«
»So brutal konnte Ihre Mutter sein?«
Sie nickt.

»Meine Mutter konnte eiskalt und brutal sein. Sie hat zugeguckt, wenn mein Vater mich geprügelt hat. Wissen Sie, ich bin so erzogen worden, entweder du gehorchst, oder du kriegst 'n paar gelangt. Schluß aus. Selbst als ich längst verheiratet und selber Mutter war, hab ich Angst vor ihr gehabt. Wenn sie sich zu Besuch bei uns angemeldet hatte, kriegte ich das große Zittern und war nur noch ein Nervenbündel.«

»Sie haben die Erziehungsmethoden Ihrer Mutter später nachgemacht?«

»Ich hab viel von meiner Mutter«, sagt sie leise, »so was übernimmt man, ohne es zu merken. Die Frauen früher konnten sich in der Ehe ja gar nicht anders wehren, die haben ihre Aggressionen an den Schwächsten ausgelassen. Und das sind ja die Kinder. Das ist bis heute doch so geblieben. Leider.«

»Sie haben also Dieter auch sehr hart erzogen?«

»Er hatte Angst, ja, weil, ich hatte ein ziemlich lockeres Handgelenk. Ich war jung, unausgegoren und hab das nachgemacht, was mir meine Mutter vorgemacht hat.«

»Sie haben öfter mal zugelangt?«

»Meine Mutter war so, meine Großmutter war so. Das sind doch die Dinge, die weitergegeben werden in der Familie.«

Sie holt tief Luft.

»Und Dieter war ein sehr empfindliches Kind. Er konnte sich überhaupt nicht wehren. Er hat alles brav gemacht und alles schweigend hingenommen. Sein Vater hatte ihm mal gesagt, *wag es ja nicht, aufmüpfig gegen deine Mutter zu sein.* Und das hat er sich gemerkt.«

»Und was war es, das er hinnehmen mußte?«

»Na, meine Strafen. Ich war sehr konsequent in solchen Sachen. Aber ein bißchen Ordnung muß ja sein im Leben, nicht?«

Sie wischt sich den Mund mit der Papierserviette ab.

»Dieter konnte mit mir nicht reden, und ich konnte mit ihm nicht reden. Er hatte auch keine Freunde. Und wir lebten ja die vielen Jahre räumlich sehr beengt, und da wollten wir keine fremden Leute in der Wohnung haben.«

»Sie hatten also nie Besuch, und Dieter hat nie jemanden mitgebracht.«

»Richtig.«

Frau Roth war mit siebzehn aus ihrem Elternhaus geflüchtet, lernte bald darauf ihren späteren Mann kennen und heiratete ihn. Es war ihr erster und einziger. Aber im Laufe der Jahre entwickelte sich ihr Mann von einem »ganz lieben, netten Menschen« zu einem impulsiven Tyrannen, der bei jedem Konflikt sofort an die Decke ging und auch schon mal zuschlug.

»Erwachsen geworden bin ich erst, als mein Mann tot war.«

»Was heißt denn das für Sie, erwachsen werden?«

»Keine Angst mehr vor der Mutter haben. Und sich wehren können.«

»Denken Sie, daß Ihr Sohn heute noch Angst vor Ihnen hat?«

»Ich habe ihn inzwischen aus den Händen gelassen. Früher hat er vor mir Angst gehabt, aber sicher. Er hat sich gefürchtet vor dem Donnerwetter, das ich schon mal loslassen konnte, aber ja.«

Wir reden darüber, daß sie niemanden hat, mit dem sie offen sprechen kann über das, was Dieter getan und ihr Leben völlig verändert hat. Sie klagt darüber, daß ihr Sohn und sie für die Verwandtschaft »absolut gestorben« sind. Nein, eigentlich klagt sie nicht, sie spricht es aus, ohne zu murren, zeigt die Haltung einer Frau, die sich hart und stolz gibt. Jetzt, wo sie endlich ihr Leben leben kann, will sie sich nichts kaputtmachen lassen. Ihren Schmerz behält sie für sich.

Als sie ein junges Mädchen war, ist sie vor ihrer Mutter in eine Ehe geflüchtet, die ganz anders wurde, als sie gehofft hatte. Dieter kam viel zu früh auf die Welt und hat sie an einen Mann gebunden, den sie noch nicht hatte heiraten wollen.

Ich frage, ob sie damals mit zwanzig überhaupt ein Kind hatte haben wollen.

»Ja, ja«, lacht sie, »ich sag's Ihnen ehrlich, ich war im vierten Monat, als wir geheiratet haben. Ein Unfall darf ja nun mal sein, oder?« sie grinst, aber ihr Gesicht wird sofort wieder sehr ernst.

»Ich wollte von zu Hause weg, die Ehe meiner Eltern war furchtbar. Vater war nach außen sehr nett, aber in der Familie ein Tyrann, genau wie mein Mann, so was gibt's gar nicht. Der konnte auch ganz schön aufbrausend sein. Auf jeden Fall«, sie schaut mich intensiv an, »fühle ich mich heute sehr wohl allein. Das sagt ja wohl 'ne ganze Menge, oder?«

»Hatten Sie manchmal Tötungsphantasien gegen Ihren Mann?«

»Nein, nie«, sagt sie betont, aber dann, »sagen wir mal so, ich hätte ihm nicht geholfen, wenn ihm irgendwas Schreckliches passiert wäre. Nein, ich hätte ihn sterben lassen können.«

Das Telefon klingelt, und sie antwortet mit einer fröhlichen, lachenden Stimme, hängt aber schnell wieder auf, kommt an den Tisch zurück.

»Wissen Sie, wir waren eine ganz normale Familie. Bei uns war alles ganz normal. Wirklich, ganz normal.«

Sie schaut mich durch ihre Brille an und verzieht das Gesicht zu einem aufgesetzten Lachen, daß man ihre Zähne blitzen sehen kann.

In der Ehe arbeiteten beide, Vater in der Fabrik und Mutter auch in der Fabrik. Der kleine Dieter war viel allein, ein Schlüsselkind, das für sich selbst sorgen mußte. Da beide Eltern schon sehr früh das Haus verließen, übernahm es eine Nachbarin, den Jungen am Morgen zu wecken, damit er rechtzeitig in die Schule kommt.

»Die hat«, lacht Frau Roth, »die Tür aufgerissen und geschrien, *Aufstehen, los raus!* Das hat der Dieter gar nicht gern gehabt, so daß er manchmal die Schule aus Trotz geschwänzt hat. Wenn ich das erfahren hab, dann bin ich zurück nach Hause und hab ihn in der Schule abgeliefert. Aber«, sie ballt ihre Rechte zur Faust und richtet den Daumen nach unten, »frag nicht wie!«

Als sie mein erschrockenes Gesicht sieht, sagt sie:

»Also, Ordnung muß sein, oder?«

ICH WILL MICH noch einmal mit Dieter treffen. Diesmal fahren wir mit seinem Opel in das kleine Appartement, das er in der Stadt gemietet hat, und das er als Freigänger an Wochenenden benutzen darf.

»Das ist hier mein Reich. Ich hatte ja in meinem Leben noch nie eine eigene Wohnung. Bis sechsundzwanzig hab ich zu Hause bei meiner Mutter gelebt, und später hab ich immer bei Freundinnen mich verkrochen.«

Spartanisch eingerichtet, aber ein Zuhause, das er liebt. Als wäre es für einen Mann von fünfundvierzig ganz selbstverständlich, sagt er:

»Meine Mutter hat natürlich einen Schlüssel, man weiß ja nie, es kann doch immer mal was passieren.«

Als ich mein Erstaunen ausdrücke, sagt er:

»Meine Mutter hat mich immer voll im Griff gehabt, und heute versucht sie es immer noch. Aber ich denke mal, mit immer weniger Erfolg.«

Wir reden über seine Kindheit, die Angst, die er vor dem Vater hatte, aber auch vor der Mutter. Er erinnert sich gut, wie er sich oft vor der Schule zu drücken versuchte, einfach im Bett liegenblieb oder sich hinter den Häuschen der Siedlung versteckte. Oft kam dann die Mutter überraschend aus der Fabrik zurück, hatte sich eine Stunde freigeben lassen, schrie und brüllte wild herum, knallte ihm eine Ohrfeige und lieferte ihn in der Klasse ab. Zum Hohn und Gelächter der Mitschüler. Demütigungen, die er bis heute nicht vergessen kann.

»Ich hab das Gefühl noch in mir, diese Ohnmacht. Furchtbar. Was mich besonders verletzt hat, das war, daß sie mich vor den Mitschülern bis auf die Knochen blamiert hat, weil, ich war ja sowieso ein ganz Schüchterner. Ein ganz Unauffälliger, der überhaupt kein Selbstbewußtsein hatte.«

Und dann kommt ihm noch ein anderes von vielen kleinen Alltagserlebnissen, das er aber als traumatisch im Gedächtnis hat.

Er hatte mal in eine Baubude eingebrochen und ein paar wertlose Kleinigkeiten gestohlen, Süßigkeiten, Cola-Flaschen. Als

146

die Mutter die Sachen in der Wohnung fand, ein eigenes Zimmer hatte er nicht, bekam sie einen Tobsuchtsanfall, schrie wieder mit der von ihm so gefürchteten, spitzen Stimme und zwang ihn, die Sachen dem Bestohlenen persönlich zurückzugeben.

»Es war gar nicht nötig, daß sie mich gepackt hätte, ich bin ihr wie ein Hund aus Angst gefolgt, und sie hat mich noch mal vor den Augen dieses Mannes fertiggemacht und blamiert. Ich hab mich als ein Nichts gefühlt, als der letzte Dreck. Können Sie das verstehen?«

Er sucht nach dem Wort, das seine damalige Angst beschreibt: »Ohnmacht.«

»Dieses Wort«, sage ich, »haben Sie verwendet, als Sie mir erzählt haben, wie Sie sich gegenüber Ines gefühlt hatten.«

Er legt die Stirn in Falten.

»So? Ich weiß es nicht, aber so ähnlich war das auch. Ich hatte ja keine Selbstachtung. Und das bißchen, das ich manchmal doch hatte, hat meine Mutter noch kaputtgemacht. Und später dann Ines.«

»Wie denn?«

»Ich mochte mich selbst nicht. Und konnte mich ja überhaupt nicht leiden, weil ich so wild auf Ines war. Was hatte ich denn für ein Selbstwertgefühl? Nichts. Gar nichts. Nur durch die Frauen, mit denen ich zusammen war, hab ich mich aufgebaut. Ich hab doch Anni immer wieder gefragt, *warum magst du mich eigentlich?* Weil, ich konnte mir doch überhaupt nicht vorstellen, daß mich eine Frau mag. Daß mich überhaupt jemand mag. Wenn so eine Beziehung dann in die Brüche ging, war es aus mit mir.«

»Was hat Ihre Mutter zu den Frauen gesagt, die Sie hin und wieder mitgebracht hatten?«

Er lacht, es klingt bitter.

»Sie hat eine nach der anderen runtergemacht. Die eine war zu faul, die andere zu dumm oder zu ungeschickt. Und Anni war ihr, glaube ich, zu brav. Die hat ihr auch nicht gepaßt. Die Frau, die meine Mutter akzeptiert, die gibt's nicht.«

»Und wie hat sie sich Ines gegenüber benommen?«
»Ach, die mochte sie auch nicht besonders. Die fand sie nicht mal hübsch.«

IN DEN AKTEN hatte ich eine kurze und sehr irritierende Notiz gefunden, daß nämlich an dem toten Mädchen zwar Sperma, aber keine Spuren von männlichen Samenzellen gefunden wurden.
Ich versuche, sehr vorsichtig ihn darauf anzusprechen. Er antwortet zunächst nicht, sondern blickt mich teilnahmslos an.
»Ach, ich hatte 1986 eine Operation.«
Er bleibt eine zeitlang stumm.
»Ich habe mich sterilisieren lassen«, sagt er schließlich, »aber das hat eigentlich nichts zu bedeuten. Ich hab dem Urologen vertraut, daß ich hinterher davon nichts merke und die Gefühle sich nicht verändern. Und so war's dann ja auch.«
Er setzt zu einer medizinischen Erklärung an, so wie er sie zu geben imstande ist.
»Nein, nein«, frage ich, »mich würde interessieren, warum haben Sie die Operation überhaupt machen lassen.«
»Ich war damals fünfunddreißig, und ich dachte, in dem Alter noch Kinder kriegen, das ist ein bißchen zu spät. Und dann wollt ich halt auch Rücksicht auf die Frauen nehmen.«
»Sie wollten keine Kinder?«
»Ich hatte ja immer das Beispiel meiner Eltern vor Augen, und das fand ich ja überhaupt nicht nachahmenswert. Ich wollte, wie soll ich das sagen, keinem Kind das zumuten, was ich selber als Kind erlebt hatte. Ich wollte«, es fällt ihm schwer, es zu sagen, »nicht so einen Menschen in die Welt setzen wie ich einer bin.«
Ich nicke, sage nichts. Er dreht seinen Kopf zur Seite, schaut zum Fenster, das den Blick freigibt in den kleinen Hof mit Bäumen und Büschen.
»Wieviel wird denn wiederholt in so einer Familiengeschichte? Doch sehr, sehr viel, nicht? Wir machen doch das nach, was uns die Eltern vorgemacht haben. Und ich hab immer Angst

gehabt, es mit einem Kind noch mal genauso zu machen wie meine Eltern mit mir.«
»Ihre Eltern haben Ihnen nichts Gutes vermittelt?«
»Was hätten die mir vermitteln können? Etwa mein Vater, daß man seine Frau schlägt? Wohl kaum.«
»Und Ihre Mutter?«
Pause, Schweigen. Er hustet.
»Ja, ab und zu ist da schon mal was gekommen.«
Und dann, zögernd, fast unhörbar:
»Eigentlich auch nichts, nein.«
Er scheint erschrocken über diese Erkenntnis, denn ich sehe, wie es in seinem Gesicht arbeitet, die Stirn sich leicht runzelt und der Mund sich verzieht.
Er blickt nach draußen, wo eine Frau Wäsche aufhängt, die im leichten Wind flattert. Ein kleines Mädchen mit schwarzen Locken reicht ihr die einzelnen Stücke an.
»Was hätten Sie«, frage ich in die Stille hinein, »getan, wenn Ihre Mutter in das Schlafzimmer gekommen wäre, als Sie Ines gewürgt haben?«
»Das hab ich mich auch schon oft gefragt. Ich weiß es nicht«, seufzt er, »ich wäre weggerannt. Da hätte aber keiner im Weg stehen dürfen.«
»Und wenn Ihre Mutter in der Tür gestanden hätte?«
»Weg, weg«, er macht eine wegschiebende Bewegung mit beiden Armen, »einfach zur Seite gewischt.«
»Ich habe«, sage ich, »Ihrer Mutter diese Frage gestellt. Was denken Sie, hat sie geantwortet?«
»Ich kann es mir vorstellen«, antwortet er beschämt, »daß ich ihr auch was angetan hätte.«
»Ja, das hat sie gesagt. Aber wäre das so unwahrscheinlich, bei dem Haß, den sie auf diese Frau wohl haben, ohne es auszusprechen?«
»Sie meinen, ich würde sie hassen? Darüber hab ich noch nie nachgedacht.« Er klopft eine Zigarette, die er senkrecht zwischen Daumen und Zeigefinger hält, auf die kleine, bunte Metallschachtel, bevor er sie, wie immer sehr langsam, anzündet.

»Wissen Sie, ich hab schon oft daran gedacht, mich hypnotisieren zu lassen, um rauszufinden, warum ich die Tat wirklich begangen habe. Was da noch alles an Angst und Haß in mir drinsteckt. Aber«, er lacht, »ich werde das nicht machen, nein, weil ich nichts mehr fürchte, als die Kontrolle über mich zu verlieren. Davor hab ich die meiste Angst.«

»Es wird also immer noch Geheimnisse geben?«

»Klar, bestimmt. Damit muß ich leben.«

Es ist schon fast sechs Uhr, und er muß zurück in die Anstalt. Wir verabschieden uns, er winkt mir zu, als er in den rostroten Wagen steigt, und ich fahre mit der Bahn nach Berenbostel, um mir die Narzissenstraße anzusehen.

DAS DÖRFCHEN BERENBOSTEL, nach dem Krieg eingemeindet in den Kreis Garbsen bei Hannover, hat fünftausend Einwohner.

Das *Unglückshaus*, von dem Dieter erzählt, steht am Narzissenweg. Es ist ein Zweifamilienhaus, das genauso aussieht wie all die anderen Häuser hier, die in den fünfziger Jahren nach demselben Reißbrettmodell entstanden sind, Spitzdach, ein Gärtchen vor der Tür, ein größeres hinter dem Haus.

Ich frage einen Jungen, der vor dem kleinen Mountainbike-Laden steht. Nein, er hat nie davon gehört, daß hier vor ein paar Jahren ein Mord geschehen ist. Ein alter Mann, dessen Augen hinter dem dicken Glas seiner Brille nur als Punkte zu sehen sind, sagt:

»Wissen Sie, hier kennt man sich nicht mehr. Wenn was passiert, liest man es in der Zeitung. Es soll in der Nummer sieben passiert sein, sagen Sie, ja? Ich kann mich nicht erinnern. Es geschieht ja heutzutage so viel.«

Er klagt über die schlechten Zeiten, den Krieg in Bosnien und die Bombenanschläge in Paris.

»Wo soll das alles nur hinführen«, sagt er, verabschiedet sich ohne Gruß, verschwindet wieder in seinem Häuschen.

Nur eine weißhaarige Dame, die ihren Schnauzer an der Leine spazieren führt, kann sich noch erinnern.

»O ja«, sagt sie,»ich kann mich gut erinnern. Dort drüben in der Nummer sieben waren junge Leute eingezogen. Sie wohnten erst ein paar Wochen hier, da ist dann der Mord passiert. Der Mann hat seine Stieftochter erwürgt, ist aber am nächsten Tag schon verhaftet worden, und die Frau ist bald darauf von hier weggezogen. Ich glaube, nach Hannover.«

»Stimmt es«, frage ich,»daß im selben Haus zehn Jahre zuvor schon mal ein Mord passiert ist? Eine Mutter ermordet wurde, und ihre Tochter hat zusehen müssen?«

»Nein, nein«, sagt sie und zieht an der Leine,»das war nicht hier. Das ist in Celle passiert.«

Und dann erzählt sie mir, was wirklich damals geschehen ist. Im Haus Narzissenweg 7 wohnte ein Ehepaar mit Tochter. Mitte der siebziger Jahre zogen sie nach Celle um, und dort wurde die Mutter des Kindes später umgebracht.

»Frau Schumann, die kannte ich gut, war im Wohnzimmer und schmückte den Weihnachtsbaum. Das Kind hat ihr dabei ein bißchen geholfen. Es war Heiligabend, ich weiß nicht mehr genau, aber vielleicht 1978. Da stieg plötzlich ein Einbrecher durchs offene Fenster ein, hat einen schweren Leuchter gegriffen und auf die Frau Schumann eingeschlagen. Das Mädchen hat das alles gesehen. Frau Schumann hat noch zwei Tage gelebt und ist dann im Krankenhaus gestorben. Ja, so war das.«

»Sie sind sicher, daß der Muttermord hier nicht passiert ist?«

»Aber ja doch«, lacht sie,»ich bin zwar schon fünfundsiebzig, aber mein Gedächtnis ist besser als das von meinem Sohn. Das können Sie mir glauben. Wenn ich Ihnen das sage, dann stimmt das. Den Muttermord hat's gegeben, ja. Aber daß es hier passiert ist, muß der junge Mann, der seine Stieftochter umgebracht hat, sich wohl eingebildet haben. Na ja, auch Mörder haben so ihre Phantasien, oder?«

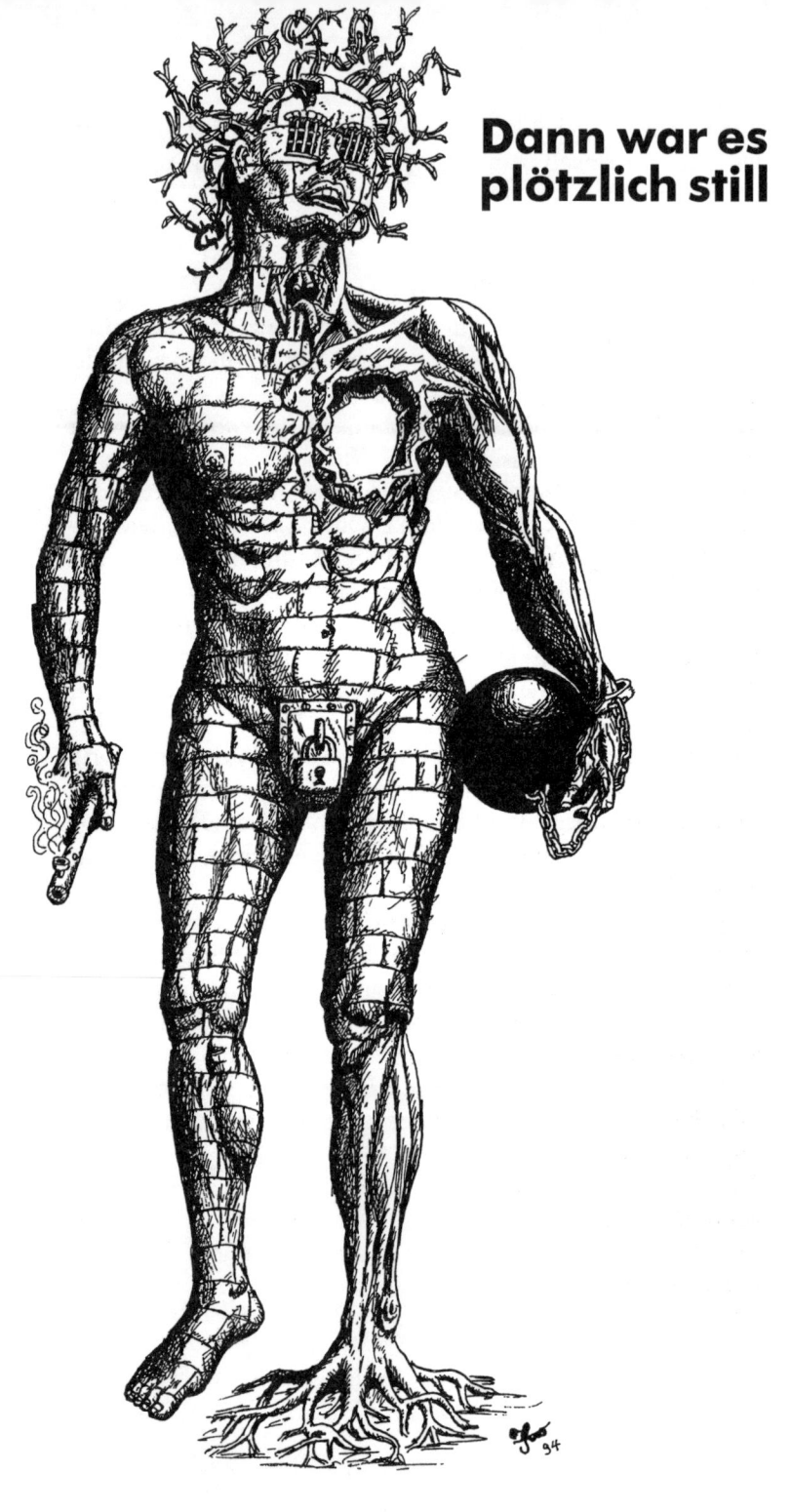

Dann war es plötzlich still

Es ist Montag, der 30. Oktober 1989, neun Uhr vormittags.

Der Lastwagenfahrer Adolf Dressel ist gut erholt aus dem Wochenende zurück. Seit Punkt sechs befindet er sich wie immer an seiner Arbeitsstelle auf der Mülldeponie Sinsheim, fährt den großen Hydraulikwagen, auf dem der Hausmüll aus der Umgebung verladen und auf eine Großdeponie nach Frankreich gebracht wird. Der Grund dieser umständlichen Prozedur ist: Die große Verbrennungsanlage in Mannheim ist überlastet und die Deponierung im Ausland billiger.

Sinsheim ist eigentlich eine Müllsortieranlage, denn hier wird der Abfall nach Metall, Plastik, Papier und Glas sortiert.

Adolf Dressel pflegt sich die Abfälle der Wohlstandsgesellschaft genau anzusehen, und manchmal findet er Dinge, die man gut gebrauchen oder verkaufen kann. So auch heute. Aus einem aufgerissenen, blauen Müllsack schaut die rotlackierte Hand einer lebensgroßen Puppe heraus. »Da isch 'ne Pupp«, ruft er seinen Kollegen zu, steigt vom Wagen, »die hol ich mir.«

Als er näher kommt, erkennt er eine kleine, weiße Armbanduhr am linken Handgelenk der Puppe. Als er näher kommt, die anderen Säcke zur Seite schiebt, erkennt er:

»Die hat ja richtige Finger mit richtige Nägel, ha, des isch kei Pupp, das isch e Mensch.«

Als eine Stunde später die Polizei anrückt, zwanzig Mann das gesamte Gelände absperren, stellt sich heraus, was Herr Dressel entdeckt hat: einen abgetrennten Arm und den Torso einer Frauenleiche, ohne Beine, ohne Arme, ohne Kopf.

Die Polizisten brauchen den halben Tag, durchwühlen die Müllberge, um gegen Mittag die Beine der toten Frau in einem anderen blauen Plastiksack zu finden. »Fast wär der Wagen bis nach Frankreich gekommen, ha, dann hätt man 's nie g'funde«, sagt der Müllfahrer, »des isch einfach unmöglich in der Müllmenge, was weg isch, isch weg.« Bis in den späten Nachmittag wird nach dem Kopf der Toten fieberhaft gesucht, aber er wird nicht gefunden, bleibt in den Müllbergen verschwunden.

ZWÖLF UHR MITTAGS. Auf der Polizeistation in Leimen klingelt das Telefon, es meldet sich ein junger Mann, Carl-Hans Tarnberg, der angibt, seine Zimmerwirtin sei spurlos verschwunden, er würde sich Sorgen machen. Die Vermißtenanzeige wird aufgenommen.

Es dauert bis in die späten Nachmittagsstunden des Montag, bis die Polizei Verbindung herstellt zwischen den beiden Ereignissen, dem Auffinden einer Frauenleiche ohne Kopf und dem Verschwinden einer Zimmerwirtin.

Um 18 Uhr fahren der Kriminalhauptmeister Karl Prinz und der Kriminaloberkommissar Werner Krawik aus Heidelberg in die Gertrudenstraße 13 in Leimen. Der junge Student, der seine Vermieterin als vermißt gemeldet hatte, empfängt die beiden ruhig und höflich. Alle Fragen beantwortet er korrekt und ausführlich, doch als die Beamten des Erkennungsdienstes das Haus durchsuchen, Schränke und Schubladen aufbrechen, wird er sehr nervös.

In der Garage findet man ein Oberhemd von Tarnberg. Es hängt noch tropfend auf einer Wäscheleine. Bereits mit bloßem Auge erkennt der Kriminalhauptmeister graue Flecken, die er sofort als Blutspritzer identifiziert.

Der Erkennungsdienst macht Fotos, will auch ihn fotografieren. Energisch und empört wendet er sich ab.

»Bitte keine Fotos. Ich bin nicht entsprechend angezogen. Außerdem hab ich im letzten Jahr zugenommen, bin ich viel zu dick und sehe nicht günstig aus.«

Während ein Beamter verlangt, Tarnberg solle nun alle Schlüssel herausgeben, auch für Keller und Boden, und sich mit dem Erkennungsdienst auf weitere Suche begibt, bleibt Werner Krawik, ein älterer, erfahrener Beamter mit dem Studenten allein im Wohnzimmer.

»Wollen Sie mir nicht gestehen«, sagt er, »daß Sie mit dem Verschwinden von Frau Andocker, Ihrer Wirtin, etwas zu tun haben?«

Tarnberg beginnt am ganzen Körper zu zittern: »Ich möchte mit meinem Vater telefonieren und ihn fragen, welchen Anwalt ich mir nehmen soll.«

Der Beamte verweigert das, wird nun energischer: »Geben Sie zu, daß Sie Frau Andocker getötet haben. Sagen Sie die Wahrheit!«

Der Student, ein schmächtiger Mann, der langsam und etwas gehemmt spricht, bricht in Tränen aus, bittet um eine Zigarette: »Ich gestehe alles, aber bitte verhindern Sie, daß meine persönlichen Aufzeichnungen, die mit dem Tod von Frau Andokker nichts zu tun haben, an die Öffentlichkeit gelangen.«

Der Beamte: »Wenn die Tat restlos aufgeklärt ist, könnten wir darauf verzichten, Ihre persönlichen Aufzeichnungen in irgendeiner Weise zu veröffentlichen.«

Ein Versprechen, das der Beamte nicht wird einlösen können.

Neun Uhr abends. Der Mordverdächtige wird in das Polizeipräsidium gefahren und dort von den beiden Kripobeamten weiter vernommen. Es tut ihm offenbar gut, in allen Einzelheiten über das zu sprechen, was in der Nacht von Sonntag auf Montag in dem Haus in der Gertrudenstraße geschehen ist.

Kein lautes Wort fällt, die Vernehmer müssen keine Gewalt anwenden, der Student, des Mordes verdächtig, erzählt von sich aus, ja, er tut es akribisch und lückenlos.

»Haben Sie«, fragt Herr Krawik, »die Tötung früher gedanklich geplant und vorbereitet?«

»Ich hatte«, antwortet Tarnberg, »schon wenige Wochen,

nachdem ich in das Haus in der Gertrudenstraße eingezogen bin, die zwanghafte Vorstellung, ich könne dieses Haus nicht verlassen, also nicht ausziehen, ohne Frau Andocker umzubringen.«

Und dann erzählt er, wie er den Mord begangen hat.

Endlose Nächte lang hatte er halbwach auf seinem Bett gebrütet, wie er seine Zimmerwirtin, die er umbringen wollte, beseitigen könnte. Zunächst dachte er, es wäre wohl das beste, sie im Kofferraum eines Wagens über die Autobahn weit weg irgendwohin zu fahren und sie dann in den Müllcontainer einer Raststätte zu werfen. Als er aber eines Morgens, es war ein Dienstag, auf der Terrasse stand und die Müllmänner bei ihrer Arbeit beobachtete, kam ihm der Gedanke mit der Müllabfuhr. Es war ihm klar, daß er in der Nacht davor, also am Wochenende, den Mord begehen müsse. Aber wie? Das wußte er nicht genau, fühlte sich nur getrieben, es irgendwie zu tun.

Mit diesem diffusen Gedanken legt er sich auch am Samstag ins Bett und schläft ein paar Stunden unruhig, aber er kann schlafen. Gegen Mitternacht wacht er auf, bleibt aber im Bett liegen. Angestrengt lauscht er, ob Frau Andocker in ihrem Wohnzimmer einen Stock tiefer noch wach ist. Gewöhnlich ist sie zu dieser Zeit in der Küche, ißt oder trinkt noch etwas oder liegt auf dem Sofa im Wohnzimmer, das an der schmalen Seite des Zimmers steht, so daß sie den TV-Apparat von dort gut sehen kann.

Unendlich oft war er seinen Phantasien nachgegangen, hatte sich in allen Einzelheiten ausgemalt, wie er die Frau töten wollte. Sein Kino im Kopf ließ zwanghaft einen grausamen Film nach dem anderen durch sein Gehirn rasen, ohne daß er sich hätte von den Bildern befreien können. Erschlagen hatte er sich vorgestellt, ersticken, erstechen, doch nun war er von der Vorstellung besessen, sobald die Frau eingeschlafen sei, würde er sie erwürgen, mit seinen Händen.

Es geht lange, bis er keine Geräusche mehr von unten hört, dann steht er auf, öffnet die angelehnte Tür seines Zimmers ganz, um noch mal zu lauschen, ob auch wirklich alles still ist.

Er hört nur, wie ein Auto auf der anderen Straßenseite parkt, hört, wie jemand den Wagenschlag zuknallt, dann ist es wieder ruhig. Das Haus kennt er genau, weiß, daß die alte Holztreppe knarrt, sobald man sie betritt, obgleich sie mit einem roten Läufer belegt ist, der die Schritte dämpfen soll. So schleicht er sich, Zentimeter um Zentimeter die Treppe hinunter, hält sich dabei am Geländer mit beiden Händen fest, um sein Körpergewicht und den Druck auf die Stufen zu vermindern. Von Frau Andocker weiß er, sie ist eine Nachteule, die fast immer bis spät in die Nacht hinein vor dem Fernseher auf ihrem Sofa liegt oder sitzt, und wenn sie dabei einschläft, durch das kleinste Geräusch wach wird. Auch, wenn sie etwas getrunken hat, was sie täglich tut.

Das Treppenhaus erscheint ihm ungewöhnlich hell. Es ist das blasse, fahle Licht der Laterne vor dem Haus, das seinen Schatten an die Wand wirft. Der Himmel ist wolkenlos, und doch ist der Mond nicht zu sehen, denn in dieser Sonntagnacht ist Neumond.

Während Tarnberg sich langsam und geschickt dem Parterre nähert, sieht er, daß die Tür des Wohnzimmers weit geöffnet ist, doch drinnen ist es stockfinster. Der Fernsehapparat ist ausgeschaltet. So sagt er es jedenfalls den Kriminalisten in seiner Vernehmung.

Als er oben in seinem Zimmer grübelte, hatte er sich fest vorgenommen, jetzt schnell das Licht einzuschalten, so daß die Schlafende erschrickt, er diese Schrecksekunde nutzt, um sie zu packen. Doch nun sieht er, die Gardinen sind zurückgezogen, die Gefahr, von einem Nachbarn beobachtet zu werden, erscheint ihm also zu groß. So tastet er sich lautlos in die Nähe des Sofas, mit ausgestreckten Armen, doch dabei stößt er mit dem rechten Knie an die Lehne des Sofas, und die schlafende Frau schreckt auf. »Ja? Was ist?« stottert sie, für ihn das Signal, schnell ihren Hals zu packen und mit aller Gewalt zuzudrükken.

»Ich muß gestehen«, sagt er aus, »daß ich vom Zusammensein mit Helma Andocker am Vorabend vor dem Fernseher wußte, daß sie einen Rollkragenpullover trägt, und ich mir Gedanken gemacht habe, daß es mir gelingen muß, bei dem Griff gegen ihren Hals unter diesen Rollkragen zu kommen.«

ALLES HATTE ER ausgetüftelt, doch nun gelingt es ihm nicht, seine Hände rutschen ab, und die Frau kann sich seinem Würgegriff entziehen. Nur für einen Moment, aber genug, um ihn an Hals, Auge und der Brust heftig mit ihren langen Fingernägeln zu kratzen, er blutet.

»Ich habe nun so fest zugedrückt, wie ich nur konnte. Und habe jedesmal, wenn ich spürte, daß ein Arm von ihr in meine Nähe kommt, fest zugebissen.«

Die Frau kämpft um ihr Leben, schlägt um sich, und obgleich sie nach Luft japst, gelingt es ihr, mit ihrer schrillen Stimme um Hilfe zu schreien, und das so laut, daß Tarnberg fürchtet, einer der Nachbarn könne es bis ins Nebenhaus hören und die Polizei rufen. Doch niemand hört die Schreie.

Tarnberg bricht der Schweiß aus, ihm wird kalt. Endlos lange preßt er jetzt mit aller Gewalt seine Daumen auf den Kehlkopf und läßt nicht mehr los. Dann, als er keinen Widerstand mehr spürt, nimmt er beide Hände, legt sie übereinander, quetscht mit doppelter Kraft auf den Hals und auf die lange Narbe, die von einer Kropfoperation stammt.

»Nach meiner Erinnerung zog sich dieser Vorgang endlos hin«, wird auf dem Präsidium seine Aussage protokolliert, »ich glaube, daß ich eine Viertelstunde lang gewürgt habe und danach noch mehrere Minuten, nachdem die Lungenmuskulatur von Frau A. plötzlich erlahmte, und sie bei jedem leichten Lockern meines Griffes ausatmete. Ich habe dann ihren Brustkorb heftig gedrückt, damit die Luft aus den Lungen gepreßt wird.«

Er spürt, wie der Brustkorb sich noch ein paarmal zuckend aufbäumt, dann ist es plötzlich still.

Völlig erschöpft läßt er schließlich von der Frau ab, hört noch, wie sich ihre Blase entleert, der Urin über das Sofa auf das Parkett tropft. Dann setzt er sich in die Nähe des Fensters auf den

Boden. Ist ganz still, er hört nur seinen rasenden, schweren Atem und das Hämmern seines Pulses.

Eine halbe Stunde bleibt er dort hocken, fürchtet, daß die Frau noch zuckt oder irgendein Lebenszeichen von sich gibt. Seine Angst ist, sie könne noch leben. Jetzt steht er auf, zieht die Gardinen zu, schaltet die Deckenlampe an und sieht, was er angerichtet hat.

Er sieht die reglose Frau liegen in ihrem weißen Pullover, der hochgerutscht ist, darunter der Büstenhalter, die Strumpfhose an den Beinen. Den karierten Rock hatte sie auf dem Fernsehsessel abgelegt.

Wie er das oft in Romanen gelesen und in Filmen gesehen hat, drückt er der Toten die Augen zu, vergewissert sich noch einmal, daß ihre Lippen sich nicht mehr bewegen, keine Luft mehr aus der Nase kommt.

Dann geht er zur Küche, es sind nur drei, vier Schritte über den Flur zu gehen. Er kennt die Schublade, in der die Gummihandschuhe für die Drecksarbeit aufbewahrt werden, zieht sie an.

Zurück am Tatort, packt er nun mit beiden Händen den leblosen, schlaffen Körper an den Füßen, zieht ihn vom Sofa herunter, der Kopf plumpst auf das Parkett, und er schleift den Leichnam über den roten Teppichboden des langen Flurs bis vor das Badezimmer. Vor der Tür läßt er ihn fallen, schaltet das grelle Neonlicht an, packt aufs neue die Leiche und zieht sie bis zur Badewanne, wo er sie auf den grünen Fliesen liegen läßt. Er blickt in den Spiegel, sieht, daß sein Gesicht am Auge zerkratzt ist. Sofort schaltet er das Licht wieder aus und wankt erschöpft durch den dunklen Flur zurück und legt sich auf das Sofa, auf dem eben noch die Tote gelegen hat.

»Ich erinnere mich«, sagt er dem Kommissar, »daß die erste Phase der Tathandlungen für mich nun abgeschlossen war, und ich habe mir sozusagen Urlaub genommen und in den nächsten fünf, sechs Stunden gar nichts getan.«

Er geht hoch auf sein Zimmerchen, legt sich aufs Bett und versucht zu schlafen.

IRGENDWANN SCHRECKT IHN das Klingeln des Telefons unten im Wohnzimmer auf und durchbricht die Stille. Atemlos wartet er, bis es vorbei ist.

Als das Klingeln aufgehört hat, geht er zurück ins Badezimmer, um die Leiche in die Wanne zu legen. Immer wieder versucht er es, zerrt an Armen und Beinen, aber seine Kräfte reichen nicht aus, den fülligen Körper auf den hohen Wannenrand zu heben. Er beschließt also, die Leichenstarre abzuwarten in der Hoffnung, den steif gewordenen Körper wie ein Brett über den Rand zu hebeln.

Schon Tage zuvor hatte er, ein Bücherwurm, der alle Bibliotheken der Stadt kannte und dort Stunden täglich las, in Meyers Konversationslexikon unter dem Stichwort – Leichenstarre – nachgelesen:

Auf der Starre sämtlicher Körpermuskeln beruht die vorübergehende Steifheit der Leichen. Sie entwickelt sich meistens im Verlauf von Stunden, vom Kopf zu den Beinen fortschreitend und löst sich dann wieder.

Also wartet er ab, bis er am frühen Nachmittag feststellt, das im Lexikon beschriebene Phänomen ist eingetreten. Innerhalb einer Stunde hat er den Körper dann dort, wo er ihn haben will. Zwischendurch klingelt immer wieder das Telefon im Wohnzimmer, aber diesmal nimmt er den Hörer ab, sagt mit seiner ruhigen, völlig unbewegten Stimme, die genauso klingt wie immer: »Nein, Frau Andocker ist nicht zu Hause. Tut mir leid, ich weiß nicht, wo sie ist.«

Er verspricht, Grüße auszurichten und legt auf.

»Ich kann mich nicht erinnern«, sagt er bei der Vernehmung, »wann ich angefangen habe, die Leiche zu zersägen. Ich nehme an, daß ich bis 18 Uhr damit fertig gewesen bin.«

Dafür hatte er sich zwei Wochen vorher ein elektrisches Sägemesser in einem Supermarkt gekauft, das er in seinem Zimmer sorgfältig versteckt gehalten hatte. Viele Stunden ist er jetzt damit beschäftigt, die Arme, dann die Beine und zum Schluß den Kopf des Körpers, der in der Badewanne liegt, abzutrennen.

»Ist die Abtrennung des Kopfes«, fragt der Kriminalhauptmeister umständlich, »und der Beine zum Zweck der Erschwerung der Identifizierung der Leiche erfolgt?«

»Nein«, sagt Tarnberg, »um die Leiche loszuwerden, und weil sie nicht anders in die Mülltonnen gepaßt hätte.«

»Wie haben Sie die relativ starken Oberschenkelknochen abgetrennt?«

»Es ist mir über einen längeren Zeitraum nicht gelungen, die Knochen durchzusägen. Ich habe eine Handsäge aus der Garage geholt, die Extremitäten angesägt und dann nach sehr vielen vergeblichen Versuchen die Knochen gebrochen.«

Die abgetrennten Gliedmaßen trägt er Stück für Stück über den Flur in die Küche und legt sie auf dem Kühlschrank und auf der Spüle ab, verpackt sie schließlich in Müllsäcke, die er mit Klebeband verschließt.

HAUPTKOMMISSAR PRINZ WILL wissen, wie er mit dem Torso, der noch in der Wanne lag, zurechtgekommen sei. Carl-Hans Tarnberg antwortet:

»Ich habe es über Stunden nicht geschafft, ihn aus der Wanne zu heben. Erst kurz nach 5 Uhr ist es mir schließlich gelungen. Die letzte halbe Stunde habe ich nur noch hysterisch gearbeitet, um das Kapitel zu beenden.«

Er berichtigt seine Aussage und diktiert dem Protokollanten: »Ich berichtige mich, ich habe nicht hysterisch, sondern hektisch gearbeitet. In diese Hektik bin ich geraten, weil es einen akuten Zeitdruck wegen dem unmittelbar bevorstehenden Eintreffen der Müllabfuhr gab.«

Der Student der Philosophie schildert in der nächtlichen Vernehmung, welche Kräfte und welche handwerklichen Fähigkeiten er entwickelte, um die zerstückelte Frau zu verpacken und aus dem Haus zu schaffen.

Ich lese diese Akten und bemerke, mit welchem Stolz er das getan haben muß, er, der arbeiten nicht anders kannte, als zu lesen, zu denken und zu schreiben.

Für ihn eine handwerkliche Herausforderung, den Torso zu verpacken. Zunächst, indem er ihn an einem Ende hochzuheben versucht, um dann den Müllsack darüber zu ziehen, doch das gelingt ihm nicht, weil die Säcke zu klein sind, außerdem er den schweren Körper nicht so zu bewegen imstande ist, daß er ganz in den Sack paßt. So nimmt er zwei blaue Beutel, schiebt den einen über Brust und Oberkörper, den anderen über den Unterleib, verklebt dann beide mit einem breiten Band.

»Mit äußerstem Kraftaufwand war es mir gelungen, einen weiteren blauen Müllsack in der Badewanne über den Torso zu ziehen, was es mir dann erleichterte, ihn aus der Wanne herauszubekommen. Da es mir nicht möglich war, den so verpackten Torso hochzuheben, legte ich die Mülltonne flach mit dem Boden gegen den Türpfosten und schob den verpackten Torso hinein. Ich stellte die Mülltonne dann auf, schob sie in die Küche, öffnete den Kühlschrank, nahm eine Flasche mit weißer Dessertsauce heraus und goß den Inhalt darüber.«

Die Beamten haken erstaunt nach.

»Das habe ich getan«, sagt Tarnberg, »damit man nicht gleich sehen konnte, was sich in den Müllsäcken befand.«

Die beiden grauen Mülltonnen füllt er noch mit Papier und Laub auf, nachdem er die blutverschmierten Gummihandschuhe und das Sägemesser auch hineingeworfen hat, rollt die schweren Behältnisse vor die Garage, wo sie immer stehen, um Montag früh gegen halb sieben geleert zu werden. Inzwischen ist es kurz vor sechs und immer noch dunkel, als er zurück ins Haus wankt, schweißgebadet und erschöpft. Er säubert die Badewanne und das Handwaschbecken, geht unter die Dusche. Auf seinem Hemd sieht er einen, zwei Blutflecke, er wäscht es, hängt es auf die Leine. Gegen halb sieben fährt der Müllwagen in der Gertrudenstraße 13 vor. Tarnberg steht hinter der Gardine und beobachtet, wie die beiden Arbeiter die Tonnen packen und sie in dem orangefarbenen Wagens entleeren, wie ganz normalen Müll. Kurz vor sieben läutet die Glocke der katholischen Kirche zur Frühmesse, und der Himmel beginnt sich allmählich aufzuhellen.

Um 9.15 Uhr fährt Tarnberg in frischer Kleidung mit dem Bus nach Wiesloch, einem kleinen Ort in der Nähe, wirft blutige Kleidungsstücke in einen Papierkorb an einer Bushaltestelle. In einer öffentlichen Toilette schließt er sich ein, zerreißt die Ausweispapiere von Helma Andocker, die er aus einer Schublade im Wohnzimmer genommen hatte, in kleine Fetzen und spült sie hinunter.

Dann fährt er mit dem Bus zurück in das Haus.

Wenige Stunden später erscheint die Polizei und nimmt ihn fest.

Kurz nach Mitternacht endet das Verhör. Die beiden Beamten sind erleichtert, daß der Philosophiestudent ein solch umfangreiches Geständnis abgelegt hat, und sie jetzt endlich Feierabend machen können. Der Mordverdächtige unterschreibt das siebzehn Seiten lange Protokoll und zeichnet mit seinen Initialen jede einzelne Seite ab, wie der Kommissar das von ihm verlangt. Am Ende bittet der geständige Täter höflich um die Erlaubnis, einen Zusatz anfügen zu dürfen, den er mit diesen Worten in die Maschine diktiert:

»Ich möchte zum Abschluß dieser Vernehmung noch eine letzte Bemerkung machen. Ich fürchte, daß alles, was ich gesagt habe, meine Handlungen als ganz besonders heimtückisch und berechnend erscheinen lassen. In Wahrheit habe ich kopflos und eigentlich auch ziellos gehandelt.«

SCHWURGERICHT HEIDELBERG, EIN halbes Jahr später. Urteilsverkündung am dritten Tag der Verhandlung. Richter, Staatsanwalt, Beisitzer, Anwälte und Zuschauer erheben sich, und der Vorsitzende Georg Wittner verkündet das Urteil gegen Carl-Hans Tarnberg:

»Der Angeklagte hat vorsätzlich und heimtückisch einen Menschen getötet und sich damit des Mordes gemäß § 211 Absatz 2 StGB schuldig gemacht. Er wird zu dreizehn Jahren Haft verurteilt.«

Das Gericht bleibt damit zwei Jahre unter der Höchststrafe von fünfzehn Jahren, denn man billigt dem Angeklagten nur eine »eingeschränkte Schuldfähigkeit« zu und entscheidet sich damit gegen den psychiatrischen Gutachter. Der meinte herausgefunden zu haben, der Angeklagte sei für seine Tat voll und ganz verantwortlich, sei überdurchschnittlich intelligent, wenn er auch die Frage nach dem Mordmotiv nicht eindeutig hatte beantworten können.

Tarnbergs Verteidiger, der greise Dr. Lindberg, hatte in seinem leidenschaftlichen Plädoyer über die Persönlichkeit des Täters ausgerufen:

»Was für ein Mensch ist der Angeklagte, der sagt, nicht Menschen, sondern Bücher sind die wesentlichen Eindrücke meines Lebens gewesen. Er war unfähig, eine vernünftige Beziehung zu einem anderen Menschen herzustellen. Das hier ist nicht der Mord, den der Mordparagraph vorsieht.«

Zum letzten Prozeßtag ist der Gerichtssaal überfüllt, viele Bekannte der ermordeten Helma Andocker sind gekommen. Und als der Verurteilte, in Handschellen gefesselt, von zwei Polizisten aus dem Gerichtssaal über den Flur geführt wird, überflutet ihn eine Welle der Empörung, geballte Fäuste strekken sich ihm entgegen, viele, besonders ältere Männer und Frauen, beschimpfen und bedrohen ihn. Daß der Neundzwanzigjährige nun nicht für den Rest seines Lebens hinter Gittern verschwinden würde, empört das Publikum ganz außerordentlich.

Carl-Hans Tarnberg wird zunächst im Heidelberger Gefängnis eingesperrt, stellt aber bald den Antrag, nach B. verlegt zu werden, weil er hofft, daß seine Eltern, die dort leben und seine einzigen Bezugspersonen sind, ihn öfter besuchen würden.

Justizvollzugsanstalt B. Ich warte auf den Mann, dessen Tat ich bisher nur aus den Akten kenne, in einem der üblichen kleinen, kahlen Räume, in denen sonst Vernehmungen oder Gespräche mit den Anwälten stattfinden. Wer ist er, dem das Gericht vorsätzliche Heimtücke vorgeworfen hat, wie wird er aussehen, wie reden?

Ein großer Tisch, drei mit Plastik bezogene Hocker, einer davon steht umgekehrt darauf, mit den Beinen nach oben, an einer der weißgekalkten Wände ein vergilbtes Farbfoto, das eine Hafenansicht zeigt, an der anderen eine große Papptafel RAUCHEN VERBOTEN. Über den Tisch schlängelt sich ein schwarzes Kabel, an dem eine Alarmanlage angeschlossen ist. Der Belag des Fußbodens aus grauem Balatum ist abgetreten.

Dann wird er hereingeführt, von einem uniformierten Beamten. Ein Mann von Anfang Dreißig in einem rostroten Hemd, dunklen Jeans und Turnschuhen. Er gibt mir die Hand, doch sieht mich dabei nicht an, die dunklen, schwermütigen Augen blicken nach unten. Ich betrachte sein Gesicht, während wir uns setzen, den fast kahl geschorenen Kopf, den exakt geschnittenen Bart, der Mund und Kinn kreisförmig einrahmt.

Seine Hände, klein und schmal, legt er auf die Tischplatte und wartet schweigend, bis ich ihn frage. Ein ernstes, früh gealtertes, trauriges Kind.

»Haben Sie«, ich blicke ihn an, doch noch immer erwidert er

den Blick nicht, »haben Sie mit Ihren Eltern ausführlich über die Tat gesprochen?«

»Ich habe«, er macht eine Pause, »nur mit sehr, sehr wenigen Menschen überhaupt darüber gesprochen. Und mit zu Hause, tja, gar nicht eigentlich.«

»Niemals?«

»Eigentlich überhaupt nicht.«

»Sie haben sich doch extra nach B. verlegen lassen, um mit ihnen zu sprechen. Haben die Eltern nie gefragt, *Junge, warum hast du das gemacht?*«

»Hm«, brummt er leise, »Nein. Nach der Tat gab's eine lange Funkstille. Und als die vorbei war, ist darüber überhaupt nicht gesprochen worden. Also darüber, was sich abgespielt hat und wie und warum.«

Er redet langsam, haucht fast, so daß ich fürchte, das Tonband würde diese nahezu unhörbare Stimme nicht aufzeichnen. Ich schiebe das Mikrofon so dicht an ihn heran wie nur möglich.

»Na ja«, seufzt er, »das ist als etwas empfunden worden, das die Atmosphäre vergiftet. Das möcht ich natürlich auch nicht.«

»Was würde denn passieren, wenn Sie sagen würden, *Mutter, laß uns über alles reden?*«

»Mutter sag ich nicht, das Wort find ich ein bißchen sehr gestelzt. Statt *Mutter* sage ich *Mami.*«

»Also gut, Mami, wie Sie als Kind gesagt haben. Wie würde sie reagieren?«

»Also, das ist«, Pause, »das kann ich mir, ehrlich gesagt, gar nicht vorstellen. Auch über schlichtere Dinge ist wenig gesprochen worden. Ja, eher wenig.«

»Sind Sie von Ihrer Mutter irgendwann mal in den Arm genommen worden?«

Er antwortet nicht. Ich präzisiere also meine Frage: »Zum Beispiel, als Sie ein Kind waren oder später als Erwachsener?«

»Ja, sicher«, sagt er jetzt betont und blickt mich zum ersten Mal ganz kurz an und sofort wieder weg, »natürlich, selbstverständlich.«

»Und wie hat sie das getan?«

»Also, ich meine, es gibt da, was diese Frage angeht, ein bißchen verschiedene Versionen.«

»Sie meinen, Ihre Mutter würde anders antworten als Sie.«

»So ist es wohl.«

»Also eigentlich sind Sie nicht von ihr berührt worden?«

»Meiner Erinnerung nach, eigentlich nicht«, er atmet tief ein, sagt dann mit dem schmerzlichen Gesicht eines ängstlichen Kindes, »nein, nicht. Ich will aber meinen Eltern auf keinen Fall irgendwelche Vorwürfe machen.«

Und dann, abfällig, wegwerfend: »Na ja.«

»Und von Ihrem Vater? Der ist, soviel ich weiß, Steuerberater.«

»Wohl auch eigentlich nicht, nein. Wir haben viel Spaziergänge gemacht, dabei hat jeder so irgend etwas über sich erzählt. So 'n bißchen zwischendurch, wenn er mal Zeit hatte.«

»Haben Ihnen die Eltern ins Gefängnis geschrieben?«

»Ich habe meinen Vater über einen Kripobeamten benachrichtigt, daß ich wegen Mordes verhaftet worden bin, aber einige Monate lang hat er sich dazu nicht geäußert.«

»Ihre Eltern haben Sie aber doch angerufen und besucht?«

»Nein.«

»Aber sie waren in der Gerichtsverhandlung, oder?«

»Nein, das nicht.«

»Was denken Sie, warum sind sie nicht gekommen?«

»Nun, mein Vater ist sehr beschäftigt und meine Mutter sozial sehr engagiert. Sicher war das auch ein Zeitproblem für sie. Außerdem haben sie meine Tat als Schock erlebt, und für sie war es unzumutbar, sich als Eltern eines Mörders da in den Zuschauersaal zu setzen.«

»Sie nehmen ihnen das offenbar nicht übel.«

»Wie gesagt, ich will meinen Eltern auf keinen Fall Vorwürfe machen. Das liegt mir völlig fern. Später von der Haft aus, haben wir ja dann einen Briefwechsel aufgenommen.«

»Worüber haben Sie und worüber haben die Eltern geschrieben?«

»Tja, der Briefwechsel wird ja überwacht. Wir haben also über allgemeine Dinge geschrieben, ein bißchen so über . . .«
Ihm fällt nichts ein. Ich sage:
»Über Wäsche, Seife, Zahnpasta und so etwas?«
»Ja«, murmelt er, »so Zeugs.«

Der Mann mit den kleinen Händen, der mir gegenübersitzt, wurde verurteilt, weil er eine Frau, mit der er ein ganzes Jahr lang in einem Haus zusammenlebte, erdrosselt und zersägt hat. Ich muß mich gewaltsam daran erinnern, denn hier bietet er das Bild eines Schüchternen, Zurückhaltenden.
»Ich habe Ihre Akten gelesen«, sage ich, »aber Sie haben nicht ausgesagt, wie Ihr Gefühl war, als Sie merkten, jetzt ist die Frau tot.«
»Irgendwann hab ich einen Hauch gehört, als ich die Hände an ihrem Hals hatte, einen Hauch«, er macht ihn vor, atmet tief aus, »das war wohl ihr letzter Atemzug. Ich hab dann losgelassen und mich irgendwohin fallen lassen. Und immerzu hab ich gedacht, daß sie noch mal aufsteht und mich anspricht.«
»Sie haben angenommen, die Tote würde noch mal zu Ihnen sprechen?«
»Das nicht, aber irgendwie konnte ich mir das nicht vorstellen. Das sind zwei sich logisch ausschließende Gedanken, und obgleich ich sie umgebracht hatte, konnte ich mir nicht vorstellen, daß sie jetzt tatsächlich tot ist. Der Tod ist für einen Lebenden unvorstellbar, selbst für jemanden, der gerade getötet hat. Ja, mir war klar, was ich getan hab, aber auf der anderen Seite hatte ich so ein Gefühl, sie schläft nur und könnte jeden Moment wieder aufwachen. Das klingt merkwürdig, ist aber wahr.«
»Warum haben Sie gefürchtet, daß die Frau noch lebt?«
Die Frage irritiert ihn so sehr, daß er nichts zu antworten weiß.
»Also«, sagt er schließlich, »ich denke mal, ich habe vielleicht gefürchtet, daß«, er stockt, »daß sie mich dann anschreien wird oder schlagen.«

»Das haben Sie gedacht in diesen Minuten?«

»Ich hatte keine logischen Gedanken im Kopf, nur kleine Bruchstücke.«

»Hatten Sie selbst ein Körpergefühl?«

Er atmet schwer und schnell.

»Ich erinnere mich, mir war kalt, sehr kalt, ja. Und ich hatte Angst, ich hab gezittert, Angst hatte ich. Fürchterliche Angst hab ich gehabt.«

»Daß Sie gefaßt und verurteilt werden?«

»Nein, ich hatte keine Furcht. Ich hatte Angst, Angst, verstehen Sie. An Konsequenzen hab ich überhaupt nicht gedacht, so weit hätte ich gar nicht denken können. Ich hatte eine Angst, die, die man nicht erklären kann. Stundenlang hab ich gar nichts gemacht, ich war durcheinander, aufgewühlt. Ich hab dann versucht abzuwarten.«

»Worauf haben Sie gewartet?«

»Daß irgend etwas passiert, daß mein Leben sich mit einem Knall ändert.«

»Vielleicht, daß Sie festgenommen werden und endlich mit jemandem reden können?«

»Ich hatte mir immerzu eingeredet, ich werde so was wie den perfekten Mord begehen, ja. Aber jetzt wußte ich nicht mehr, wie ich diese Angst, diese bedrückende Angst, loswerden sollte. Ich hab nur auf der Treppe gesessen und dann oben in meinem Zimmer. Einfach gehofft, daß ich ruhiger werde, ja.«

»Sie haben sich aber, bevor Sie auf Ihr Zimmer nach oben gegangen sind, aufs Sofa gepackt, wo vorher die Leiche gelegen hatte. Ohne ein Gefühl von Ekel?«

»Daran erinnere ich mich nicht.«

»Sie haben es aber in Ihrer Vernehmung ausgesagt.«

Er schweigt versteinert. Ich frage nicht nach, vorläufig nicht.

»Hatten Sie«, frage ich ihn, »beim Erdrosseln so etwas wie eine sexuelle Erregung.«

»Nein, nein«, wehrt er ganz entschieden ab, »das hat mir später der psychiatrische Gutachter auch unterstellt.«

»Immerhin lag Frau Helma halb in BH und Strumpfhose da.«

»Ich hab das so, also so nicht wahrgenommen«, er hämmert mit dem Streichholz auf der Zigarettenschachtel herum, »einen sexuellen Hintergrund sehe ich nicht, nein.«
»Sie haben dann die Leiche in die Wanne gelegt und später zerteilt. Haben Sie das ganz bewußt mitgekriegt?«
»Wenn ich sage, ich war in Trance, dann klingt das aufgesetzt, aber ich habe alles wie ein Automat gemacht, ohne zu denken. Aber die Bilder, die hab ich immer im Kopf, auch wenn ich jetzt davon rede.«
»Träumen Sie davon?«
»Das eigentlich nicht, nein. Aber tagsüber ja, da habe ich die Bilder immer vor mir. Das ist schon entsetzlich.«
»Was meinen Sie, warum träumen Sie nicht von Ihrer Tat?«
»Weil«, er denkt lange nach, »weil das alles so tief in mir drin steckt, daß mein Unterbewußtsein das noch nicht richtig nach oben läßt. Was in meinem Inneren vorgegangen ist, denk ich mal, ist noch so wenig verarbeitet, daß ich es in der Traumwelt artikulieren könnte. Ich glaube, das, das wird erst viel später geschehen.«
»Ist das wahr, Sie hatten eigentlich daran gedacht, einen perfekten Mord zu begehen?«
»Ich hatte schon gedacht, daß die Ermittlungen an mir vorbeilaufen. Daß das nicht rauskommt, daß ich unbehelligt bleiben würde, also vor der Tat hab ich das gedacht.«
»Trotzdem, Sie hatten eine ganze Menge Spuren hinterlassen, oder nicht?«
»An diesem Wochenende habe ich gewußt, daß da überall noch Blutspuren sind, also auf dem Küchenboden, auf dem Teppich in der Küche. Überall.«
»Die hätten Sie beseitigen können.«
»Den Teppichboden in der Küche hätte ich rausnehmen oder was drüberlegen können. Nein, hab ich nicht gemacht. Mir war klar, *jede dritte Handbewegung, die du machst, hinterläßt Spuren*. Ich hab aber ganz stur, verbohrt, verbissen weitergemacht. Trotzdem hab ich einige Spuren vernichtet, anschließend.«

»Das heißt, Sie haben Ihr Hemd gewaschen, das elektrische Sägemesser und die Baumsäge, die Sie aus der Garage geholt haben, abgewaschen?«

»Nein, hab ich nicht abgewaschen, nein. Die Säge hab ich da wieder hingehängt, wo sie war.«

»Mit Blut?«

»Ja, ja. Die Baumsäge aus der Garage, also das Sägeblatt war stark verfärbt, das ging so in Richtung rostfarben. Hab aber nichts abgewaschen.«

»Damit hatten Sie den Kopf abgetrennt?«

»Nein«, er schweigt, sagt dann, »wenn ich jetzt nichts durcheinander werfe, dann hab ich den mit dem Elektromesser abgetrennt.«

»Erstaunlich für jemanden wie Sie, der tiefe Berührungsprobleme hatte.«

»Ich habe, ich habe Handschuhe angehabt, weil, ich wollte die Frau nicht anfassen, das hätt ich ekelhaft gefunden, irgendwie.«

»Haben Sie sich vor der Toten oder haben Sie sich vor der Frau geekelt?«

Er antwortet nicht, nimmt die ausgestreckten Hände von der Tischkante und preßt sie auf die Schläfen.

»Ich denke mal«, sagt er schließlich, »ich habe diese Frau verachtet, wahrscheinlich gehaßt.«

»Und warum?«

»Ich möchte, also, ich kann das eigentlich nicht sagen. Ich weiß es nicht.«

»Denken Sie, wir werden es im Laufe dieses Gespräches gemeinsam herausfinden?«

Er hustet und antwortet nicht.

CARL-HANS IST AUFGEWACHSEN fast ohne Berührung, jede körperliche Nähe war ihm widerlich, er vermied sie, wo immer er konnte.

»Wie«, frage ich, »sind Sie mit Ihrem Körper umgegangen, als Sie noch zu Hause gewohnt haben?«

»Was alle Fragen des Körpers angeht, nur echtes, echtes Totschweigen. Mein Bruder hatte als Kind 'ne verkehrte Zahnstellung. Und ich hab als kleines Kind immer gedacht, warum gehen meine Eltern nicht mit ihm zum Zahnarzt, ja, warum macht man nicht irgendwas dagegen? Ist nicht passiert.«
»Warum nicht?«
»Das hängt damit zusammen, daß über körperliche Dinge nicht gesprochen wurde. Das klingt lächerlich, aber es ist so.«
»Wenn Sie sich etwa mal in den Finger geschnitten haben, was war dann?«
»Ja, haben die gesagt, *da liegt ein Pflaster.* Damit war das erledigt, verstehen Sie? Das ist etwas, das man nicht wahrnimmt.«
»Hatten Sie mal Kopfschmerzen?«
»Es ist noch heute so, daß ich von mir selber behaupte, Kopfschmerzen nicht zu kennen. Obgleich ich inzwischen rausgefunden hab, daß ich natürlich Kopfschmerzen habe hin und wieder. Aber früher hab ich behauptet, ich weiß gar nicht, was das ist. Alles Körperliche verschwand hinter so einem Verdrängungsmechanismus. Über so was darf nicht geredet werden, also gibt's das auch nicht.«
»Was haben Ihre Eltern getan, wenn Sie als Kind nicht kacken konnten?«
»Ich kenne das nicht, kenne ich so nicht, nein, kenne ich nicht.«
»Nein?«
»Na ja, ich kann mich erinnern, daß es zum Beispiel so eine besondere, schwarze Klobrille gab für Kinder. So ein Einsatz, der da ins Klo reingehängt wurde, damit die Kinder sich draufsetzen konnten. Als das nun abgeschafft wurde, hab ich das als sehr schmerzhaft empfunden, weil ich da immer so rumturnen mußte auf diesem schrecklichen Klo, das ja für Erwachsene war. Furchtbar. Ich hatte Angst.«
»Und es ging dann nicht?«
»Defäkation ist ja ein endloses Thema«, sagt er in einem abfäl-

ligen Ton, »das kenn ich ja aus der psychologischen Literatur. Aber ich versteh nicht ganz, warum man dem so eine Bedeutung beimißt.«

Er mag sich nicht erinnern, dreht das Gesicht zur Seite und sagt:

»Na ja, das hat keine Bedeutung. Ist ja albern, eigentlich.«

An das Waschen kann oder will er sich auch nicht recht erinnern, weiß nur noch, daß er stundenlang in der Wanne liegen blieb, bis das Wasser kalt war und Vater oder Mutter ihn mit »riesigem Gebrüll« da wieder rauskommandierten. Ich frage ihn, ob er sich vorstellen kann, daß die Badewanne eigentlich auch ein Symbol für Geborgenheit ist, in die wir uns ohne Angst zurückziehen können. Vielleicht eine tiefe Erinnerung an die Geborgenheit im Mutterbauch.

Er zuckt nur die Schultern und sagt: »Na ja.«

Reinlichkeit spielte in seinem Elternhaus eine überaus große Rolle, die Schuhe mußten, bevor die Zimmer betreten werden durften, schon im Windfang des Hauses ausgezogen und abgestellt werden. Das war ein tägliches, ganz selbstverständliches Ritual.

»Wurden«, möchte ich wissen, »auch die Fingernägel auf Sauberkeit kontrolliert?«

»Ja, das ist 'ne Sache, die eine ganz, ganz große Rolle gespielt hat. Das hat sich bei mir eingeprägt, weil das sehr schmerzhaft war. Mein Vater hatte so ein Pflegeset für die Fingernägel. Und sein Wunsch war es offenbar, daß ich nicht diese Proletenhände kriege, sondern gepflegte Nägel, und die hab ich dann ja auch.«

Er hebt die Hände ein wenig, wendet sie hin und her, legt sie wieder auf den Tisch wie ein ordentlich erzogener Junge.

»Das war seine Idee, daß ich nicht, wie meistens bei Schulkindern, abgefressene und zugewachsene Nägel habe, das wollte er unbedingt vermeiden. Dazu hat er jedes Stückchen übergewachsene Haut zurückgedrückt und mit einem scharfen Messer beschnitten, das war schon sehr, sehr schmerzhaft.«

Schweigen und dann:

»Das hat auch geblutet, ja. Und Tränen hab ich auch dabei gehabt.«

»Wie hat der Vater darauf reagiert?«

»Ich hab richtig Horror und Angst gehabt, aber, schauen Sie, ich unterstelle meinen Eltern bis heute nicht, daß sie bei solchen Dingen nicht doch die allerbeste Absicht hatten. Ich will meinen Eltern keinen Vorwurf machen. Es sind schließlich meine Eltern.«

»Sie nehmen Ihre Eltern fortwährend in Schutz, warum?«

»Ich kann ihnen nichts Schlechtes nachsagen, sie haben es gut mit mir gemeint, ja.«

Als er das sagt, verzieht er so schmerzhaft das Gesicht, daß es etwas von einem geschlagenen, furchtsamen Kind bekommt.

»In den Akten habe ich gelesen«, frage ich, »daß Ihre Mutter sehr religiös ist, stimmt das?«

»Das trifft zu, sie ist bei den Mormonen, da ist sie sehr, sehr aktiv. Sie leitet eine Kindergartengruppe, eine Hausfrauengruppe und noch etwas. Zu den Mormonen ist sie Anfang der sechziger Jahre gekommen, als Johannes XXIII. und das 2. Vatikanische Konzil die Kirche doch in einigen wesentlichen Punkten liberalisiert hatten. Da fand sie, das geht zu weit und hat sich von dieser Kirche abgewendet, ist dann bei den Mormonen gelandet, na ja.«

DIE MORMONEN, EINE Sekte, die sich von den USA aus in den letzten Jahren, ganz besonders unter Ronald Reagan, mehr und mehr ausgebreitet hat, sind straff hierarchisch organisiert, verlangen von ihren Mitgliedern, daß sie keinen Kaffee, keinen Alkohol oder Cola trinken, nicht rauchen und auch sonst keusch und enthaltsam leben. Dabei sind die Mütter angehalten, nicht außer Haus zu arbeiten, es sei denn für die Sekte. Diese *Kirche Jesu Christi der Heiligen der letzten Tage* bereitet ihre Mitglieder in aller Strenge von Kindesbeinen an auf ein kommendes *Tausendjähriges Reich* vor und gebietet ihnen, bis dahin in Perfektion den Zehn Geboten absolut Folge zu leisten und das Buch *Mormon* täglich zu lesen. Den Mitgliedern, die zehn Prozent ihres Gehaltes oder Lohnes an die Sekte abzuführen haben, ist es verboten, vor der Ehe Sex zu haben oder abzutreiben. Kinder zu bekommen ist eine heilige Pflicht.

Natürlich verlangt Tarnbergs Mutter, daß er und sein kleiner Bruder Mitglieder der Sekte werden sollen, doch Carl-Hans, der Bücherwurm, verweigert sich, er liest Nietzsche und wird ein überzeugter Atheist. Doch das ist ein langsamer Prozeß eines vorsichtigen Widerstandes.

»Haben Sie einmal Widerstand geleistet gegen die körperfeindlichen, strengen Eltern?«

»Ich bin in der zehnten Klasse sitzengeblieben und von zu Hause weggelaufen und war, ich weiß nicht, drei Wochen weg, hab mit anderen Jugendlichen am Kanal gezeltet. Das war in den Sommerferien.«

»Und wie haben Ihre Eltern darauf reagiert?«

»Als ich wieder zurückkam, ja, da merkte ich, die hatten die Polizei nicht informiert, und ich hatte auch von mir aus nicht angerufen. Ob die irgendwas über mich erfahren hatten, weiß ich nicht. Wir haben nie darüber gesprochen. Aber jedenfalls war das ein Klimawechsel. Der größte Klimawechsel, den es gegeben hat in meiner Jugendzeit. Ich bin danach, ich will nicht sagen schonender, aber ein bißchen anders behandelt worden.«

»Sie wurden zum ersten Mal respektiert?«

»Ja, kann man sagen. Ich stand ja immerfort unter diesem Leistungsdenken, Schulleistungen müssen sein, müssen absolut erbracht werden. Aber in anderen Familien ist es doch so, glaube ich, daß man dem Kind sagt, was es wie am besten schaffen kann. Das Kind bekommt eine klare Richtung, die es akzeptieren kann, nicht.«

Zum ersten Mal greift er zur Zigarette, zieht hastig und tief, daß man das laute Zischen seines Atems hört.

»Meine Eltern sind von ganz, ganz konträren Traditionen geprägt. Da mischt sich der Katholizismus mit Summerhill-Pädagogik, da mischt sich Drittes Reich mit Sozialdemokratie und Mormonentum. Verstehen Sie? Diese unvereinbaren Ideologien haben sich alle paar Jahre überlagert. Das alles hat sich wie in Sedimentschichten abgelagert, und ich hab da hilflos dringesteckt und wußte nicht, was ich tun soll und wie ich mich orientieren kann. Besonders meine Mutter hat immer dem geglaubt, der zuletzt gesprochen hat, dem ist sie dann eine Weile gefolgt, bis dann die nächste Meinung auf sie eingewirkt hat.«

Er hält einen Moment inne, blickt mich an, so als wolle er fragen, ob ich das wohl nachvollziehen kann.

»Also, daß mein Vater offenbar keine Bedenken gehabt hat, mich zusammenzuschlagen. Ja, er hat das getan, wie soll ich das sonst ausdrücken. Ich kann mir nicht vorstellen«, seine Stimme wird höher und schneller, doch seine Hände bleiben ruhig auf der Tischplatte, »ich *kann* mir nicht vorstellen, ein Kind zu schlagen. *Kann* ich mir nicht vorstellen. Mit der Faust hat er's getan, mit der flachen Hand, mit, mit... Also, wissen Sie, zu den unangenehmsten Kindheitserinnerungen zählt, daß, wenn ich am Schreibtisch sitze und Schulaufgaben mache, mein Vater *direkt* hinter mir steht«, das Wort direkt betont er, daß es wie ein Peitschenhieb wirkt in seiner sonst so ruhigen Stimme, »*direkt* hinter mir, guckt über meinen Kopf rüber und brüllt. Während ich schreibe, brüllt er. Und so geht das jeden Tag. Ich versteh das heute noch nicht.« Er keucht schwer, während er auf die Tischplatte blickt, seine Augen hin und her flirren.

»Und was hat der für Dinge gemacht, zum Beispiel, wir hatten da ein Papier, ein liniertes Papier, auf das wir schreiben mußten. Und er hat rumgetobt, ich sollte nur jede zweite Zeile beschreiben, nur jede zweite, also immer eine dazwischen frei lassen. Aber die Lehrerin hatte uns ausdrücklich gesagt, es sollte jede Zeile beschrieben werden, wir sollten keinen Zwischenraum lassen. Der hat gar nicht gehört, was ich sagen wollte, er hat gebrüllt, und ich hab aus Angst gemacht, was er wollte. In der Schule sind meine Arbeiten dann von der Lehrerin zurückgewiesen worden, ja, natürlich.«
Langsam beruhigt er sich.

»Ja, solche Dinge. Das ist, das ist nicht normal gewesen. Einerseits hat es diese strengen Forderungen nach Leistung gegeben, auf der anderen Seite, wenn es darum geht, einem jungen Menschen mal einen Tip zu geben, einen Hinweis, eine Orientierung, da hieß es dann, *da misch ich mich nicht ein, das mußt du selbst entscheiden.* Dann haben sie in Liberalismus gemacht.«

»Können Sie mir dafür ein Beispiel geben?«

»Ich kann mich zum Beispiel erinnern, die Entscheidung lag an, ob ich als zweite Fremdsprache am Gymnasium Französisch oder Latein wählen soll. Da hieß es dann auch, *da misch ich mich nicht ein, du mußt selbst entscheiden.* Zugleich ahnte ich, daß mein Vater tödlich beleidigt sein wird, wenn ich nicht Latein nehme. Verstehen Sie das? Er hat nicht gesagt, *du nimmst Latein.* Ich habe halt ständig dieses Gefühl gehabt, ich muß irgendwelchen übermenschlichen Forderungen genüge tun, ohne genau zu wissen, was das alles soll, und was ich überhaupt zum Wohlbefinden meines Vaters beitragen kann.«
Er hält inne, sagt dann ganz, ganz leise:

»Also, ich kann ... ich bin wie ein gehetztes Karnickel durch meine Kindheit gerannt. Das kann man wirklich nicht anders sagen. Das ist wirklich wahr.«

»Durften Sie weinen als Kind?«

Er schluckt, schweigt wieder eine Weile:

»Ich habe, ich habe viel geweint. Doch, ja.«

»Allein oder in Gegenwart der Eltern?«

»Ich glaube nicht, daß meine Eltern mich mal haben weinen sehen, abgesehen, wenn mein Vater mir die Nägel gestutzt hat, und da bin ich auch nicht so sicher, ob er das bemerkt hat«, schnell nimmt er einen Zug von der Zigarette, »meine Eltern haben mir immer vorgehalten, wie toll ich erzogen worden bin, wie phantastisch. Daß ich schon, als ich gerade laufen konnte, mit Messer und Gabel essen konnte, und solche Dressurakte. Das fanden sie immer ganz toll. Mit Messer und Gabel essen, das waren die Rekordberichte über mich den Verwandten gegenüber. Ich wußte, wenn irgendwelche Anlässe sind, Gäste kommen zum Beispiel, dann mußte ich besondere Klamotten anziehen. Für mich ein Gefühl der Beklemmung, unbeschreiblich. *Bloß keinen Fleck auf die Hose machen,* dachte ich, *nichts falsch machen.* Das war auch so ein Dressurakt der Erziehung«, er betont es so, daß das Wort *ziehen* deutlich wird, »aber auf der anderen Seite war dieses *mach doch, was du willst. Ich übernehme keine Verantwortung für dich.*«

»Er wollte befehlen, aber nicht haftbar sein für das, was er befohlen hatte.«

»Ja, das muß man wohl so sehen.«

TARNBERGS VATER WAR einundzwanzig, als der Krieg vorbei war, doch über die Zeit des Dritten Reiches wurde nicht gesprochen, darüber erfuhr Carl-Hans nichts. Nur, daß er in Dänemark Besatzungssoldat war und sein Großvater bei der Polizei. Ob er ein Nationalsozialist war, nein, das weiß er bis heute nicht.

»Aber meine Mutter«, sagt er, »war streng antikommunistisch

und sehr gegen die Ostverträge, ihr war alles viel zu liberal damals. Nicht nur in der Kirche.«

»Können Sie sich«, frage ich, »an die Dokumentarfilme aus den KZs erinnern, die Sie sicher auf der Schule gesehen haben?«

»Das weiß ich nicht mehr. Aber an die Bilder aus dem Vietnamkrieg, Holzschubkarren mit abgemagerten Leichen, ja. Das hat mich außerordentlich stark berührt. Die Leichen wurden dann regelrecht irgendwo ausgekippt, weggeschmissen. Da war ich etwa acht Jahre alt. Mit solchen Fernsehbildern bin ich aufgewachsen.«

»Darüber konnten Sie mit den Eltern reden?«

»Bei allem, was mir wichtig war, hab ich auf Nachrichtensperre geschaltet, um nicht irgendwelche häuslichen Katastrophen heraufzubeschwören. Wenn mich etwas besonders stark beeinflußt oder beeindruckt, dann, dann ist das ein klares Signal, darüber nicht zu sprechen.«

»Wenn Sie ganz besonders berührt sind, dann schweigen Sie?«

»Ja. Das muß man so sagen.«

»Und das ist auch heute noch so?«

»So ist es«, sagt er und zündet sehr langsam noch eine Zigarette an.

IMMER WIEDER BRICHT die Angst durch, die er heute noch vor Vater und Mutter hat, obgleich er inzwischen vierunddreißig Jahre alt ist. Und immer wieder wird deutlich, wie sehr er um Selbstachtung und Selbstbewußtsein kämpfen muß.

»Meine Eltern sind damals, als ich 1989 in Haft kam, schwer schockiert gewesen, natürlich mit vollem Recht. Und sie hatten große Angst, in die Zeitung zu kommen. Aber zwei Wochen danach fiel die Berliner Mauer, so daß meine spektakuläre Straftat fast nicht behandelt worden ist. Das haben meine Eltern natürlich als angenehm wahrgenommen.«

Seine Stimme klingt seltsam fest, als er sagt:

»Wenn nicht diese Sache mit der Wiedervereinigung gewesen

wäre, dann wäre meine Tat in erheblich höherem Maße öffentlich besprochen worden.«

»Das ist ja interessant«, sage ich erstaunt, »Sie hat es gekränkt, daß Ihr Fall in der Presse nicht genügend wahrgenommen wurde? Habe ich das richtig verstanden?«

»Ich glaube nicht«, schwächt er ab, als er meine Reaktion sieht, »daß ich aus Geltungsbedürfnis den Mord vollbracht habe. Aber vielleicht ist es doch ein unbewußtes Motiv. Daß ich was zeigen und beweisen wollte.«

Er zögert wieder, versucht, das Gesagte abzuschwächen. »Aber eigentlich wollte ich diese, diese ständige innere Verkrampfung, die sollte sich lösen. Das klingt natürlich fürchterlich, aber das war für mich ein ganz wichtiger Punkt. Ich wollte Veränderung, einfach eine Veränderung meines Lebens.«

»Durch den Mord?«

»Ich habe das nicht bedacht in meinem Wahnsinn, daß mich nun Jahrzehnte lang diese Geschichte verfolgen wird, jahrelange Inhaftierung, dann Chancenlosigkeit im Beruf später und, und, und. Das wird mir ja ewig anhängen.«

»Was genau«, frage ich Carl-Hans Tarnberg, »wollten Sie in sich selbst verändern?«

»Mir ist jetzt klar, daß ich damals in einem Ausmaß Menschenverachtung und -haß gefühlt habe, die mir heute wirklich fremd sind. Und ich habe damals offenbar die Hoffnung gehabt, eine absurde und abwegige Hoffnung, daß ich ...« Pause, quälendes Schweigen, »tja, das ist unglaublich, daß ich ...« Wieder Schweigen.

»Sagen Sie's ruhig«, versuche ich ihn zum Weiterreden zu ermutigen.

»... daß ich mir tatsächlich durch diese brutale Tat eine Art Identität verschafft habe. Das ist natürlich ein gespenstischer Gedanke.«

»Ja«, sage ich, »aber doch auch menschlich, oder?«

»Meine Biographie ist weder menschlich noch normal«, sagt er hart und abgehackt.

»Ja? Könnten Sie das bitte erläutern?«

»Ach, ich habe Ihnen auf Band schon soviel offenbart, was ich sonst niemandem mitzuteilen gewagt habe und was eigentlich nicht in die Öffentlichkeit gehört«, sagt er, blickt mich dabei kurz und intensiv an, schaut dann wieder runter auf seine Finger.

»Ich werde, Herr Tarnberg, das Gefühl nicht los, Sie haben gemordet, um sich vielleicht bedeutungsvoller vorzukommen. Könnte das so sein?«

Meine Direktheit scheint ihn zu überraschen, er keucht wieder schwer, bevor er sagt:

»Es gibt, ja, es gibt einen Aspekt von wirklich krankhaftem Größenwahn in, in dieser Straftat. Ich weiß nicht, ob es klug ist, das so deutlich auszusprechen.«

»Versuchen Sie's.«

»Tja, daß ich tatsächlich wohl gedacht habe, daß so eine Art von Brutalität und Ruchlosigkeit in irgendeiner Weise Teil meiner Persönlichkeit ist. Das ist ein recht finsterer Gedanke, ich scheue mich, ihn auszusprechen, das ist, das ist schon ein krankhafter Größenwahn, der mir da durch den Kopf gegangen ist.«

»Sie meinen, daß Sie durch die Tat bedeutend würden?«

»Nein, ich habe überhaupt nicht an eine Außenwirkung gedacht im Moment der Tat oder daran, irgendwen zu beeindrucken. Wenn ich aber in den Spiegel schaue und mir sage, *du bist so weit entfernt von allen anderen Menschen, dann ist es doch eine folgerichtige Sache, daß du zum Beispiel einen Menschen umbringst.*«

Ich habe den Eindruck, er windet sich, während er das sagt, jedoch ohne daß er sich auch nur einen Zentimeter bewegt. Dann fügt er leise wie in einem Selbstgespräch hinzu:

»Das ist ein fürchterlich finsterer Gedanke, ich scheue mich wirklich, das auszusprechen.«

»Meinen Sie damit, daß Sie durch den Mord etwas ganz Außerordentliches getan haben, wozu andere nicht fähig sind?«

»Auch wenn es nicht so schön klingt, diese Art Größenwahn hab ich damals im Kopf gehabt, ja.«

»Dadurch wollten Sie Selbstbewußtsein bekommen?«
»Ich fürchte, daß es so ist. Ja, ich fürchte. Ja, ja.«
»Haben Sie darüber sinniert, als Sie vor der Tat stundenlang im Bett gelegen haben oder auf Spaziergängen waren?«
»Damals hab ich ständig darüber nachgedacht, über eine sehr lange Zeit. Der konkrete Gedanke war, ich weiß nicht, ob ich das sagen darf, einfach einen Schlußstrich machen und ganz neu anfangen. Ich wollte eine fundamentale Veränderung meines Lebens. Aber daß ich die ausgerechnet darin gesucht habe, Frau Andocker zu töten, das ist ja nicht normal, das ist...«
Er bricht ab, sackt in schwermütigem Schweigen zusammen, dann fängt er sich wieder.
»Es gibt einen französischen Philosophen, ein Neomarxist, ich komme im Moment nicht auf seinen Namen, der hat in hohem Alter seine Ehefrau umgebracht. Ich weiß noch, es wurden damals wirklich höhnische Witze gerissen, der Herr Philosoph wollte endlich einmal wirklich handeln und nicht immer nur reden und denken. Ich hab dann später darüber nachgedacht, als ich ein paar Jahre hier im Käfig gesessen bin, ob das nicht ein unbewußtes Motiv auch bei mir gewesen ist. Daß ich einfach mal handeln mußte, nicht einfach nur immer denken, grübeln, lesen, schreiben, sondern handeln, handeln.«
»Genau das haben die jungen Männer gesagt, die in zwei Weltkriege marschiert sind, um für ihr nationales Selbstbewußtsein endlich was Tatkräftiges zu tun, und die heute wieder in einen Krieg auf dem Balkan ziehen, um endlich was zu tun.«
»Hm«, nickt Tarnberg, »so ist das wohl. Nur immer reden und nicht handeln macht depressiv, ja.«
Also reden wir über den Marxisten Louis Althusser, der an einem grauen Novembertag 1980 seine Frau im Ehebett erdrosselte, während er ihr den Rücken massierte. Wenige Minuten danach rief er die Polizei an und ließ sich festnehmen. Seine Frau, eine überzeugte Stalinistin, hatte gegen den Nationalsozialismus Widerstand geleistet, wurde deshalb ins KZ gesperrt, während er noch ein geradezu militanter Katholik war, bevor er zu einem nicht weniger radikalen Stubengelehrten wurde,

der die Pariser Studenten agitierte, ohne jedoch selbst aktiv zu werden. Althusser war damals zweiundsechzig, seine Frau siebzig Jahre alt. Bestraft wurde der berühmte Philosoph nicht, vielmehr endete er in der Psychiatrie, wo er seine Autobiographie schrieb, in der er den Mord seitenlang und genauestens beschreibt und glorifiziert. Doch eine wirkliche Befreiung, die er vielleicht erhofft hatte, fand er nie.

Sie haben damals bei der Vernehmung gesagt«, möchte ich wissen, »Sie werden das Haus nicht verlassen, ohne die Helma beseitigt zu haben. Wieso?«

»Also das ist«, er preßt ächzend die Luft durch die Nase heraus, »schauen Sie, mir fällt es schwer, ja ...«

»Das verstehe ich.«

»Es ist tatsächlich so gewesen, ich hab so gedacht. Worüber wir jetzt reden, das war ein langer Prozeß, an dessen Ende ich wirklich psychisch verwirrt war und nicht mehr wußte, was ich schließlich da gemacht habe. Das war, das war nicht mehr normal. Wenn ich damals Kontakt zu normalen Menschen gehabt hätte, hätte jeder gesagt, *fahr erst mal 'n Wochenende in Urlaub oder trink 'nen Schnaps.* Dadurch, daß ich mich isoliert, mich verbissen hatte in die Arbeit und meine endlosen Grübeleien, hab ich überhaupt keine Außenkorrekturen, keine Korrekturen von außen erfahren, sondern hab mich immer weiter verbohrt.«

»Haben Sie keine Beruhigungsmittel genommen oder einen Arzt aufgesucht?«

»Das war ja auch so ein Problem. Ich war durch meine Mutter und das Buch *Mormon,* das wir ja immerfort lesen mußten, in solch einer Abstinenzhaltung, daß wir nicht nur keinen Kaffee, keine Cola, keinen Alkohol nehmen durften, sondern auch keine Medikamente. Daraus haben wir eine Tugend gemacht, verstehen Sie? Ich hatte immer gedacht, die religiöse Erziehung durch meine Mutter wäre völlig spurlos an mir vorübergegangen, also, das war ein folgenschwerer Irrtum.«

Alles, was mit Frömmelei in Zusammenhang stand, haßte und haßt er noch heute auf das wildeste. Seit der Kindheit durch die Lektüre des heiligen Buches der Mormonen, aber auch der Bibel, gequält, die sogar in der Nacht immer griffbereit lagen, entwickelte er einen Haß auf Menschen, die sich für fromm halten.

In der Familie Tarnberg wurde neben strenger Abstinenz die Unauflöslichkeit der Ehe gepredigt, die sogar im Jenseits nach dem Glauben der Mormonen nicht zu Ende gehen darf. Und natürlich die Pflicht, Kinder zur Welt zu bringen.

Wenige Wochen, bevor er die Frau tötet, notiert er mit seiner kleinen, gestochenen Handschrift auf einem Zettel, den die Ermittler in seinem Zimmer finden:

»Die christliche Heuchlermoral bringt unerhört viel Gift in die Geschlechterbeziehung hinein. Erotik, Freundschaft, Liebe, alles wird in die Monogamie gezwängt und mit einem ekelhaften Begriff christlicher ›Liebe‹ zur absurdesten, verklemmtesten und schädlichsten Lebenskatastrophe gemacht. Ich werde es nicht zulassen, daß man aus mir einen querköpfigen Sektierer macht.«

Über Mütter schreibt er, als würde er seine Mutter vor Augen haben:

»Ich bin ständig aufs neue schockiert, welche Frauen sich berechtigt fühlen, Kinder in die Welt zu setzen. Viele sind fett, grauhaarig, bebrillt, scheuern beim Gehen die Knie aneinander oder watscheln über den großen Zeh.«

Und über seinen Bruder, der im Schlepptau der Mutter, bei den Mormonen eine Karriere als *Hoher Rat* macht, notiert er:

»Er drängelt sich in Ämter und Funktionen, und er verkörpert mit seiner Oberflächlichkeit und Gedankenlosigkeit, mit seiner feixenden Häßlichkeit alles, was ich je an Menschen abstoßend gefunden habe.«

Der Haß, den er auf seine Zimmerwirtin hat, die eine passionierte Kirchgängerin ist und ständig ihre Frömmigkeit betont, eskaliert in einem einzigen Schimpfwort, das er wieder und wieder notiert:

184

»Helma, das Vieh.«
Helma Andocker hält er für den häßlichsten, dümmsten Menschen des Planeten. Die Kripo findet in seinem Zimmer Zettel mit wörtlichen Zitaten seiner Wirtin, die er immer wieder mitgeschrieben hat, um für sich ihre Dummheit und Minderwertigkeit zu belegen:
»Helma, das Vieh, sagt: *Des isch kei Deitschland mä, wo mer da hawwe, des isch ä Affekaschte. Nix wie fedde Dirge. Un digge Audo dun se fahre. Ihwerall Dirge.* (Das ist kein Deutschland mehr, was wir jetzt haben, das ist ein Affenkäfig. Nur fette Türken. Und dicke Autos fahren sie. Überall Türken.) Einfach zum Kotzen, diese Lebewesen, die es durchgesetzt haben, daß Minderwertigkeit als Normalzustand gilt. Widerlich!«
Carl-Hans war fast ein Jahr lang unfähig, sein Studium fortzusetzen, fühlte sich als Versager, der statt zu lernen den SPIEGEL las, von vorn bis hinten und Fernsehen guckte, am liebsten Wim Toelke. Flucht vor Arbeit und Studium, von dem er meinte, es niemals zu schaffen. Allein und bei jedem Wetter unternahm er lange, weite Spaziergänge, auf denen seine düsteren Gedanken sein Gehirn vernebelten. Nach Stunden kam er verstört zurück, verkroch sich schweigend in sein Zimmer. Und immer wieder kam dann Frau Helma, um ihn mit ihrem Alltagsgeschwätz oder deftigen erotischen Anspielungen aufzureizen.
»Sie hatten dabei Gewaltphantasien?« möchte ich wissen.
»Ja, ich habe recht drastische Gewaltphantasien gehabt.«
»Und welche waren das?«
»Es fällt mir schwer, es auszusprechen. Ich wollte der Frau wirklich weh tun. Ja, weh tun. Das ist wahr. Es hätte alles noch viel, viel schlimmer kommen können, als es passiert ist.«
»Noch schlimmer?«
»Das sind Dinge, die so abseitig sind, daß... na, ja.«
Er preßt die Lippen zusammen, faßt mit beiden Händen auf seine flache Brust:
»Also, ich sprech das jetzt mal aus. Ich hab mir immer vorgestellt, die Frau zu fesseln und ihr wirklich weh zu tun, daß sie

am lebendigen Leib die Schmerzen spürt. Ich hatte die Phantasie, sie zu Tode zu quälen, ja.«

Sein Gesicht zuckt, er faßt mit den Händen an seinen Kopf und spricht erst nach einer langen Zeit weiter.

»Ich kann mich erinnern, vor ein paar Jahren ist in den USA ein Serienmörder hingerichtet worden, das war ein ziemlich junger Täter, der Kinder gefangen, gefoltert und schließlich umgebracht hat. Und diese gesamte Aktion hat er auf Tonband aufgenommen. Als ich davon gelesen hab, hab ich auch über mich nachgedacht, das hat mich irgendwie fasziniert. Und ich wäre imstande gewesen, *noch* wesentlich brutaler gegen die Frau vorzugehen, als ich dann tatsächlich vorgegangen bin.«

»Als Sie sich Zentimeter um Zentimeter die knarrende Treppe hinuntergeschlichen haben, schwirrten Ihnen solche Grausamkeiten durch den Kopf?«

»Hm«, nickt er, »ja.«

»Aber Frau Helma war eingeschlafen, und das hat Sie daran gehindert?«

»Vor Gericht ist ja gesagt worden, die Frau hat tief und fest geschlafen. Für Juristen ist das deshalb eine heimtückische Straftat, jemanden im Schlaf umzubringen. Und ich bestreite nicht, daß es eine heimtückische Straftat war. Aber, aber sie hat nicht geschlafen. Sie hat mich gesehen und gehört und nicht geschlafen.«

»Woher wissen Sie das? Hat Sie mit Ihnen gesprochen?«

»Ja, ja. Aber *ich* hab nicht gesprochen.«

Sein zittriger Atem zischt durch den halboffenen Mund.

»Wuuh«, sagt er wie abwesend, »ach, Mensch, ja. So ein unnötiger Quatsch.«

»Was hat sie zu Ihnen gesagt?« will ich wissen.

»Also, ich weiß es nicht mehr, nein, ich weiß nicht, nein.«

»Sie haben sonst so ein gutes Gedächtnis, aber ausgerechnet das haben Sie vergessen.«

»Hm«, knurrt er nur.

Über das Gefängnis fliegt laut knatternd ein Hubschrauber, wir können ihn durch das vergitterte Fenster sehen. Keiner von uns sagt etwas, bis das Rieseninsekt am Horizont verschwunden ist.

Ich denke darüber nach, daß Tarnberg vor Gericht aussagte, seine Zimmerwirtin habe immer wieder versucht, ihn sexuell zu reizen. Sicher hätte sie, eine energische Frau von Mitte Fünfzig, gern mit ihrem jungen, schüchternen Untermieter geschlafen. Fast täglich hat sie es probiert, ihn fürs Bett zu gewinnen. So verlangte sie etwa, daß er beim Baden die Tür offenläßt, weil er, wie sie behauptete, in der Wanne ertrinken könnte, steckte dauernd den Kopf herein, amüsierte sich, wenn er seine Blöße mit der Hand bedeckte, sie machte anzügliche Witze und zeigte ihm lächelnd ihr Schlafzimmer mit der Bemerkung, *wenn das Kissen auf dem Bett liegt, dann ist die Hausfrau bereit.* Sie genoß es, ohne anzuklopfen die Tür zu seinem Zimmerchen aufzumachen, wenn er dabei war, sich anzuziehen oder wenn er nackt war.

Immer mehr zog er sich zurück, kapselte sich tiefer und tiefer ein. Aber fand schließlich doch den Mut von ihr zu verlangen, daß, wenn er badet, die Tür zur Küche abgeschlossen werden müßte, wenn sie da drinnen war.

Etwas ist mir doch noch sehr unklar. Hat Frau Helma geschlafen oder nicht, als Carl-Hans ins dunkle Zimmer eindrang.

»Nein«, betont er noch einmal, »sie hat nicht geschlafen.«

»Für das Gericht war das ein wichtiger juristischer Punkt, daß Frau Andocker geschlafen hat«, frage ich, »warum haben Sie nicht gesagt, daß sie aber tatsächlich wach war?«

Tarnberg schweigt, beißt sich auf die Unterlippe.

»Meinen Sie«, frage ich nach, »daß die Frau gedacht hat, *jetzt endlich kommt Carl-Hans mit ausgebreiteten Armen zu mir aufs Sofa und will mit mir schlafen?«*

»Hm.«

»Wenn sie noch wach war, hat sie Sie mit Sicherheit gehört, vielleicht sogar gesehen.«

»Das ist denkbar«, sagt er.

»Könnte es nicht sein, daß der Fernseher tatsächlich noch lief, es also hell genug war, daß Frau Andocker Sie sehen konnte?«

»Das weiß ich nicht mehr. Ich kann mich, also ich kann mich nicht erinnern. Möglich, daß er noch lief.«

»Verstehen Sie«, sage ich, »ich bin kein Polizist. Ich möchte nur versuchen, Ihre Tat zu begreifen. Könnte es so gewesen sein: Sie nähern sich der Frau, die wie immer abends etwas angetrunken war, und sie streckt die Arme nach Ihnen aus, versucht, Sie zu sich aufs Sofa zu ziehen. Sie sind ganz dicht, fast hautnah beieinander. Dann packen Sie mit einem schnellen Griff den Hals der Frau und drücken fest zu.«

»Also«, er preßt wieder die Atemluft laut aus dem Mund, »Sie müssen verstehen, daß ich ungern...«

Er hebt seine weißen Finger ein paar Zentimeter von der Tischkante hoch, legt sie gleich wieder zurück, betrachtet sie, wendet dann den Blick durch das vergitterte Fenster nach draußen.

»Ich denke mal, das ist eine mögliche Version, ja.«

»Sie haben darüber vor Gericht gesprochen?«

»Nein. Über erotische und sexuelle Dinge hab ich nicht gesprochen, na ja.«

Wir reden beide nicht weiter, aber ich sehe, wie es um seine Mundwinkel zuckt.

ALS ER DEN toten Körper in Müllsäcke verpackt hatte, holte Tarnberg aus dem Kühlschrank eine Flasche mit weißer Dessertsauce und kleckerte sie über Brust und Unterleib der Frau. Für den untersuchenden Gerichtspsychiater eine verdeckte sexuelle Handlung, die er aber nicht weiter erklären konnte. War es ein verschlüsselter Ausdruck, daß er mit seiner Zimmerwirtin doch ein Verhältnis wollte? Die Tat, meinte der Gutachter später im Prozeß, hatte wohl einen sexuellen Hintergrund, doch welchen, das konnte er nicht sagen, und Tarnberg hatte diesen Zusammenhang immer wieder heftig bestritten.

»War das«, frage ich, »vielleicht der Ausdruck Ihrer Verachtung gegen diese Frau, die gern mit Ihnen schlafen wollte, und die Sie schließlich nur mit Sauce anstatt mit Ihrem Samen bedacht haben? Ein Triumph der Verachtung?«

Er schweigt, bewegt sich nicht, verharrt lange, lange in steinerner Unbeweglichkeit.

»Das klammer ich, also das klammer ich mal ganz aus, also, da sag ich jetzt überhaupt nix dazu.«

Draußen vom Gang kommt die hallige Stimme eines Gefangenen oder vielleicht die eines Vollzugsbeamten, der den River-Kwai-Marsch pfeift. Dann knallt eine schwere Tür ins Schloß, und es ist wieder still.

»Sie wollten«, sage ich, »die Frau loswerden, aber dadurch, daß Sie sie getötet haben, haben Sie sich mit ihr eigentlich vereinigt. Sex und Töten, gibt's da einen Zusammenhang für Sie?«

»Tja«, sagt er, kreuzt die Arme über der Brust, »ich habe immer versucht, Distanz zu der Frau herzustellen. Aber genau betrachtet, habe ich mich völlig distanzlos verhalten. Ich hab alles, was um mich herum passiert ist, auf mich bezogen. Erst recht natürlich in der Tötungshandlung, völlig distanzlos.«

»Sie wollten die Frau loswerden, aber sind sie nicht losgeworden, sondern im Gegenteil, Sie haben Ihr Leben mit dem der Frau für immer verbunden. Ist das richtig?«

»Ja, ich bin mein Leben lang an diese Frau gebunden, durch die Tat und ihren Tod, der jetzt natürlich ein wesentlicher Teil meiner Biographie ist, ja.«

»Sie wollten sich unbewußt mit ihr vereinen, vielleicht?«

»Das klingt ein bißchen zu poetisch für mich. Ich fand sie häßlich in ihrer äußeren Erscheinung, also diese weißen Ohrclips, die sie immer trug mit dem grünen Schmand drauf, diese seltsame Arbeitskleidung aus den fünfziger Jahren. Vereinigung, nein, ich sehe da keinen sexuellen Aspekt, nein, den der Gutachter versucht hat zu sehen.«

»Aber sexuelle Anspielungen gab es doch pausenlos, oder?«

»Das, das hat mich tatsächlich sehr belastet«, er fährt mit den Fingern auf der Tischplatte hin und her wie ein ängstliches Kind, »zuerst hab ich den Gedanken gar nicht zugelassen, daß das wirklich so ist. Als ich den Gedanken dann schließlich

zugelassen habe, hat er mich so angewidert, daß ich«, er verzieht den Mund und stößt ein verächtliches »wääh« aus. »Trotzdem haben Sie sich nach dem Mord auf das Sofa gelegt, auf dem Sie die Frau erdrosselt hatten. Ziemlich symbolisch, finden Sie nicht?«
»Ich, also, ich habe das wirklich vergessen.«
»Doch, Sie haben das damals ausgesagt. Wissen Sie heute in der Rückschau auf die Tat, warum Sie das gemacht haben?«
»Tja«, sein Blick verschließt sich noch mehr, »ich weiß es nicht. Aber vielleicht hab ich das getan, um ganz sicher zu sein, daß sie jetzt tot ist. Ich hab ihren Platz eingenommen. Sonst hätt ich das ja nie gedurft.«

SEXUALITÄT SCHIEN IHM immer fremd und gefährlich.
»Ich hab völlig falsch reagiert, nur gedacht, mir die Frau vom Hals zu halten. Um mir Sexualität überhaupt vom Hals zu halten. War falsch, falsch, falsch.«
Er ringt förmlich nach Luft, sagt gepreßt:
»Sie hat immer wieder Situationen herbeigeführt, in denen ich gezwungen war, auch mal über mich selbst nachzudenken. Und das hätte ja auch heilsam ausgehen können. Aber nein, ich hab jeden Versuch, mich zu erreichen, mich irgendwie menschlich anzusprechen, zurückgewiesen.«
»Worüber hätten Sie denn nachdenken sollen?«
»Ich habe ja keine Freundin gehabt«, flüstert er und dann fast lautlos, »eigentlich hatte ich nie eine. Ich weiß nicht, ob ich das so deutlich aussprechen soll, ich habe halt immer nur diese Nutten im Kopf gehabt, immer nur die. Einen Draht zu 'ner normalen Frau hab ich nicht gekriegt, *dich jetzt 'nem Mädel zuzuwenden*, dachte ich, *das, das verkraftest du gar nicht.*«
»Wußte Frau A., daß Sie zu Huren gehen?«
»Hm«, haucht er, »sie hat deutliche Anspielungen gemacht, weil ich ja auch manchmal halbe Nächte weg war. Ich will der Frau nichts Schlechtes nachsagen, aber sie war halt, wie soll ich sagen, recht ordinär.«
Er erzählt mir, daß er regelmäßig zu Huren nach Frankfurt

fuhr, aber eigentlich nur mit ihnen reden wollte, er setzte sich zu ihnen auf die Bettkante und sprach über sich und seine Ängste und Probleme, was er sonst mit niemandem zu tun wagte. Manchmal saß er auch da mit seinem ängstlichen, aber finster wirkenden Gesicht und sagte nichts. Dadurch fühlte sich manch eine Hure bedroht, denn ein stummer Freier könnte ein bedrohlicher Freier sein. Wichtig war ihm, daß die Frauen Zeit hatten, viel Zeit. Dabei bevorzugte er ausländische Huren, weil er denen sprachlich weit überlegen war. Und weil er, wie er mir sagt, mit denen nicht in seiner Muttersprache reden mußte, sondern englisch sprechen konnte. Weil es leichter ist, »in so einer Situation über heikle Dinge nicht in der Muttersprache zu reden. Das geht in der fremden Sprache doch glatter.«

Ob er jemals mit einer von ihnen auch geschlafen hat, das läßt er offen.

»Ich vermute, die Mädchen werden Sie auch mal gekränkt, verletzt haben.«

»Also, das, ich weiß nicht, ob ich das offen sagen kann.«

Ich lasse ihm Zeit, bis er fortfährt.

»Das war für mich eigentlich 'ne reine Entlastung. Das war wirklich das einzige, das mich psychisch entlastet hat. Obwohl gewerbliche Prostitution ein ungesundes Ventil ist.«

»Sie hätten doch mit Ihrer Wirtin schlafen können, ganz umsonst.«

»Nun, sie war zu direkt, zu fordernd.«

»Und zu nah an Ihnen dran. Das hätte Sie verpflichtet zu einem festen Verhältnis. Sie mochten sich eigentlich nur hin und wieder mal entlasten und Ihr Herz ausschütten?«

»Ja, kann man so sagen.«

»Sind Sie mal«, wiederhole ich meine Frage, »gedemütigt worden von einer der Frauen im Bordell?«

»Nun ja. Also ich bin tatsächlich mal zusammengeschlagen worden. Das möchte ich wirklich nicht erzählen.«

»Von einem Zuhälter?«

»Nein, von der Frau. Die hat mich regelrecht rausgeschmissen, und dann kam gleich eine andere mit 'nem Gummiknüppel, hat mich da zusammengedroschen. Ich war zu unflexibel, zu unflexibel, zu stur.«

»Sie wollten nicht zahlen?«

»Doch, doch, ich hatte schon bezahlt, aber mir geht es ja immer darum, daß ich Zeit brauche, Zeit, Zeit, Zeit. Das ist ganz wichtig, na ja.«

»Warum hat sie das getan?«

»Ich wollt es halt nicht einsehen, daß ihr alles nicht schnell genug ging. Ich hab ihr zu lange geredet. Bin dann recht unhöflich geworden, hab ihr gesagt, daß sie diesen Job wohl nicht richtig beherrscht und keine Ahnung hat, so in der Art.«

»Sie war in ihrer Hurenehre gekränkt.«

»Ich hatte damals so schicke Hosenträger an. Aber die fand sie altmodisch und hat abfällige Bemerkungen gemacht, *na Opa* und so etwas.«

»*Opa, du kriegst wohl keinen mehr hoch.* War's das?«

»Ja, also, das, das«, er beginnt zu stottern, »sie hat angedroht, wenn ich nicht schnell drauf eingehe, was sie vorher angekündigt hat, also zum Ende komme, dann, dann flieg ich raus. Und das ist normalerweise höchste Alarmstufe, klares Signal zum Rückzug. Aber ich hab keinen Rückzug gemacht. Ich war ein bissel blöd, na ja.«

Tarnberg und ich sitzen nun schon seit sechs Stunden zusammen in dem kleinen Raum, durch dessen Kippfenster nur wenig Luft gekommen ist. Wir sind erschöpft, haben Hunger und verabschieden uns deshalb, vereinbaren einen zweiten Termin für die kommende Woche.

Als ich draußen ins Taxi steige, fühle ich mich ausgehöhlt, immer noch das Bild dieses fast regungslosen, traurigen Menschen vor mir, von dem ich noch so wenig weiß.

Ich nehme mir vor, am nächsten Tag nach Leimen zu fahren, mir die Stadt anzusehen, in der das Leben von Carl-Hans Tarnberg seine tödliche Wendung nahm.

LEIMEN. DER BUS von Heidelberg fährt mich vorbei am Headquarter der 7. US-Armee, ich sehe nur graue Häuserreihen, abgeschirmt durch hohe Zäune aus Natodraht. Dahinter residierte wohl General Kroesen, den die RAF mit einer Panzerfaust hatte umbringen wollen, als er in seinem gepanzerten Wagen durch eine Heidelberger Straße raste. Ich steige aus in dem Wohnviertel, in dem Tarnberg ein Jahr lang verbrachte. Kleinbürgerliche Einfamilienhäuser, vor den meisten Fenstern runtergelassene Rolläden, Mülltonnen vor den Türen. Der kleine EDUSCHO-Laden ist längst geschlossen worden, die Fenster mit weißer Farbe zugepinselt. Nur der Schriftzug erinnert noch an ihn. Die evangelische Kirche ist zu. »Ha«, sagt mir eine alte Frau, die ein Obstbäumchen in ihrem Vorgarten beschneidet, »die isch so gut wie immer zu.«
Ich steige die Gertrudenstraße, dann die Bergstraße hinauf, höre Orgelmusik aus der katholischen Kirche. Im Innenraum ein überdimensionaler, nackter Jesus am Kreuz. Ein römischer Krieger stößt ihm eine ebenso überdimensionale Lanze in die Lende. In einem Sturzbach schießt sein Blut zwischen den Rippen heraus. *Ich glaube an das ewige Leben* steht in roten Lettern neben einem Standbild eines gebeugten Mannes, der eine riesige Axt in Händen hält.
Eine Putzfrau reinigt die Schnitzereien am Beichtstuhl. »Noi«, sagt sie, »die Frau Andocker isch hier net beerdigt worde. Die war ja evangelisch. Die meischte Leut hier sind evangelisch.« Sie legt das nasse Tuch zur Seite, wischt sich die Stirn mit dem Handrücken ab.
»Also der junge Ma, der sie ermordet hat, krank war der. Aber vielleicht hat die Andocker ihn zu sehr bemuttern wolle. Wer weiß.«
Auf dem kleinen Büchertisch am Ausgang Broschüren, die darüber aufklären, wie im rechten Glauben Ehen glücklich werden können. Mir fällt ein Prospekt von Missio auf, wo es in dicken Buchstaben heißt: *Wo zwischen Müll der rechte Glaube wächst.* Das katholische Missionswerk bittet um Spenden für eine Aktion, den Müll der Millionenstadt Manila zu recyceln,

die weggeworfenen Abfälle für Hungernde und Arme wieder-
zuverwerten, *es ist unser Ziel, möglichst vielen Müllsuchern
eine neue Lebensgrundlage zu schaffen. Helfen Sie!*
Der Parkplatz, der zur Kirche gehört, ist eingezäunt durch
hohes, schweres Eisengitter und trägt eine weiße Blechtafel mit
der Aufschrift: *Privatparkplatz, Kath. Kirchengemeinde Leimen, Benutzung durch Unbefugte verboten.*
Die Bergstraße windet sich nach oben, vorbei am schlichten
Haus, in dem die Großmutter von Boris Becker wohnt. Die
Eltern des Tennisstars haben ihr Haus etwas weiter oben.
Ich gehe den engen Hohlweg hinauf in die Weinberge, in die
Tarnberg immer wieder mit gesenktem Kopf gegangen ist, um
sich zu beruhigen. Und um zu grübeln, wie er töten würde,
schlagen, würgen, stechen, zersägen, endlos foltern.
Der Weg, zugewachsen mit Efeu, Ästen und Gestrüpp, öffnet
sich, und ich kann von oben die kleine Stadt Leimen sehen. Ein-
und Zweifamilienhäuser, so weit das Auge reicht, dazwischen
die rauchenden Schlote des Zementwerks, die Eternitfabrik
und Dächer von Fabriken, die das Licht der sinkenden Sonne
reflektieren.
Eine Stadt zum Arbeiten und zum Schlafen.
Unten in der verwinkelten Altstadt gibt es einen Engelsweg und
eine Höllengasse. Und am Rande des Ortes einen Sportpark
mit Sauna, ein Landesleistungszentrum für Tennis. Das einzige
Kino wurde vor einem halben Jahr geschlossen.
Gertrudenstraße.
Die Nummer 13, ein weißes Haus, zweigeschossig, an der Seite
eine Garage, davor Mülltonnen. Das kleine Gärtchen gepflegt,
auf der Terrasse Blattpflanzen in roten Tontöpfen. Eine Rebe
aus geschmiedetem Eisen verziert die Hauswand. Die Fenster
wie überall verschlossen, die Fensterläden zugeklappt, im
ersten Stock die Rolläden runtergelassen. Hier hauste der junge
Carl-Hans Tarnberg in der zwölf Quadratmeter großen Dach-
kammer für zweihundertfünfzig Mark im Monat.
Still ist es hier, nur selten fährt ein Passat oder Corsa über die
blitzsaubere Straße.

194

Im Telefonbuch finde ich ein paar Einträge unter dem Namen *Andocker*. Ich habe Glück, die erste Nummer, die ich anwähle, gehört dem geschiedenen Ehemann von Helma, der zweiundzwanzig Jahre mit ihr verheiratet war.

Es ist nicht einfach, ihn für ein Gespräch zu gewinnen, doch schließlich entpuppt er sich als ein freundlicher, offener Mann, der mit mir reden will, nachdem ich erklärt habe, worum es mir geht.

Seine Frau bringt Kaffee und Kuchen, und er erzählt in seiner singenden, badischen Mundart.

In Leimen haben sie sich kennengelernt, er und die Helma, sie war damals siebzehn und er zweiundzwanzig, der Krieg war gerade sechs Jahre aus. Sie hatte eine Schneiderlehre begonnen, und er war fertiger Schreiner.

»Nei, sie war keine Hübsche, sie war«, er grinst, »mittlerer Durchschnitt. Aber sie war wüst in ihrer Art.«

Sie konnte wild schreien, hysterisch kreischen, wenn ihr etwas nicht paßte oder sie sich über ihn geärgert hatte. Ihr rechter Fuß war leicht verkrüppelt, doch sie verstand es gut, das Handicap zu überspielen. Ihr Vater war an Leberzirrhose gestorben, wahrscheinlich war er ein Alkoholiker. Jedenfalls wurde Helma das später selbst im Lauf der Ehe.

»Mußten Sie die Helma heiraten, weil ein Kind unterwegs war?« frage ich.

»Nein, nein«, wehrt er fast erschrocken ab, »ich sag's Ihnen ganz genau«, er lacht, »wir haben samstags geheiratet und sonntags hat sie noch mal ihre Periode gehabt und dann war Ende.«

»Und dann«, wirft seine Frau ein, während sie noch Kaffee nachgießt, »dann war nix mehr, nicht, Willie?«

»Ja, ja, dann war nix mehr, und dann hat sich eben der Junge angemeldet.«

»Einmal war noch die Regel da«, unterbricht seine Frau noch einmal, »und dann nix mehr. Nach einem Monat praktisch, nachdem sie verheiratet waren, hat sich das Kind angemeldet.«

»Verstehen Sie«, lacht Herr Andocker, »verstehen Sie?«
»War das erschreckend für Sie?« frage ich.
»Ja, das war sehr erschreckend für uns beide. Wir haben ja nix gehabt, da war wohl das Haus, das Helma von den Eltern geerbt hat, damals war das noch so 'n kleines Hexenhäusle, das haben die Eltern selbst gebaut. Und ich hab mein ganzes Geld in das da investiert, ja. Was ich verdient hab, hab ich alles ins Häusle reingesteckt, Steine und Zement gekauft. Ich bin«, er sagt es stolz, »handwerklich gut druff. Hab zuerst Gasheizung reingebaut und dann wieder rausgerissen und Zentralheizung im ganze Haus reingesetzt. Hab das große Zimmer vorne gebaut, Parkettboden und Holztäfelung. Hab aber nix Schriftliches ausgemacht mit der Helma, ich hab ihr halt vertraut. Leider.«
1953 kam der Sohn zur Welt, ein schwerbehindertes Kind.
»Wir haben einen kranken Jungen gehabt miteinander, die Helma und ich, und das war ein Epileptiker und ein Spastiker. Ja, und wir haben ihn zu Hause behalten die ersten einundzwanzig Jahr, also bis ich dann rausgegangen bin aus dem Haus. Ich hab's«, er betont jetzt jedes Wort Silbe für Silbe, klopft dabei rhythmisch auf den Wohnzimmertisch, »echt nicht mehr ausgehalten.«
Seine Frau nickt und reicht mir einen Teller mit Kuchen.
»Das ist ein ganz, ganz böses Weib gewesen. Obwohl sie jeden Sonntag zur Kirch gegange ist.«
Und dann erzählt er viele düstere Anekdoten, wie sie Geschiedene immer von ihrem ehemaligen Partner zu berichten wissen. Als er sich auf und davon machen wollte, durchstach sie alle Reifen des VW-Käfers, er prügelte sie mit ihrer Handtasche die Treppe hoch, und sie zertrümmerte ihren Regenschirm auf seinem Schädel. So ging es jahrelang, bis er seinem Leben ein Ende machen wollte.
»Ich bin schon mit dem Jungen im Auto gesesse, aber ich hab's net fertig gebracht. Ich hab's net könne. Ich hab schon den Schlauch vom Auspuff im VW gehabt, hab wolle das Gas reinleite.«

»Sie wollten sich mit dem Jungen zusammen im Auto vergiften?«

»Ich hatt schon alles hergerichtet, dann hab ich gesagt, nei, das mach ich nit. Ich hatt schon den Schlauch vom Auspuff um's Auto rumgelegt und ins Fenster rein.«

»Zweimal«, ergänzt seine Frau, »zweimal hast du's machen wollen, nicht, Willie?«

»Ha, ja. Den Motor hatt ich schon laufe lasse. Also ehrlich, da hat net viel gefehlt, vielleicht noch 'ne Minute. Dann hab ich mir gesagt, wenn du dich selber umbringst, ja gut. Aber nit den Jungen.«

Ein andermal wollte er sich von der Brücke stürzen.

Ich frage, ob er seine Frau gehaßt hat.

»Nein, nein«, antwortet er, »bei ihr kam das ja alles von der Kindheit, von der Erziehung. Da wurd ihr schon beigegeben. Sie hat sich mit ihrer Mutter geschlage, und der Vater ist früh gestorbe. Ihr kleiner Bruder, der ist mit fünf umgekomme, der ist rückwärts in die heiße Waschbrühe gefalle. Damals hat man ja noch mit der Hand gewasche, und die Mutter hat immer zu ihm gesagt, *geh weg, geh weg*. Und da ist er halt immer weiter zurückgegange, und hinter ihm war so ein Zuber mit kochendem Wasser. Da ist das Kind reingefalle, hat dermaßen Verbrennunge erlitte, da ist's dabei gestorbe.«

Wegen des kranken Jungen blieb er mit Helma und deren Mutter, die auch noch mit im Haus lebte, zusammen.

Ich frage ihn, ob er das für möglich hält, daß sie den Studenten Carl-Hans versucht hat, auch sexuell aufzureizen.

»Hei, ja«, sagt er sofort, »ihren Sex hat sie immer gebraucht. Wenn sie was gewollt hat, da war sie nett. Und wenn ich mal gesagt hab, ich hab kei Lust, ich halt das nimmer aus, dann ist sie auf die Knie gefalle, *ich bitt dich, ich änder mich*. Aber wenn sie dann gekriegt hat, was sie wollte, dann war gleich wieder der Deibel los.«

Die Versöhnung im Bett hielt nie lange an, am nächsten Morgen war in der Regel bereits wieder Kriegszustand.

Nach ein paar Ehejahren zog er in den Keller, sie blieb oben im

Schlafzimmer allein, immer ein Küchenmesser auf dem Nachttisch.

»Ein großes Messer war das, und dann hat sie manchmal geschrien, *ich bring dich um*. Ich hab dann kaum noch schlafe könne, als ich noch im gemeinsamen Ehebett mit ihr war, ich hab damit rechne müsse, daß sie mal durchdreht im Alkohol, im Suff.«

Der schwerbehinderte Sohn starb, als er dreißig war, in einem Heim bei Offenburg.

Herr Andocker erzählt, wie es passiert ist.

»Er war beim Mittagessen, und da hat's Wiener Wurscht gegebe mit Kartoffelsalat. Und er hat die Gewohnheit gehabt, das Wienerle in der Hand zu halte und kräftig reinzubeiße, ja. Da hat er eben reingebisse, ist vom Tisch weggerannt, so schnell wie er hat könne, da ist ja keiner nachgekomme, so schnell konnt er das. Ist dann ausgerutscht, umgefalle, die Wurscht hat sich in den Hals geschobe, und er ist praktisch dran erstickt.«

»Wir sind morgens«, ergänzt seine Frau, »nach Offenburg losgefahren und abends zur Sportschau zurückgekommen. Da hat das Heim uns angerufen, daß er tot ist, ja.«

Der Mord an seiner ehemaligen Ehefrau Helma hat in Leimen großes Aufsehen erregt, natürlich wußte jeder, daß er mit ihr verheiratet war, trotzdem hat ihn weder die Kriminalpolizei noch die Staatsanwaltschaft angehört, um sich ein Bild von der Ermordeten zu machen.

»Was haben Sie gedacht«, frage ich ihn, »als Sie hörten, Helma ist ermordet worden?«

»Ooch«, sagt er, »das war ganz, ganz komisch, gell.«

»Wirklich«, meint seine Frau, »ich war grad in der Massage gelegen unter der Fango.«

»Und ich«, fährt Herr Andocker fort, »war von der Arbeit gekommen, da ist die Polizei die Hauptstraße langgefahren. Über den Lautsprecher haben die durchgesagt, *Achtung, Achtung, vermißt wird Frau Helma Andocker*. Da bin ich erschrocken.«

198

»Und ich«, setzt seine Frau fort, »lieg in der heißen Fango und krieg keine Luft mehr. Ich denk sofort, wo war mein Mann gestern? Ich hatt doch Angst, weil er immer gesagt hat, *die Frau bring ich noch mal um, wenn die mich noch weiter so ärgert.* Die hat uns ja anonym immerzu angerufen und Telefonterror gemacht. Wir waren schon längst verheiratet, da hat sie uns noch verfolgt. Nee, das war furchtbar.«

»Na ja«, grinst er, »ernst gemeint hatt ich das nie, mit dem Umbringen.«

»Und dann«, jetzt ist die Frau ganz aufgeregt, »haben wir am Abend im Fernsehen gehört, daß Leichenteile auf der Mülldeponie gefunden wurden. Aber wir hatten noch keine Ahnung, daß es Helma ist. Da haben die gesagt, *eine Frau in schwarzer Unterwäsche ist gefunden worden mit einer Narbe am Hals.* Da sag ich zu meinem Mann, *du hast mir doch gesagt, die hat immer schwarze Unterwäsche getragen.* Und 'ne Narbe am Hals hat sie auch gehabt wegen 'ner Kropfoperation. *Du,* hab ich gesagt, *das kann sie sein.*«

»Dann ist die Polizei hierher gekomme«, er sagt das amüsiert, »hat das ganze Grundstück angeschaut, ob ich vielleicht die Helma da vergrabe hätt.«

Immer wieder gießt die gastfreundliche Frau Kaffee nach, bietet Kuchen an, fragt mich, ob ich zum Abendessen bleiben möchte.

»Als Sie schließlich wußten, es ist tatsächlich die Helma, die ermordet worden ist ...«

»Wie ich das gehört hab«, unterbricht er mich spontan, »hab ich gesagt, *das kann ich mir schier vorstellen, daß der junge Kerl durchgedreht hat.*«

Und nach einem Schluck aus der Sammeltasse:

»Und ich hab ja noch zahle müsse für sie, jeden Monat zwohundertfuffzig Mark.«

»Solang sie gelebt hat«, sagt seine Frau.

»Ja«, sagt er, »nur solang sie gelebt hat.«

Und dann mit einem schallenden Lachen:

»Den jungen Mann hab ich nit bezahle müsse ...«

Aм Dienstag der folgenden Woche, ich fahre wieder nach B. Es ist ein grauer, regnerischer Apriltag. Wieder treffe ich Carl-Hans Tarnberg in dem kleinen Besucherzimmer in der Haftanstalt.

Ich frage nach seinem Befinden.

»Ach«, seufzt er, »ich bin ja gesellschaftlich ein Nichts. Was bin ich denn? Ein Bummelstudent, der mit seinem Studium nicht fertig geworden ist und ein langjährig einsitzender Strafgefangener. Kein Beruf, kein Geld, keine Wohnung.«

»Wie lange werden Sie noch eingesperrt bleiben?«

»Ich hab noch sieben Jahre und sieben Monate. Nächstes Jahr um diese Zeit hab ich 'nen Halbstrafentermin, also da wird geprüft, ob nach Verbüßung der Halbstrafe mir der Rest erlassen wird. Aber juristisch ist das ein weißer Elefant, ich glaub's eigentlich nicht, daß man mir das zubilligt.«

Er erzählt mir, daß er jetzt schon Ausgang haben darf, einen Tag im Monat zwölf Stunden lang. Sogar Urlaub, und zwar einundzwanzig Tage im Jahr.

»Freigänger bin ich noch nicht. Dann könnte ich studieren oder draußen eine Lehre als Buchhändler machen. Wann das passieren wird, steht in den Sternen«, sagt er wie ein trauriges Kind.

Ich berichte ihm von meinem Spaziergang durch Leimen, zeige ihm die Fotos, die ich dort gemacht habe. Sehr aufmerksam betrachtet er die Bilder vom Haus in der Gertrudenstraße.

»Es ist wirklich entsetzlich, wenn ich bedenke, wie ich mein Leben zerstört habe«, sagt er, »na ja.«

Als er die Aufnahmen aus dem Inneren der Kirche sieht, reagiert er abweisend, sagt: »Ich bin nie in der Kirche drin gewesen. Nein, nein. Was hab ich da zu suchen?«

»Was assoziieren Sie, wenn Sie den gekreuzigten Jesus sehen, dessen Blut von den Frommen aufgefangen wird in der Hoffnung auf Erlösung?«

Er wirft noch mal einen sehr kurzen Blick auf das Foto, verfinstert den Blick.

200

»Ein interessanter Gedanke. Natürlich ist mir die Frage auch im Prozeß gestellt worden, ob ich mit dem...«
Er bricht den Satz ab, schweigt.
»Ja?«
»...also mit dem Mord einen Menschen hätte erlösen wollen. Aber ich habe diesen Gedanken immer zurückgewiesen. Die Frau hat zwar meiner Meinung nach ein fürchterliches, beschränktes und verquältes Leben geführt. Aber sie durch den Tod zu erlösen, nein, daran hab ich nie gedacht.«
Ich bin wirklich erstaunt, ja erschrocken über diese Antwort, fasse deshalb noch einmal nach:
»Sie meinen also, der Mord hätte eine Erlösung sein können?«
»Ja«, er atmet zitternd und geräuschvoll aus, zieht dann die Luft tief ein, »ich habe selber manchmal gedacht, daß ich die Frau umgebracht habe, um zu verhindern, daß ich mich selbst umbringe. Also, daß ich alle Formen der Selbstschädigung, die in mir angelegt sind, mit der Tat nach außen geworfen hab, nach außen gestülpt, abreagiert habe. Kein schöner Gedanke, wissen Sie, und ich denke ungern darüber nach.«

201

»Ihr Opfer hätte auch irgend jemand anders sein können?«
»Ich fürchte, ja. Das war eine freischwebende Aggressivität, die auch in eine andere Richtung hätte losgehen können, zum Beispiel gegen mich selbst.«
»Haben Sie jemals einen Selbstmordversuch gemacht?«
»Nein, aber ich spüre, die Gefahr steckt in mir tief drin. Auch heute noch.«
»Und wie würden Sie's tun?«
»Mit einem sehr scharfen Messer zwischen die Rippen.«
»Sehr blutig. Dazu hätten Sie den Mut?«
»Ich denke ja. Wenn ich etwas plane, dann tue ich das auch. Aber jetzt lebe ich und lebe auch gern, trotz allem.«
Ich sitze ihm gegenüber, betrachte ihn, den jungen Carl-Hans, der, geplagt von Phantasien eigener Minderwertigkeit, gleichzeitig zu Größenwahn und Menschenverachtung abheben kann.
»Haben Sie gedacht«, frage ich, »diese Helma ist so dämlich, daß sie eigentlich beseitigt gehört?«
»Ja, sicher, das war meine Einstellung zu dieser Frau.«
»Sie haben gedacht, die darf ruhig in der Mülltonne verschwinden?«
»Das, das möcht ich so nicht in den Mund nehmen.«
»Was möchten Sie nicht in den Mund nehmen?«
»Diese Formulierung, daß sie nur Abfall gewesen wäre.«
»Aus Ihrer elitären Haltung haben Sie diese Frau tief verachtet und es nicht für so schlimm gehalten, sie zu beseitigen.«
»Das ist richtig, ja.«
»Die Frau Andocker war so eine Art Blutopfer für Ihre Philosophie?«
»Das ist«, er ringt hörbar nach Luft, »eine gewichtige Formulierung. Ich glaube aber, daß mir einfach die Sicherungen durchgeknallt sind. Und daß ich genau das getan habe, wovor ich immer zurückgeschreckt bin. Ich hatte ja immer gesagt, wenn man über Eugenik redet, dann darf man eben nicht darüber reden, Menschen zu sterilisieren oder zu vergasen.«

Der Begriff Eugenik taucht plötzlich und unerwartet wie ein Ungeheuer auf, damit scheint der Philosophiestudent sich beschäftigt zu haben. Doch bevor ich noch fragen kann, richtet er sich auf, beginnt in dozierendem Ton:
»Nietzsche sagt zum Beispiel, daß selbst ein ganz und gar verworfener Mensch seine Bedeutung darin hat, daß er allen anderen zeigt, wieviel Verworfenheit es gibt.«
»Die Frau Helma war also«, unterbreche ich, »ein Beispiel für negative Menschen.«
»Ja. Aber das bedeutet keineswegs, daß man einen solchen Menschen vernichten, unterdrücken oder ausrotten darf.«
»Das sagen Sie jetzt, Herr Tarnberg, aber damals haben Sie es getan.«
»Ja, es war ein Mißverständnis, ja. Bei der damaligen Belastung sind mir die Sicherungen durchgeknallt.«
»Das heißt, die Theorie ist zur Praxis geworden, sobald die Sicherungen durchgeknallt waren?«
»So etwa, ja.«
»Ein Mord bereitet sich in Gedanken vor, und wenn das Bewußtsein einmal ausfällt, dann tut man es auch?«
»Ja, ich denke, so ist das. Das Töten beginnt im Kopf. Wie bei den Soldaten, die sollen ja auch erst mal daran denken, daß Töten möglich ist, daß es sinnvoll und schließlich sogar eine gute Tat ist. Und dann tun sie's auch ohne Skrupel, ja. So sehe ich das heute.«
Es kommt allmählich heraus, der Philosophiestudent hatte sich lange, bis zur Betäubung, in Nietzsche vertieft, sich in dessen Bücher vergraben. Beim Lesen konnte er allein sein, mußte mit niemandem reden, konnte, wie er sagt, »die Wirklichkeit vollkommen abstreifen«.
Und es gab offenbar noch dieses andere Objekt seiner Begierde, die Eugenik, die Wissenschaft von der Geburtenregelung und Erzeugung eines »gesunden Erbgutes«, im Nationalsozialismus »Rassenhygiene« genannt. Damals eines der »wissenschaftlichen« Instrumente zur Ausrottung von Millionen Menschen.

»Wie grenzen Sie sich gegen diese NS-Ideologie ab?« will ich von ihm wissen.

Er beginnt erst zögerlich, dann ausführlich und lange mich über den uns drohenden »genetischen Verfall, der den Absturz der Kultur bedeutet«, zu unterrichten, über die zunehmende »Dekadenz heute«. Dabei sagt er immer wieder, mit Gewaltanwendung habe das alles nichts zu tun, wenn man die historischen Quellen einmal richtig studieren würde, zitiert Heckel, Nietzsche und Darwin.

»Was denken Sie«, ich durchschneide seinen Redefluß, »wären Sie im Dritten Reich ein Täter geworden, der im Sinne dieser Ideologie Erbkranke, psychisch Kranke, Homosexuelle, Juden und sogenannte rassisch Minderwertige ausgerottet hätte?«

»Ich hätte mich sicher ganz entsetzlich aufgeführt, ja. Das muß ich annehmen.«

Dazu sage ich nichts, versuche, keine Miene zu verziehen.

»Ich hätte mich sicher«, wiederholt er, »in entsetzlicher Weise an solchen Dingen beteiligt.«

»Und wie?«

»Ich glaube«, er spricht es fast unhörbar aus, »daß ich sehr, sehr, sehr brutal mich auch an solchen Dingen beteiligt hätte.«

»Als Wissenschaftler mit Papier und Bleistift oder tätlich mit den Händen?«

»Nun, Sie kennen ja die Geschichte von Mengele. Der hat bei ganz namhaften, anerkannten Leuten Philosophie und Medizin studiert. Aber was von ihm dann veranstaltet worden ist, ist so brutal, daß mir wirklich übel wird, aber ...«

»Sie reden so, als könnten Sie sich mit dem Chefarzt von Auschwitz identifizieren?«

»Ich habe«, er beginnt wieder leicht zu stottern, »ich habe ständig diese, diese Person im Kopf. Seit ein paar Jahren habe ich versucht, mich davon zu entfernen. Hab versucht, mich von dieser primitiven Eugenik, die nur einfach Menschen auslöschen will, wegzubewegen. Man darf das nicht auf Brutalitäten reduzieren, so seh ich das heute.«

»Aber Ihr Gefühl ging damals woandershin.«
»Mein Gefühl ging da hin, viele, viele, viele Menschen einfach als nichtig zu betrachten.«
»Wie Frau Helma zum Beispiel.«
»So hab ich damals über sie gedacht, ja.«
»Und sich deshalb das Recht zu nehmen, sie zu beseitigen.«
»Ja. Eine wirklich falsche Einstellung. Aber heute sagt mir mein Gefühl, daß es einen anderen Umgang mit Menschen geben muß.«
»Welchen denn?«
»Ich bin auf der Suche danach und, ich sag es mal so, ich habe das Böse aus mir rausgelassen und ausgelebt. Jetzt bin ich ein anderer Mensch, ja. Ich bin nicht mehr derjenige, der ich einmal war. Ich bin schuldig geworden und dadurch ein anderer Mensch.«
»Gehen Sie mit Menschen anders um als früher, offener?«
Er blickt mich intensiv an mit seinen dunklen Augen und sagt:
»Ich denke schon, sonst hätte ich dieses Gespräch mit Ihnen doch nicht führen können, oder?«
Es ist Spätnachmittag geworden, vom Hof hört man, wie die Vollzugsbeamten ihre Autos anlassen, um nach Hause zu fahren. Fern am Himmel brummt ein Flugzeug über die Stadt, und die tief stehende Sonne wirft den Schatten des Gitters auf die vergilbte Fotografie an der Wand.
Das laufende Tonband steht auf dem Tisch, Tarnberg raucht noch eine der wenigen Zigaretten, die er sich während des stundenlangen Interviews genehmigt hat.
»Sind Sie mal«, frage ich, »in Ihrem Leben von jemandem wirklich geliebt worden?«
Die Frage erschreckt ihn, und er sagt:
»Nein«, aber dann nach einer Schweigeminute zum ersten Male lächelnd, »doch ja, hier in der Anstalt.«
»Von einem Mann?«
»Aber bitte, diese Dinge müssen wir wie ein Staatsgeheimnis hüten. Jedes Gefängnis ist ein Rattenkäfig, wo sich alle gegenseitig belauern.«

»Und wann haben Sie entdeckt, daß Sie eigentlich Männer begehren?«

»Ja, immer schon. Beim Schwimmen, beim Sport, eigentlich schon als Kind fand ich die Körper der Kerle interessanter. Aber es war eine einzige Quälerei, hab natürlich immer gedacht, ich muß mich für Frauen interessieren. Hab also meine wahren Gefühle nicht zugelassen, nicht zulassen können, mich wahnsinnig abgequält. Bin zu den Huren gegangen. Aber ich bin heute so weit, daß ich im Kopf ein bißchen aufgeräumt habe und souveräner bin mit mir selbst.«

»Sie fühlen sich erlöst, daß Sie sich endlich gefunden haben?«

»Ich muß sagen, ich bin ja nie, nie richtig klargekommen mit meinem sexuellen Leben. Ich möchte fast sagen, ich bin froh, daß ich kein Sexualmörder geworden bin, das hätte ja durchaus aus mir werden können. Wenn ich an die Einflüsse denke, die mich verbogen und verklemmt haben seit der Kindheit, na ja.«

»Sie sind dabei, Ihr Selbstbewußtsein zu entwickeln.«

»In der Haft hat es immer wieder Zeiten gegeben, wo ich wirklich enge Freunde hatte. Aber man wird ja hier immer wieder getrennt, da kommen Leute, von denen man denkt, die bleiben lange, aber dann sind die plötzlich weg, woandershin verlegt. Trotzdem, ich hab das Gefühl, in dem Moment, wo ich mich bekenne, funktioniert mein Gefühlsleben auch.«

Er holt tief Luft, fügt hinzu:

»Das ist das Wichtigste in meinem Leben überhaupt, daß ich endlich Klarheit habe. Eine richtige Befreiung, ja.«

»Die Tötung von Frau Helma war vielleicht die Trennung von der Welt der Frauen, könnte das so gewesen sein?«

»Ja, dieses Fixiertsein auf Frauen, daß man sich immer gezwungen fühlt. Es ist schon so, daß ich Frauen öfter als erpresserisch empfinde, berechnend. Daß sie so besitzergreifend auf Männer einwirken, dieses ganze Krankhafte, was zwischen Männern und Frauen in der Ehe dann noch dazukommt. Zwischen Kerlen ist das anders.«

»Dieses negative Bild der Frauen hat Ihnen die Mutter vorgelebt, das ist ja die einzige Frau, die Sie einigermaßen kennen«, sage ich.

Er schürzt leicht die Lippen, sagt aber nichts dazu.

»Aber eines«, sage ich, »muß ich doch noch von Ihnen wissen. Haben Sie jemals mit einem fremden Menschen über Ihre wirkliche Sexualität gesprochen?«

»Um Himmels willen!«

»Nie?«

»Niemals!«

»Auch nicht mit dem psychiatrischen Gutachter, der Sie ausführlich befragt hat? Der hat nämlich geschrieben, Ihre Tat hätte wahrscheinlich einen verborgenen sexuellen Hintergrund, aber er würde nicht herausfinden, welcher das sein könnte.«

»Ich habe ihm gegenüber keine Andeutung gemacht, nein.«

»Das hätte aber den Mord für das Gericht viel verständlicher gemacht. Finden Sie nicht?«

»Hm«, haucht er, »ich hätte nicht die Kraft gehabt, die Kraft, das auszusprechen. Und er hat mich auch nicht danach gefragt, nein.«

Es ist spät geworden und Zeit, daß wir uns trennen.

Ob ich zum Schluß ein Foto von ihm machen könne, frage ich ihn.

»Nein, bitte nicht«, schrickt er auf, »ich bin wirklich nicht entsprechend angezogen und habe ziemlich zugenommen in der letzten Zeit.«

Beim Abschied gibt er mir die Hand und blickt mich an mit diesem schmerzhaft verzogenen Gesicht eines Kindes. Ich klingele, und er wird zurück in die Zelle geführt.

Ich darf nach draußen.

Es war nicht leicht, ungestörte, lange Gespräche mit den Tätern zu führen, die bisweilen zwölf und mehr Stunden dauerten und die ich auf Tonband aufgenommen habe.

Dafür danke ich den vier Tätern, die mir in erstaunlicher Weise ihre Gedanken und Gefühle mitgeteilt haben. Dank für ihren Mut und ihre Offenheit, mir Dinge zu erzählen, die sie den Gutachtern und Gerichten oft verschwiegen haben. Selbstverständlich habe ich ihre Namen verändert und zum großen Teil auch die der Orte.

Dieses Buch wäre nicht zustande gekommen ohne die Hilfe vieler, die mir Stahltüren und Aktenschränke geöffnet und bei den Recherchen geholfen haben:
Achim Albert, Gerd Asselborn, Götz Bauer, Karl-Heinz Bredlow, Edith Fitzner, Gerhard Frank, Kirsten Hahn, Isa Ilhan, Uli Karp, Barbara Koch, Ursula Kopsel, Bettina Korruhn, Prof. H.-L. Kröber, Dr. Rolf Leondard, Norbert Müller, Eberhard Nicolai, Peter Nuttebaum, Matthias Olbrisch, Stephan Potting, Sinan Sertkayali, Ulrich Sollmann, Harry Steiger, Elke Teeuwsen, Christa Zander und meine Lektorin Krista Maria Schädlich.